Die verschollenen Traditionen des Okinawa-Karate

Jamal Measara

In Zusammenarbeit mit Alexander Börsch

Die verschollenen Traditionen des Okinawa-Karate

Palisander

Autor und Verlag übernehmen für die in diesem Buch gezeigten Techniken und deren Anwendung keinerlei Verantwortung. Auch können sie für die Effektivität und die Effekte dieser Techniken in Selbstverteidigungs-Situationen nicht haftbar gemacht werden. Ausführung, Anwendung und Übung des in diesem Buch gezeigten Materials geschieht auf eigene Gefahr. Weder der Autor noch der Verlag können für Verletzungen, gesundheitliche Schäden oder jegliche andere daraus entstehende Folgen verantwortlich gemacht werden. Darüber hinaus weisen Autor und Verlag darauf hin, dass der Leser des Buches selbst verantwortlich für die Einhaltung der in seinem Land geltenden gesetzlichen Bestimmungen ist.

Der Verlag dankt Dr. Sven Hensel, Dr. Janett Kühnert und Norbert Wölfel vom Chemnitzer Karateverein sowie Herrn Ole Wegener für die fachliche Unterstützung bei der Redaktion.

Erstausgabe
2. Auflage 2026

Umschlaggestaltung: Anja Elstner, unter Verwendung einer lizenzfreien Fotografie (»Shurei no mon«), zweier Fotos von Peter Börsch und der Kalligraphie »Dōjōkun« von Kazuko Koy
Lektorat: Frank Elstner
Redaktion & Layout: Frank Elstner
Druck- und Bindearbeiten: Jelgavas tipogrāfija SIA
Printed in Latvia

ISBN 978-3-938305-11-9

Hersteller (gemäß GPSR)
Palisander Verlag, Elstner & Elstner GbR
Leonhardtstr. 23, 09112 Chemnitz, Deutschland
E-Mail: gpsr@palisanderverlag.de

www.palisander-verlag.de

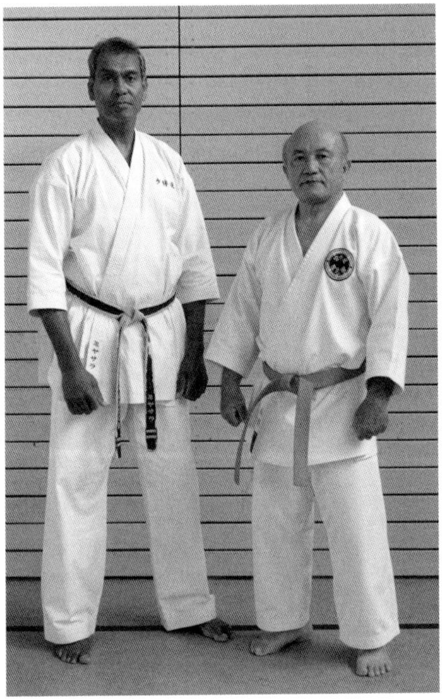

Jamal Measara und Shimabukuro Zenpo

Der Autor

Jamal Measara wurde 1949 in Malaysia, im Bundesstaat Negeri Sembilan, geboren. Bereits im Alter von zehn Jahren begann er, die indischen Kampfkünste Silambam (Stockkampf) und Vajramushti (»Diamantenfaust«) zu erlernen. Der plötzliche Tod seines Meisters unterbrach für längere Zeit sein Training in den indischen Kampfkünsten. Durch Vermittlung seines Vaters, der in der britischen Armee diente, gelangte Jamal Measara zum westlichen Boxen. Doch auch seine Karriere als Boxer fand schon bald ein Ende, als Malaysia unabhängig wurde und die britischen Kolonialtruppen das Land verließen.

Mitte der 1960er Jahre wurde in der Heimatstadt von Jamal Measara eine Shitō-ryū-Karateschule eröffnet, in der er mehrmals wöchentlich trainierte. Diese Schule wechselte allerdings in der Folge einige Male die Stilrichtung. Auf diese Weise konnte Jamal Measara noch weitere Karatestile kennenlernen, wie zum Beispiel Shōtōkan, Keishinkan und Gōjū-ryū. In dieser Zeit nahm er auch aktiv an zahlreichen Wettkämpfen teil und vertrat Malaysia unter anderem bei der zweiten Karate-Weltmeisterschaft 1972 in Paris.

Gegen Ende der 1960er Jahre begegnete Jamal Measara zwei Persönlichkeiten, die seinen Weg entscheidend prägten. Die erste Person war Meister Rajah Thamby, sein späterer Aikidō-Lehrer. Obwohl Measara heute verschiedene Aikidō-Systeme kennt, unterrichtet er bis zum heutigen Tag Shudōkan-Aikidō, das er einst bei Meister Thamby gelernt hat. Die zweite Person war Donn F. Draeger. Bei ihm lernte er Jōdō (Jōjutsu), Shindō Musō-ryū und Aikijutsu. Nicht nur die Kampfkunst, sondern auch die Persönlichkeit von Donn F. Draeger haben Jamal Measara nachhaltig beeinflusst. Er war es auch, der das Interesse für die Geschichte der Kampfkunst beim Autor geweckt hat.

1978 war Jamal Measara Mitbegründer der Malaysia Karate Federation (MAKAF). Zwei Jahre lang war er der erste Nationaltrainer der MAKAF, bis er 1980 nach Deutschland übersiedelte. Seitdem lebt er im niederbayerischen Kelheim.

Seit 1986 reist Jamal Measara regelmäßig nach Okinawa, um die Kampfkünste Karate und Kobudō in ihrem Ursprungsland zu studieren. So kam es, dass er Schüler von Shimabukuro Zenpo, dem Stiloberhaupt des Shōrin-ryū Seibukan Karate, und von Kanei Katsuyoshi, dem Stilbegründer des Jinbukan Kobudō, wurde. Diese beiden Kampfkünste trainiert und unterrichtet er bis zum heutigen Tag. Auf Okinawa hatte er die Ehre, viele bedeutende Persönlichkeiten des okinawanischen Karate und Kobudō kennenzulernen. Auf diese Weise konnte er zum einen seine Kampftechniken vervollkommnen und zum anderen erfuhr er von diesen Meistern vieles über die Geschichte der okinawanischen Kampfkünste.

In Jahre 1996 gründete Jamal Measara die Traditionelle Okinawa Kampfkunst Organisation e. V. (TOKO) in Deutschland, welche das Ziel verfolgt, die alten Traditionen des Karate und Kobudō lebendig zu erhalten.

Im Jahr 2024 verlieh der Deutsche Karate Verband Jamal Measara den 10. Dan.

Danksagung

Der Autor dankt Herrn Oliver Riess und Herrn Ottmar Perras, die auf den Fotografien zu sehen sind. Des Weiteren dankt er Herrn Peter Börsch für die Anfertigung der Fotografien und Frau Monika Leupold für die aktive Mitwirkung am Buchprojekt.

Illustrationen

Abb. 1-3, 58, 146-148, 257-259, 261, 262, 264-266, 268 sind lizenzfrei. Abb. 213: »Acupuncture chart, stomach channel of foot yang-ming«, Wellcome Library, London / Wellcome Collection, CC BY 4.0, https://commons.wikimedia.org/wiki/File:Acupuncture_chart,_stomach_channel_of_foot_yangmuing,_Chinese_Wellcome_L0037832.jpg, Abb. 260: »Ryukyu Kingdoms as in the Sanzan period«, von »callgan«, Wikimedia Commons, lizenziert unter CreativeCommons-Lizenz Attribution-Share Alike 3.0 Unported, URL: http://creativecommons.org/licenses/by-sa/3.0/deed.en, Abb. 263: »Shuri Castle in Naha« von »663highland«, Wikimedia Commons, lizenziert unter CreativeCommons-Lizenz BY 2.5, URL: http://creativecommons.org/licenses/by/2.5/legalcode, Abb. 267: »Nakamura House in Kitanakagusuku« von »663highland«, Wikimedia Commons, lizenziert unter CreativeCommons-Lizenz BY 2.5, URL: http://creativecommons.org/licenses/by/2.5/legalcode. Die auf dem Buchcover und für Abb. 4 verwendete Kalligraphie wurde durch Frau Kazuko Koy angefertigt. Die Rechte für Abb. 9 liegen beim Palisander Verlag. Die Rechte für alle anderen Abbildungen liegen beim Autor.

Inhaltsverzeichnis

Vorwort des Präsidenten des DKV

Jamal Measara ist der einzige Träger des höchsten, des 10. Dan des Deutschen Karate Verbandes mit seinen 150 000 Mitgliedern in über 2 500 Vereinen im Deutschen Olympischen Sportbund.

Für diese hohe Auszeichnung waren viele Kriterien erforderlich, wie zum Beispiel Trainertätigkeiten in mindestens zehn Ländern auf drei Kontinenten oder die Gründung einer Stilrichtung im DKV mit mindestens fünfzehn Vereinen.

Ein sehr wichtiges Kriterium war aber auch die Erstellung und Herausgabe von Büchern mit karatespezifischem Inhalt. Diese neue Ausgabe ergänzt die zwölf vorher von ihm verfassten Werke perfekt und beweist sein profundes Wissen über unsere Kampfkunst.

Jamal Measara ist wegen seines Wissens und Könnens um unsere Kampfkunst nicht nur ein Experte im gesamten Budo-Bereich, sondern auch ein Aushängeschild des Deutschen Karate Verbandes. Dieses Buch belegt es eindrucksvoll!

Mit besten Wünschen und Grüßen

Wolfgang Weigert, im Dezember 2025
Präsident des Deutschen Karate Verbandes

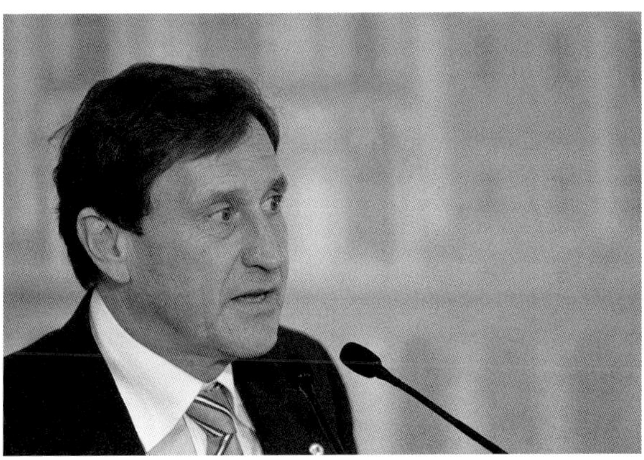

Vorwort

In der Welt der Kampfkünste gibt es unzählige Bücher – aber nur wenige widmen sich den traditionellen Wurzeln, den Regeln des Do und den kulturellen Grundlagen, die das Okinawa-Karate über Generationen geprägt haben. Vieles davon droht heute in Vergessenheit zu geraten.

Dieses Buch entstand aus dem Wunsch heraus, das Wissen zu bewahren und weiterzugeben.

Dazu haben meine langjährigen Schüler den Anstoß gegeben: »Wenn Sie Ihr Wissen und Ihre Geschichten nicht aufschreiben, dann werden diese Erfahrungen eines Tages für immer verloren gehen«, waren ihre Worte.

Ein weiterer Grund für dieses Buch ist die Hoffnung, dass ich gewisse grundlegende Dinge über Budō, wie zum Beispiel die Bedeutung von Geduld oder Pünktlichkeit, in Zukunft vor meinen Schülern nicht mehr so oft wiederholen muss. Selbstverständlich kann ein Buch einen Lehrer nicht ersetzen. Doch es kann begleiten, Orientierung bieten und manches vertiefen, das im täglichen Training nur angedeutet werden kann.

Um Karate ernsthaft zu erlernen, muss man weder Japaner sein noch nach Okinawa reisen. Was es wirklich braucht, sind Leidenschaft, die Motivation hart zu arbeiten, Ehrlichkeit sich selbst gegenüber und einen Lehrer, der einem den Weg weist. Den Berg jedoch muss jeder selbst erklimmen. Diesen Teil der Reise kann einem niemand abnehmen. Darum gilt: Niemals aufgeben. Ein Ziel setzen, den Geist darauf ausrichten und unnachgiebig daran arbeiten – eines Tages wird man es erreichen.

Es würde mich freuen, wenn Sie dieses Buch auf dem Weg des Budō und im Leben ein Stück voranbringt.

Jamal Measara
Kelheim, November 2025

I

Der Geist des Budō

Die Charakterschule des Budō

Geduld

Ein Budōka ohne Geduld ist nichts anderes als ein verrückter Bulle. – Budō-Spruch

Auf Okinawa, wie auch in vielen anderen Teilen Asiens, heißt die erste Lektion, die traditionell in der Kampfkunst vermittelt wird, Geduld. In früheren Tagen wählte stets der Meister seine Schüler aus und nicht der Schüler seinen Meister. Heute hingegen gilt es als selbstverständlich, dass man zu einem Kampfkunstmeister geht und von ihm Unterricht gegen Bezahlung verlangt und erhält. Dies ist eine Begleiterscheinung der allgemeinen Kommerzialisierung in den Kampfkünsten.

Traditionell bittet man den Meister um Unterricht und verlangt ihn nicht. Ob der Meister dieser Bitte nachkommt, hängt von verschiedenen Faktoren ab, so zum Beispiel vom Charakter des Anwärters.

Kam jemand zu einem Kampfkunstlehrer mit der Bitte um Unterricht, so schickte dieser den Anwärter erst einmal wieder weg. Meist erklärte der Meister ihm, er habe gerade keine Zeit, und er solle doch ein andermal wiederkommen. Damit stellte er die Geduld des Anwärters auf die Probe. Dieses Vorgehen konnte sich wochen- oder gar monatelang hinziehen. So wurde nicht nur die Geduld, sondern auch die Entschlossenheit getestet und gefördert. Entsprang der Wunsch Kampfkunst zu erlernen nur einer Laune, würde der Anwärter nach einigen Versuchen nicht mehr wiederkommen. Der Meister ist darüber für gewöhnlich nicht verärgert, im Gegenteil, er freut sich über die frühe Auslese. Viel ärgerlicher wäre es, wenn er über Jahre hinweg viel Zeit und Kraft in den Schüler investiert und dieser eines Tages die Ausbildung abgebrochen hätte. Blieb der Anwärter jedoch hartnäckig und kehrte immer wieder zurück, so nahm ihn der Meister zumeist als seinen Schüler an. Dies gilt in traditionellen Schulen bis zum heutigen Tag. Eine Empfehlung durch eine angesehene Persönlichkeit oder ein hoher gesellschaftlicher Rang ersparten zwar nicht die Prüfung der Geduld, aber sie erhöhten die Chancen, letztlich vom Lehrer angenommen zu werden.

Aus der Geschichte des Karate sind zahlreiche solcher Begebenheiten bekannt. Als zum Beispiel Shimabukuro Zenryō (1908-1969), der Vater meines Sensei Shimabukuro Zenpo (geb. 1943), einst bei Kyan Chōtoku[1] Sensei mit der Bitte um Unterricht vorsprach, sagte dieser nur: »Heute fühle ich mich nicht wohl, komm bitte morgen wieder.« Dies wiederholte sich viele Male. Erst die persönliche Empfehlung durch seinen Schuldirektor verhalf ihm dazu, als Schüler angenommen zu werden.

In meiner eigenen Kampfkunstlaufbahn wurde meine Geduld oft auf diese Weise geprüft. So nahm mein Lehrer in der indischen Kampfkunst Vajramushti (»Diamantenfaust«) mich keineswegs sofort als Schüler an, ebenso wenig wie viele Jahre später Shimabukuro Zenpo Sensei, mein okinawanischer Karatelehrer.

Shimabukuro Sensei hatte ich bereits 1971 in Malaysia kennengelernt. Er beeindruckte mich nachhaltig. Mit dem festen Entschluss, sein Schüler zu werden, reiste ich schließlich 1986 das erste Mal nach Okinawa. – Als feststand, dass meine Frau und ich nach Okinawa fliegen würden, schrieb ich ihm einen Brief, der ihn über unsere Pläne informierte.

Shimabukuro Sensei holte uns persönlich vom Hotel ab. Wir sind dann in ein gutes Lokal essen gegangen, wo er mich fragte, ob ich sein Dōjō sehen wolle. Natürlich lautete meine Antwort Ja; schließlich war das mein langgehegter Traum. Daraufhin führte er uns zunächst zu seinem ersten Dōjō in Chatan und dann zu seinem zweiten. Anschließend lud er uns zu Kaffee und Kuchen in sein Büro ein. Als ich ihn jedoch fragte, ob ich bei ihm trainieren dürfe, sagte er nein, dies sei nicht möglich. Zehn Tage blieb ich mit meiner Frau auf Okinawa, und jeden Tag begab ich mich zu Shimabukuro Sensei. Aber nie hat er mir gestattet, bei ihm zu trainieren. Und das, obwohl ich eigens seinetwegen nach Okinawa gereist war.

1987 reiste ich erneut nach Okinawa. Als ich nach meiner Ankunft Shimabukuro Sensei aufsuchte, fragte er mich, was ich denn hier wolle – er habe keine Zeit. Allerdings nahm er sich die Zeit, mich zu verschiedenen anderen Dōjō zu bringen, damit ich dort trainieren könne.

---

[1] Kyan Chōtoku (1870-1945) war Schüler des Shuri-te-Meisters Matsumura Sōkon sowie des Tomari-te-Meisters Oyadomari Kōkan. Zu seinen Schülern zählten bedeutende Karatemeister wie Nagamine Shōshin und Chitose Tsuyoshi.

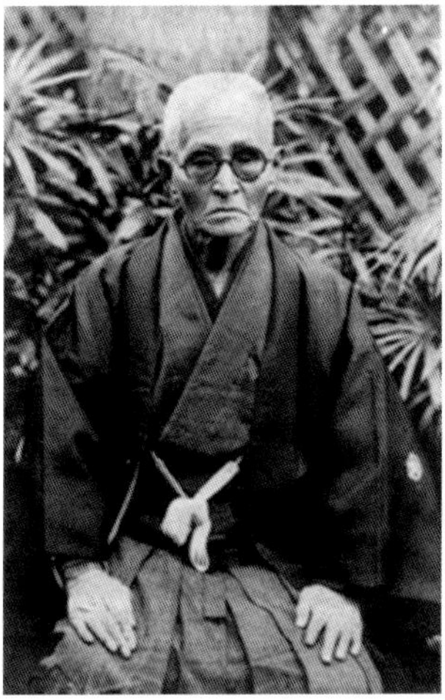

Abb. 1

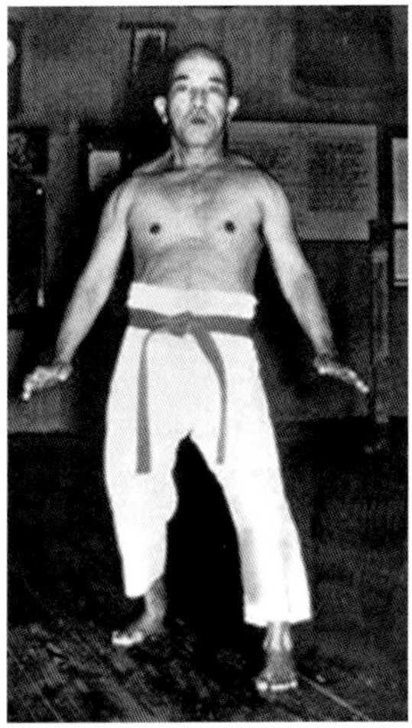

Abb. 2

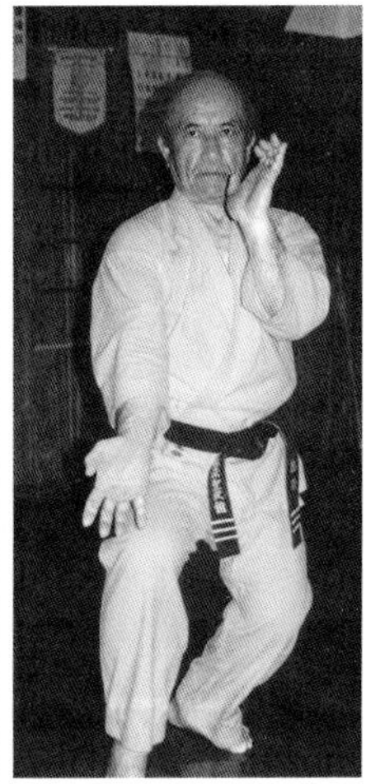

Abb. 3

Von links nach rechts: Kyan Chōtoku, Shimabukuro Zenryō und Shimabukuro Zenpo.

Unabhängig davon lernte ich während dieses Aufenthaltes auf Okinawa auch Matayoshi Sensei[2] kennen, der mir sogar Unterricht in seiner Wohnung erteilte.

Shimabukuro Sensei hingegen wies mich stets mit den Worten, er habe keine Zeit, ab. Allerdings war ich fest entschlossen, sein Schüler zu werden. Ich hatte bereits viel Erfahrung im Karate, und nach allem, was ich wusste, war ich fest davon überzeugt, dass es für mich nichts Besseres geben könnte als sein Karate und auch sein charakterliches Vorbild.

Nach einigen Tagen hatte ich so gut wie kein Geld mehr. Ich ernährte mich fast nur noch von dem preiswerten Essen an Straßenständen, um zu sparen und so noch ein wenig länger auf Okinawa bleiben zu können. Kurz bevor meine Reserven vollständig erschöpft waren und ich wieder nach Hause hätte fliegen müssen, bot mir Shimabukuro Sensei eine Wohnung als Unterkunft an. Als ich ihn fragte, was sie kosten würde, meinte er nur: »Wir werden sehen.« Er hatte schließlich erkannt, wie ernst es

[2] Matayoshi Shinpō (1921-1997), okinawanischer Meister des Kobudō und des Karate. Er war der Sohn von Matayoshi Shinkō (1888-1947) und Erbe des von seinem Vater geschaffenen Stils, des Matayoshi-Kobudō.

mir war, und nahm mich als Schüler an. So konnte ich noch einige Zeit auf Okinawa bleiben, und das lang ersehnte Training im Seibukan-Honbu-Dōjō begann. Am Ende stellte sich sogar heraus, dass ich für die Unterkunft überhaupt nichts bezahlen musste, da sie meinem Sensei gehörte.

Die zweite Prüfung, mit der traditionell die Geduld des Schülers auf die Probe gestellt wurde, bestand in harter körperlicher Arbeit. In Asien war es weit verbreitet, dass Schüler für ihre Meister diverse Arbeiten verrichteten, wie zum Beispiel Gartenarbeit, Wasser holen usw. Diese Arbeiten waren zugleich Teil der Bezahlung für den Meister. Manchmal nahm der Lehrer den Schüler auch mit in den Wald, um Kräuter zu sammeln, und zeigte ihm dann, wie man sie verarbeitete, das heißt wie man sie klopfte, trocknete, in Alkohol einlegte usw., um aus ihnen Arznei herzustellen (siehe Kapitel »Kampfkunst und Heilkunde«, S. 41). Die harte Arbeit war zugleich der Beginn des physischen Trainings. Der Schüler erkannte oft zunächst keinen Zusammenhang zwischen diesen Arbeiten und der Kampfkunst, um die es ihm ja eigentlich ging. Tatsächlich aber schulten sie seine Kraft, seine Beweglichkeit, seine Geduld und verhalfen ihm zu wertvollen Kenntnissen in der Medizin. Körper und Geist wurden somit auf das kommende Training vorbereitet. Allerdings kam es vor, dass ein Schüler nach einiger Zeit dem Meister vorwarf, er sei zum Trainieren und nicht zum Arbeiten hier, und ihn verließ. Wenn dies geschah, war der Meister ebenfalls nicht verärgert, denn ihm war nur an ernsthaft an seiner Kunst interessierten Schülern gelegen, die in der Lage waren, die für das lange und mühsame Training nötige Geduld aufzubringen.

Harte Arbeit gehörte in vielen traditionellen Kampfkünsten zur normalen Ausbildung, sei es in China, auf Okinawa oder in Japan. Der chinesische Begriff Kung Fu (auch Gongfu) beispielsweise steht für etwas, das durch harte Arbeit erreicht wird. Heute wird er mitunter als Oberbegriff für die chinesischen Kampfkünste verwendet. Die Schüler, die regelmäßig kochten, Holz hackten, das Dōjō putzten und andere Arbeiten verrichteten, entwickelten eine enge Beziehung zum Lehrer. Sie waren die so genannten *Uchi deshi*, die inneren Schüler, und hatten über das Training hinaus täglich Kontakt zum Meister. Manches von seinem Wissen über die Kampfkünste lehrte er nur sie.

Als ich mit zehn Jahren zu meinem ersten Lehrer in indischer Kampfkunst ging, musste auch ich für ihn arbeiten. Zu meinen Aufgaben zählte das Ernten von Avarakai, einer indischen Bohnensorte, und ich musste regelmäßig Holz und Wasser für ihn holen. Für ein Kind bedeutete dies viel und harte Arbeit. Aber mein Wunsch, Kampfkunst zu erlernen, war sehr groß, und so verrichtete ich die Arbeiten gern. Tatsächlich war mein Lehrer darauf angewiesen, da er allein lebte und die Bezahlung für seinen Unterricht sehr gering ausfiel. Generell sollte Geld in den Kampfkünsten eine eher untergeordnete Rolle spielen. Shimabukuro Sensei beispielsweise nahm nie Geld von mir an. Wenn ich ihm etwas zukommen lassen wollte, so musste ich es unter dem Tisch verstecken oder seine Frau bitten, es ihm zu geben, nachdem ich gegangen war. Das ist noch heute so.

In den heutigen Dōjō werden oft moderne Geräte für das Krafttraining eingesetzt. Darauf aufbauend werden die Karate-Techniken gelehrt. Nichtsdestotrotz ist es auf Okinawa nach wie vor üblich, dass Kampfkunstschüler im Garten ihrer Meister tätig sind. Wenn ich meinen Lehrer im Garten arbeiten sehe, übernehme ich die Arbeit für ihn. Dies ist eine Geste der Höflichkeit, des Respekts und der Dankbarkeit dafür, dass ich als Schüler angenommen wurde. Ich selbst verlange das aber nicht von meinen Schülern, ebenso, wie Shimabukuro Sensei es nicht von mir verlangte. Ich helfe gern, und es kommt von Herzen.

Das Sprichwort »Budō ist wie eine Orange« beschreibt sehr gut, wie eine traditionelle Kampfkunst erlernt wird: Die Orange ist schön. Der erste Biss – in die Schale – brennt jedoch. Die Zurückweisung des Meisters, die erste Hürde auf dem Weg zur Kampfkunst, brennt ebenfalls. Die zweite Stufe ist vergleichbar mit der weißen Haut der Orange. Sie ist bitter, wie auch die harte körperliche Arbeit. Viele hören hier auf. Die dritte Stufe, das eigentliche Training, entspricht dem süßen saftigen Fruchtfleisch, zu dem man gelangt, wenn man die ersten beiden Hürden überwunden hat. Es gibt allerdings auch Kerne, auf die zu beißen unangenehm ist; sie entsprechen Rückschlägen oder Verletzungen. Auch bei solchen Ereignissen brechen einige Budōka das Training ab. Ein ernsthafter Schüler wird sich aber von Widrigkeiten nicht abschrecken lassen. Budō gleicht einem Weg durch schwieriges Gelände. Es erfordert viel Anstrengung und Geduld voranzukommen. Nur wenige widmen ihr ganzes Leben diesem Weg, die meisten geben unterwegs auf.

Die fünf Regeln des Dōjōkun

Seit jeher ist neben der Entwicklung körperlicher und geistiger Fähigkeiten die Schulung des Charakters ein wichtiger Bestandteil der Kampfkunst. Auf Okinawa wurden Schüler, die nicht ein Mindestmaß an Tugenden und Charakter besaßen, vom Meister oft gar nicht erst aufgenommen. Die fünf wichtigsten Grundsätze im Karate wurden im sogenannten Dōjōkun festgehalten.

Der genaue Ursprung des Dōjōkun (Regeln für das Dōjō) lässt sich nicht bestimmen. Überliefert wurde es von Sakugawa Kanga (1733-1815) auf Matsumura Sōkon (ca. 1800-1890). Dieser gab es an seine eigenen Schüler weiter, so zum Beispiel an Itosu Ankō (1832-1916). Itosu Ankō gab es wiederum an Funakoshi Gichin (1868-1957) weiter. Noch heute existiert eine eigenhändig von Matsumura Sōkon geschriebene Version des Dōjōkun. Im Folgenden werden die fünf Regeln des Dōjōkun einzeln erläutert.

Die erste Regel des Dōjōkun: Es ist wichtig, nach Vervollkommnung des eigenen Charakters zu streben.

Kampfkünstler haben meist eine starke Persönlichkeit und einen ausgeprägten Charakter. Einen wahren Budōka zeichnen Eigenschaften wie Geduld, Bescheidenheit und Rechtschaffenheit aus. Das erste Ziel eines angehenden Kampfkünstlers sollte darin bestehen, eine gute innere Einstellung zu dem, was er tut, zu erlangen, um vollkommen hinter dem eigenen Handeln stehen zu können. Wer den eigenen Charakter bewusst schult, wird auch respektvoll und höflich mit seinen Mitmenschen umgehen.

Es ist wichtig, nie das rechte Maß zu verlieren, vor allem auch für sich selbst. Nur allzu oft gaukelt einem das Ego vor, man sei der Beste. Ich habe es nicht selten erlebt, dass ein Schüler als »Maus« zum ersten Training kam und nach drei bis vier Einheiten als »Elefant« wieder ging. Er passte gewissermaßen kaum noch durch die Tür, so sehr war sein Ego angeschwollen. Seine ersten Trainingserfolge haben ihn hochnäsig werden lassen. Kyan Chōtoku pflegte zu sagen: »Es gibt immer einen höheren Berg«; das heißt, es wird immer jemanden geben, der besser ist als du selbst. Kampfkunst soll deshalb auch Bescheidenheit vermitteln. Im Freikampf muss man sehr schnell erkennen, dass es immer wieder Situationen gibt, in denen man unterliegt. Solche Momente können sich positiv auf die eigene Bescheidenheit auswirken, wenn man sich ihrer besinnt. Wichtig für den Schüler der Kampfkunst ist es auch, bewusst daran zu arbeiten, andere negative Charaktereigenschaften wie Habgier und Neid kleinzuhalten.

Eine weitere wichtige Charaktereigenschaft ist die Dankbarkeit. Nie sollte man vergessen, wie man einst angefangen hat, Kampfkunst zu erlernen. Mein Sensei hat mir eine Chance gegeben und mich als Schüler aufgenommen. Dafür bin ich ihm sehr dankbar, und ich werde immer hinter ihm stehen. Sein Vorbild ist einer der Gründe, weshalb ich bestrebt bin, Karate in der Welt zu verbreiten.

Die zweite Regel des Dōjōkun: Es ist wichtig, den Weg der Aufrichtigkeit zu gehen.

In allem, was man tut, sollte Aufrichtigkeit zu finden sein. In erster Linie aber sollte man ehrlich zu sich selbst sein und sich selbst stets hinterfragen. Man belügt sich schneller, als man es für möglich halten möchte. Zu einem aufrechten Leben gehört ebenfalls, zu seinem Wort zu stehen und Verantwortung für die Folgen der eigenen Taten und des eigenen Verhaltens zu übernehmen. Wer aus Bequemlichkeit immer wieder die Meinung ändert, um Konflikten aus dem Weg zu gehen, hat auf den ersten Blick ein einfacheres Leben. Tatsächlich aber verweichlicht solch ein Verhalten den Charakter, denn gerade das konsequente Durchstehen unangenehmer Situationen stärkt die innere Kraft.

In den Kampfkünsten werden hohe Maßstäbe gesetzt, die nicht immer erreicht werden. Doch dieses Problem ist auch in anderen Wertesystemen zu finden. Sowohl Islam als auch Christentum verbieten zum Beispiel das Töten, und dennoch wurden im Namen dieser Religionen unzählige Kriege geführt. Die USA, um nur ein Beispiel zu nennen, sind vorwiegend christlich geprägt. Dennoch führen sie bis zum heutigen Tag immer wieder Kriege, in denen unzählige Menschen getötet werden. Der einfache Soldat kennt die Menschen, die er tötet, nicht. Sie haben ihm persönlich nie etwas getan; sie sind ihm nie zuvor begegnet. Aber dennoch töten Soldaten. Dies geschieht auf Anweisung der Politik und steht in direktem Wi-

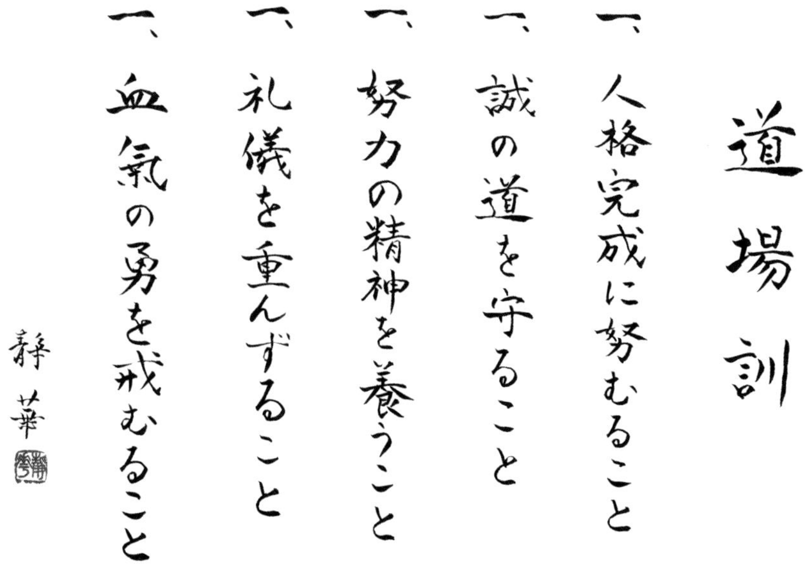

Abb. 4: Die fünf Regeln des Dōjōkun.

derspruch zu dem Wertesystem, zu dem sich viele dieser Soldaten bekannt haben. Hier stellt sich die Frage, wem man denn eigentlich etwas schuldig ist? Soll man im Auftrag von Politikern, die kommen und gehen, Blut vergießen oder sich selbst und seinen Werten treu bleiben?

Budō versucht, das Beste im Menschen zu kultivieren. Daher ist es wichtig, dass ein guter Meister stets die Tugenden des Budō vermittelt und diese vorlebt. In Japan sagt man: »*Karate no kunoshi no bugei*« – Menschen, die Karate betreiben, sind besondere Menschen, weil sie eigene Prinzipien haben und zu ihnen stehen.

Die dritte Regel des Dōjōkun: Es ist wichtig, sich stets zu bemühen.

Eine der besten Möglichkeiten eines Kampfkunstlehrers, die Tugenden des Budō zu vermitteln, besteht darin, sie vorzuleben. Sehen die Schüler, dass der Lehrer anders handelt, als er es lehrt, dann werden sie seine Lehren instinktiv nicht allzu ernst nehmen. Leider gibt es immer wieder Lehrer, die die Werte des Budō in ihrem eigenen Leben nicht umsetzen, so dass Theorie und Praxis zwei verschiedene Dinge bleiben. Es geht hier keineswegs darum, in jeder Situation perfekt zu handeln. Jeder Mensch macht Fehler. Dies ist menschlich und vollkommen normal. Worauf es in der Kampfkunst ankommt, ist, sich seiner Schwachpunkte bewusst zu werden und an sich zu arbeiten. Dieses stete Bemühen ist ein Eckpfeiler des Budō, und es durchzieht alle fünf Grundsätze des Dōjōkun.

Das rechte Bemühen drückt sich auch in der Bereitschaft aus, etwas von anderen zu lernen. Ich habe Folgendes erlebt: Als der Sensei einmal nicht zum Training kommen konnte, leitete einer seiner Schüler das Training. Einige der anderen Schüler sind einfach gegangen, als sie erfahren hatten, dass der Sensei nicht kommen würde. Das ist nicht das rechte Bemühen. Man kann von jedem etwas lernen.

Oft geschieht es im Training, dass bestimmte Techniken nicht auf Anhieb funktionieren, oder der Lehrer korrigiert einen immer und immer wieder. Man sollte dann nicht so schnell die Flinte ins Korn werfen. Manche Wege sind länger als andere, aber wenn wir ankommen wollen, dann dürfen wir nicht aufhören, vorwärts zu gehen. Will man eine Technik erlernen, nutzt es wenig, sie nur ein- oder zweimal zu üben. Nur durch konsequentes Bemühen und stete Übung bekommt man das, was die Okinawaner *Chinkuchi* nennen. *Chinkuchi* lässt sich nicht direkt übersetzen, steht aber sinngemäß für den Zustand, in dem man die Technik verinnerlicht hat. Nur wenn man sich bemüht und sich durch Rückschläge nicht entmutigen lässt, wird sich der Erfolg einstellen. Dies gilt nicht nur im Karate, sondern im Leben allgemein – in der Schule, im Beruf oder auch in Beziehungen. Das Dōjō ist ein Ort, an dem man nie aufhört, an sich selbst zu arbeiten.

Die vierte Regel des Dōjōkun: Es ist wichtig, stets höflich und respektvoll zu sein.

Respekt wird einem dann entgegengebracht, wenn man selbst die anderen Menschen respektiert. Das alte deutsche Sprichwort »Wie man in den Wald hineinruft, so schallt es heraus«, bewahrheitet sich auch in dieser Hinsicht immer wieder. Ein Budōka sollte stets bereit sein, als erster seinem Gegenüber Respekt zu erweisen. Nur so wird sich wahrer, aktiver Respekt entwickeln. Zollt man Respekt nur als Reaktion auf das respektvolle Verhalten

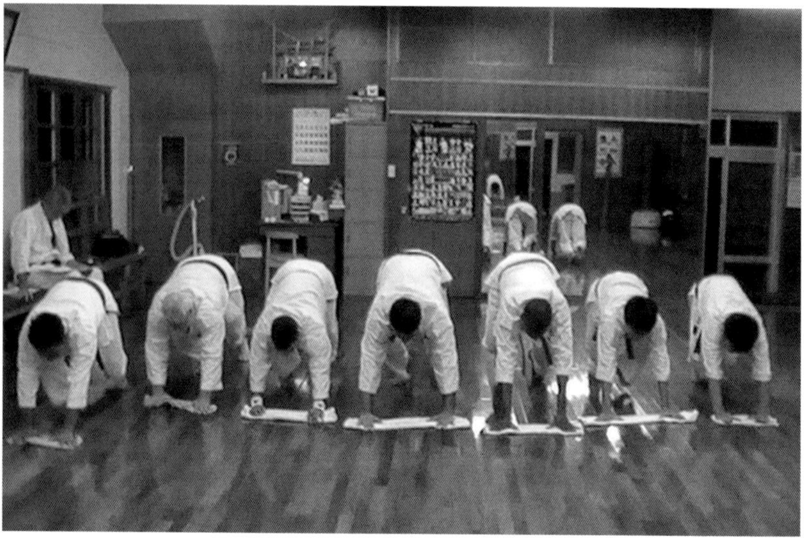

Abb. 5: Putzen im Dōjō auf Okinawa.

anderer, so offenbart dies eine gewisse Oberflächlichkeit. Mir ist es schon des Öfteren passiert, dass Menschen, die mir gegenüber nicht viel Respekt zeigten, mich auf einmal höflicher behandelten, als sie merkten, dass ich sie respektierte und höflich behandelte. Ein einfaches Beispiel ist das Grüßen im Alltag. Immer, wenn jemand in mein Fitnessstudio kommt und ich im Foyer sitze, begrüße ich ihn mit einem freundlichen »Grüß Gott«. Bei weitem nicht alle grüßen zurück. Ich denke mir dann, wenn ich nicht den Anfang mache, wird man sich irgendwann überhaupt nicht mehr grüßen.

Das System der Graduierung, wie es heutzutage in vielen Kampfkünsten verwendet wird, bietet ebenfalls eine gute Möglichkeit, Bescheidenheit und Respekt zu üben. So ist es zum Beispiel sehr schlecht, wenn man Mitschüler niedriger Graduierung ignoriert. Es ist wichtig, Schüler jeglicher Graduierung respektvoll zu behandeln. Wenn man zu seinem Sensei höflich ist, so sollte man allen anderen die gleiche Höflichkeit entgegenbringen. Dieses höfliche und respektvolle Verhalten sollte auch außerhalb des Dōjō gelebt werden. Es gibt in dieser Hinsicht keinen Unterschied zwischen dem Dōjō und dem Leben außerhalb des Dōjō.

Nicht nur im Umgang mit Menschen, sondern auch mit Dingen zeigt ein Budōka Respekt. In Asien ist es zum Beispiel selbstverständlich, dass

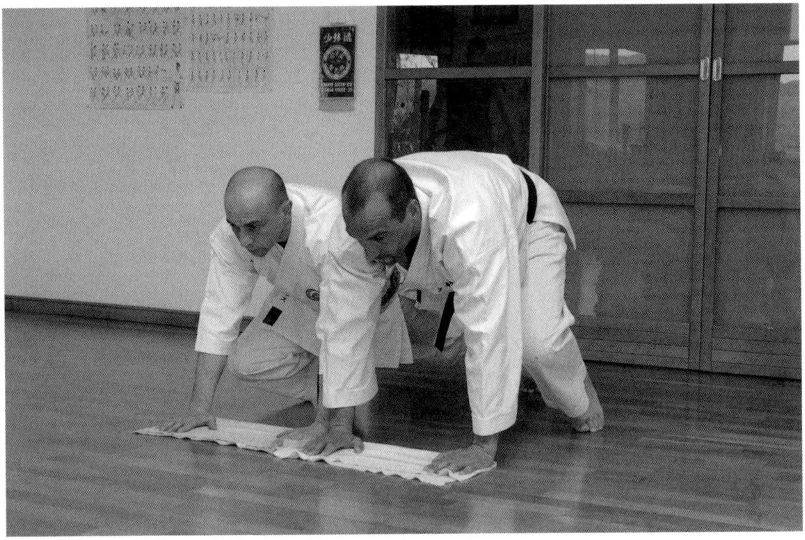

Abb. 6: Putzen im Dōjō von Kelheim.

alle das Dōjō nach dem Training saubermachen. Dies gehört zum grundlegenden Anstand und wird noch heute so praktiziert. In den westlichen Ländern trifft man leider oft auf die Einstellung: »Warum sollte ich die Schmutzarbeit machen? Schließlich habe ich doch für mein Training bezahlt!« Wenn ich auf Okinawa bin, putze auch ich das Dōjō. Selbst mein Lehrer beteiligt sich an diesen Arbeiten. Die Reinigung des Dōjō nach dem Training sollte vom Schüler so gesehen werden: »Ich wische meinen Schweiß selbst weg, niemand anders soll das für mich tun. Ich mache diese Arbeit, um mein Ego zu überwinden.« Mit dem Wischen des Bodens soll der sprichwörtliche Affe auf der Schulter vertrieben werden. Dieser Affe steht für das eigene Ego, das dort sitzt und einem zuflüstert, man sei etwas Besonderes und habe derartige Arbeiten nicht nötig.

Das eigene Ego ist der größte Feind, gegen den wir jemals antreten. Es drängt einen dazu, immer im Vordergrund stehen zu wollen. Die Bedürfnisse der anderen Menschen werden da leicht vergessen. Um das Ego im Zaum zu halten, wird im Training großer Wert auf die Entwicklung von Respekt und Bescheidenheit gelegt. Die Verhaltensregeln im Dōjō tragen hierzu maßgeblich bei. So wird sich zum Beispiel zu Beginn des Trainings sowie am Anfang einer Partnerübung mit dem Wort »*Onegaishimasu*« verbeugt. »*Onegaishimasu*« ist eine höfliche Bitte um Unterricht oder um ein gutes Partnertraining. Auch wenn die Verbeugung in Europa nicht zum Alltag gehört, so versteht man sie intuitiv als ein Zeichen von Wertschätzung. Man sollte deshalb der Verbeugung die nötige Zeit geben und seinem Partner davor und danach in die Augen blicken. Nach dem Training oder der Übung bedankt man sich mit den Worten »*Arigatō gozaimashita*« – »herzlichen Dank«. Diese Worte und ihre Bedeutung sollte man verinnerlichen und sie nicht nur als leere Phrasen wiederholen, vor allem dann, wenn man der japanischen Sprache nicht mächtig ist.

Die fünfte Regel des Dōjōkun: Es ist wichtig, den ungestümen Kampfesmut zu zügeln.

Den Kampfgeist zu zügeln, fällt besonders in jungen Jahren schwer. Meist will man gleich mit dem Kopf durch die Wand, um sich zu beweisen. Ich habe dies in meiner Jugend selbst erlebt und stelle in dieser Hinsicht keine Ausnahme dar. Die folgende Begebenheit zeigt das recht deutlich:

Im Jahr 1972 wurde ich auserwählt, meine Heimat Malaysia bei der 2. Karateweltmeisterschaft in Paris zu vertreten. Mein Bruder war über meine Teilnahme so glücklich, dass er, als ich wieder zu Hause war, gleich mit mir ins Kino gehen wollte. Um dorthin zu gelangen, mussten wir den Bus nehmen. Auf dem Heimweg, als ich gerade in den Bus gestiegen war, mein Bruder allerdings noch nicht, riefen vier Jugendliche dem Busfahrer zu, er solle losfahren, da alle an Bord seien, woraufhin dieser unverzüglich losfuhr. Ich klopfte heftig und gab dem Busfahrer zu verstehen, er solle noch einmal anhalten, da mein Bruder noch draußen war. Der Busfahrer folgte meiner Bitte und ließ meinen Bruder einsteigen. Als dieser den Bus betrat, beschimpfte er die Jugendlichen als Schweine. Diese Beleidigung brachte sie dermaßen auf, dass sie meinen Bruder an jeder Haltestelle aufforderten auszusteigen, damit er mit ihnen kämpfen möge. Es sei erwähnt, dass mein Bruder keine Kampfkunst trainierte und kein Kämpfer war. Ich saß daneben und versuchte, sie zu beschwichtigen, um den Kampf zu vermeiden. Sie fuhren aber solange im Bus mit, bis wir aussteigen mussten. Sie folgten uns und forderten uns heraus. Einer griff nach mir und riss mir dabei einen Knopf von meinem Hemd ab. Bis zu diesem Zeitpunkt hatte ich mein – damals – Möglichstes getan, um den Kampf zu verhindern. Zu jener Zeit war ich erst 22 Jahre alt.

Als der Kampf unausweichlich schien, habe ich mich und meinen Bruder verteidigt. Ich sagte meinem Bruder, er solle nichts tun, und ich kämpfte allein gegen die vier. Einer von ihnen griff sogar mit einem Messer an. Ich bin noch heute sehr froh, dass diese Sache für uns gut ausgegangen ist. Wenn mich heute jemand zu einem Kampf herausfordert, sage ich »OK, du bist der Sieger«, oder »Es tut mir leid, aber ich bin zu alt, ich kann nicht kämpfen.« Manches bedarf einfach einer gewisse Reife und eines gewisses Alters, um es verstehen zu können. In meinen jungen Jahren war ich im Kampf sehr aggressiv. Erst im Alter wurde ich ruhiger. Jeder muss hier seine eigenen Erfahrungen sammeln. Man kann einem Kind zwar sagen, »Fass nicht auf die heiße Herdplatte«, aber erst, wenn es dies gemacht hat, wird es verstehen, warum.

Ich glaube, Geduld habe ich erst durch das Budō gelernt. Vor allem Draeger Sensei[3] hat mich in dieser Hinsicht sehr geprägt. Auch er stand von Zeit zu Zeit Menschen gegenüber, die den Kampf gesucht haben: Einmal besuchte ich gemeinsam mit ihm einen Meister im Silat Harimau (Tiger-Silat), der in meinem Heimatland in einem kleinen Dorf lebte. Nach einer Vorführung des Silat-Meisters wollte dieser nun wissen, wie gut Draeger Sensei im realen Kampf war, und forderte ihn heraus. Draeger Sensei lehnte immer wieder ab. Er sagte, es sei zu gefährlich, und dass es nur unnötige Verletzungen geben würde. Der Silat-Meister bestand aber auf seinem Ansinnen und gab sein Wort, ihn nicht ernsthaft zu verletzten. Er versprach auch, dass ihm die Dorfbewohner im Falle seines Sieges nichts tun würden. Kaum hatte er diese Worte ausgesprochen, sprang er Draeger Sensei an und zielte mit einem Schlag auf dessen Kehlkopf. Ich bin mir nicht mehr sicher, was Draeger Sensei damals gemacht hat. Nach einer kurzen und schnellen Bewegung von ihm lag der Silat-Meister jedoch vor Schmerzen schreiend am Boden. Die Dorfbewohner kamen sofort angerannt und wollten Vergeltung, doch der verletzte Meister hielt sein Wort

[3] Donald Frederick »Donn« Draeger (1922-1982). Aus den USA stammender, international angesehener Kampfkunstmeister; Autor zahlreicher Werke über asiatische Kampfkünste, die noch heute zu den Standardwerken auf diesem Gebiet zählen.

und stoppte sie. Daraufhin verband Draeger Sensei den gebrochenen oder ausgekugelten Arm des Meisters mit dessen Kopftuch und brachte ihn in ein Krankenhaus. Bis zum Schluss hatte Draeger Sensei nicht kämpfen wollen. Er pflegte stets zu sagen: »Budō heißt, nicht zu kämpfen.«

Budō hilft

Neben den fünf Regeln des Dōjōkun möchte ich noch auf eine weitere sehr wichtige Charaktereigenschaft eingehen: Es handelt sich um Mitgefühl bzw. die daraus erwachsende Hilfsbereitschaft. Auch diese Tugend sollte durch das Training einer Kampfkunst gefördert werden. Das ist eine alte Tradition. Die Meister vergangener Tage haben ihren Mitmenschen oft geholfen. Darüber gibt es viele Geschichten, einige davon sind zu Legenden geworden.

Der Held einer dieser Geschichten ist Kyan Chōtoku. Eines Tages traten einige Dorfbewohner an Kyan Sensei heran und baten ihn um Hilfe. Sie erklärten ihm, es sei nachts nicht mehr sicher, von Shuri nach Naha zu wandern, da Räuber den Leuten unterwegs auflauerten und sie überfielen. Sie raubten sie aus und vergewaltigten die Frauen. Kyan Sensei sagte ihnen seine Hilfe zu. Eines Nachts ging er nach einem Hahnenkampf diesen Weg entlang. Wie zu erwarten war, hielten ihn die Räuber an und riefen: »He, alter Mann. Gib uns alles, was du hast, oder wir bringen dich um!« Ohne zu zögern, schleuderte er einem der Räuber seinen Hahn ins Gesicht und attackierte die anderen mit Schlägen und Tritten. Einige Zeit später ließ er sich erneut von den Räubern überfallen, was diesen nicht gut bekam. Und eines Tages gaben die Räuber auf, und die Dorfbewohner konnten wieder unbesorgt den Weg entlanggehen.

Ein Grundsatz des Budō ist es, denen zu helfen, die sich selbst nicht helfen können. Während des Zweiten Weltkriegs gab Kyan Sensei zum Beispiel regelmäßig armen Kindern zu essen. Er selbst starb kurz nach dem Krieg an Unterernährung. Auch ich vertrete die Meinung, Budōka sollten mit gutem Beispiel vorangehen, indem sie zum Beispiel Menschen helfen, die von Naturkatastrophen betroffen sind. Immer wieder halte ich Lehrgänge ab, deren Einnahmen für einen guten Zweck gespendet werden. Diese Lehrgänge finden unter dem Motto »Budō helps« statt. Ich bin dankbar, dass zahlreiche Schüler zu diesen Lehrgängen kommen. Aber nicht nur Lehrgänge, sondern auch öffentliche Vorführungen eignen sich gut, um Geld für einen guten Zweck zu sammeln. Mehrfach habe ich diese Möglichkeit ergriffen und unter dem Namen »Budō-Gala« Veranstaltungen, bei denen verschiedene Budōka ihre Kunst öffentlich vorführten, organisiert. Da viele Menschen von der Kampfkunst fasziniert sind, ist der Andrang jedes Mal recht groß. Dabei ist es mir wichtig, dass der Erlös immer wohltätigen Zwecken zugute kommt. Leider werden derartige Vorführungen oftmals aus rein kommerziellem Interesse veranstaltet. Mein Traum ist es, einen Verein zu gründen, welcher Budōka die Möglichkeit gibt, Menschen in Not zu helfen.

Ich persönlich habe ein besonderes Verhältnis zu Indien. Zum einen, weil es nah an meiner Heimat Malaysia liegt, zum anderen, weil ich regelmäßig dorthin reise und stets mit eigenen Augen das Leid der Bevölkerung, die obdachlosen Kinder und die Armut in den Dörfern sehe. Oft, wenn ich in Indien bin, um Lehrgänge abzuhalten, erhalte ich einen Chauffeur. In Indien ist es üblich, dass jede Art von Dienstpersonal schlecht behandelt wird. Auch hier versuche ich, ein gutes Beispiel zu geben. So habe ich beispielsweise den Chauffeur einmal zum Essen in das Restaurant eines Hotels eingeladen. Viele der Gäste schauten mich sehr verwundert an; sie schienen sich zu fragen, weshalb ich den Chauffeur wohl mit in das Hotel gebracht haben möge. Aber das war mir gleichgültig. Es ist wichtig, allen Personen Respekt entgegenzubringen. Der soziale Stand sollte hierbei nicht die geringste Rolle spielen. Immer, wenn ich in Indien bin, gehe ich am Ende meiner Reise in ein armes Viertel der Stadt und verteile die Rupien, die ich noch übrig habe. Es kam schon vor, dass meine Frau mir Einhalt gebieten musste, damit wir nicht völlig mittellos am Flughafen ankamen. Ich hoffe, diese Einstellung färbt auch auf meine Schüler ab; die beste Art, gutes Verhalten zu lehren, besteht darin, es vorzuleben.

Mein Vater lebte mir diese wohltätige Haltung vor und hat mich dadurch maßgeblich geprägt. Ich erinnere mich sehr gut daran: Als ich noch ein Kind war, ungefähr zehn oder elf Jahre alt, klopften des Öfteren Bettler an unsere Haustür. Das erste, was mein Vater dann sagte, war: »Es gibt kein Geld!« Dann aber gab er dem Bettler ein Handtuch und saubere Kleidung und schickte ihn in unser Bad auf dem Hof, damit er sich waschen konnte. Als er sauber war, hatte meine Mutter bereits das Essen fertig, um das mein Vater gebeten hatte. Nun saßen wir alle zusammen und aßen gemeinsam. Dann wurde dem Bettler noch etwas eingepackt, meist etwas zu essen, Kleidung und vielleicht doch auch ein wenig Geld. Und so verabschiedeten wir den Bettler wieder. Wenn mein Vater zu Hause war, hat er es immer so gehandhabt. Es gab Zeiten, da kam es durchaus ein- oder zweimal im Monat vor, dass ein Bettler vor unserer Tür stand. Diese Erinnerungen sind bis heute tief in meinem Herzen.

Eine weitere Begebenheit, bei welcher dank der Kampfkunst zwei Menschen geholfen werden konnte, ist die folgende: In meinen jungen Jahren, ich war etwa 26 Jahre alt, reiste ich für drei oder vier Wochen als Karatetrainer nach Südindien. Dort lernte ich ein Mädchen, ungefähr 17 Jahre alt, und einen jungen Mann, der etwa zehn Jahre älter war, kennen. Die beiden waren offensichtlich ein Paar. Eines Tages fragte ich sie scherzhaft, wann sie denn heiraten würden. Daraufhin fing das Mädchen bitterlich an zu weinen. Verwundert über diese Reaktion, wollte ich wissen, warum sie weinte. Sie erklärte mir, es sei in Indien strenge Tradition, dass die Familie der Braut dem Bräutigam eine große Summe Geld übergebe. In Deutschland ist diese Tradition als Mitgift bekannt. Da die Familie des Mädchens sehr arm war, konnte sie sich eine Hochzeit nicht leisten. Auch wollte das Mädchen um keinen Preis, dass ihre Familie von ihrer Beziehung erfuhr, da in Indien zu jener Zeit niemand eine Frau geheiratet hätte, die vor der Ehe schon eine andere Liebesbeziehung gehabt hatte. Nachdem sie mir das erzählt hatte, fragte ich sie, ob ich ihre Eltern einmal kennenlernen dürfe. Tags darauf war ich zu Gast bei den Eltern. Sie stellte mich als ihren Karatelehrer aus Malaysia vor. Man sollte in diesem Zusammenhang wissen, dass Malaysia in Indien ein gutes Ansehen genießt. Wir sprachen miteinander, und ich fragte beiläufig, wann ihre Tochter denn heiraten würde. Erwartungsgemäß antworteten die Eltern, sie hätten nicht das Geld für eine Hochzeit. Daraufhin fragte ich, was wäre, wenn sowohl Geld als auch ein heiratswilliger junger Mann vorhanden wären. Sie gaben mir zu verstehen, dass es dann kein Problem geben würde.

Als ich wieder allein mit dem Mädchen und ihrem Freund war, erklärte ich, dass ich ihnen helfen würde. Ich beauftragte einen meiner Schüler, eine große öffentliche Kampfkunstvorführung zu organisieren. Ich ließ ihm dafür genügend Zeit. Derartige Vorführungen waren damals sehr beliebt. Die Veranstaltung war bereits einen Monat vor dem Termin ausverkauft. Ungefähr zwei bis drei Monate später bin ich für die Vorführung wieder nach Indien gereist. In der Mitte eines Fußballfeldes war eine Tribüne aufgebaut worden, und die Zuschauer standen ringsherum und schauten gebannt den Künsten der Vorführenden zu. Wir nahmen sehr viel Geld ein. Davon gingen etwa zehn Prozent an den Ausrichter, und über den Rest konnte ich frei verfügen. Indisches Geld durfte man damals nicht ausführen. Ich kaufte also ein paar Geschenke für meine Familie und begab mich mit dem übrigen Geld zur Familie des Mädchens. Die Eltern hatten mich zum Mittagessen eingeladen. Es gab Fischcurry, was damals etwas Besonderes war. Nach dem Essen unterhielten wir uns. Ich fragte die Eltern, ob sie sich einverstanden erklären würden, wenn ich einen netten Mann für ihre Tochter finden und die gesamte Hochzeit einschließlich der Mitgift bezahlen würde. Sie fragten, was ich denn dafür wolle. Daraufhin erzählte ich ihnen die ganze Geschichte, und so erfuhren sie endlich von der Liebe ihrer Tochter zu dem jungen Mann. Mit Tränen in den Augen willigten sie ein, und die Mutter verbeugte sich bis auf den Boden vor mir, um ihre Dankbarkeit auszudrücken.

Gemeinsam fuhren wir nun zu den Eltern des jungen Mannes, und ich schilderte auch ihnen alles, was sich zugetragen hatte. Sie waren ebenfalls mit der Heirat einverstanden. Und so kam es zur Hochzeit. Als ich einige Zeit später wieder in Indien war, hatten die beiden bereits ihr erstes Kind. Wenn man es genau betrachtet, habe ich so gut wie nichts für sie getan – Budō hat ihnen geholfen.

Lehrer und Schüler

Ein Budōka sollte vor allem Liebe, Mäßigung und Demut hochschätzen. Liebe erzeugt Mut und Mäßigung, schafft Fülle und Demut, verleiht Kraft. Mut ohne Liebe führt zu Gewalttätigkeit, Fülle ohne Mäßigung führt zu Selbstverleugnung und Verfall. Macht ohne Demut bringt Hochmut und Tyrannei hervor. – Spruch aus dem Budō

Die Beziehung zwischen Lehrer und Schüler ist einer der wichtigsten Faktoren im Budō, und sie stellt im Idealfall einen lebenslangen Prozess dar. Der Schüler ist zunächst nur ein Fremder für den Lehrer. Die erste Hürde besteht darin, überhaupt in das Training aufgenommen zu werden, wie dies im Kapitel über die Geduld in den Kampfkünsten (S. 13) erläutert wurde. Mit Beginn des Trainings wird aus dem Fremden ein Schüler. Diese Beziehung kann sich weiterentwickeln zu einer Freundschaft, bis hin zu einer sehr guten Freundschaft. Am Ende dieser Entwicklung kommt die Beziehung zwischen Lehrer und Schüler der in einer Familie herrschenden gleich. Sowohl in China als auch auf Okinawa wird der Lehrer dann als Vater bezeichnet, die Frau des Lehrers als Mutter und der ältere Schüler als älterer Bruder. So nannten die Schüler von Shimabukuro Eizo dessen Frau stets Mutter.

Im Fall meines indischen Lehrers ist die Beziehung wie die zu einem Vater, und seine Söhne behandeln mich wie einen älteren Bruder. Wenn ich in meine Heimat Malaysia fahre, verbringe ich auch heute noch mehr Zeit mit meinem Lehrer als mit meiner Familie. In der indischen Kampfkunst wird dem Lehrer der gleiche Respekt wie den Eltern erwiesen, manchmal wird er sogar wie ein Halbgott verehrt. In Indien bezeichnet man einen Lehrer als Guru. Leider hat das Wort Guru in Deutschland heutzutage einen negativen Beigeschmack. Der Begriff stammt aus dem Sanskrit. *Gu* bedeutet Dunkelheit und *Ru* Licht. Der Lehrer, der seinen Schülern Wissen vermittelt, führt sie somit, bildlich gesprochen, vom Dunkel der Unwissenheit ins Licht des Wissens. Diese Einstellung bezieht sich nicht nur auf die Kampfkunst, sondern auf das ganze Leben. – Ich bin zutiefst dankbar, dass mein Lehrer mir den Weg aus der Dunkelheit ins Licht gezeigt hat.

Die Beziehung zwischen Schüler und Lehrer kann so stark werden, dass der Schüler sich auch nach dem Tod des Lehrers um dessen Familie kümmert. Wenn der Sohn des Lehrers zum Beispiel noch sehr jung ist und der Schüler höher graduiert, wird der Schüler dem Sohn helfen, der Nachfolger seines Vaters zu werden, und er wird ihm alles Wissen, das er von dessen Vater erworben hat, vollständig weitergeben. Leider geschieht es, dass das Ego von einigen Schülern so groß ist, dass sie nicht bereit sind, dem jüngeren Sohn zu folgen, sich von ihm lossagen und selbst den Platz des Meisters einnehmen wollen.

Der Prozess der Freundschaft beginnt meist mit Besuchen des Schülers beim Lehrer vor oder nach dem Training. Später trifft man sich auch während der Freizeit. Dabei unterhält man sich nicht nur über Kampfkunst, sondern auch über ganz alltägliche Dinge. Früher hatten die Lehrer wenige sogenannte innere Schüler (*Uchi deshi*). Diese Schüler blieben oft nach dem Training im Dōjō. Sie hatten meist mehr Wissen über das System und den Lehrer als die äußeren Schüler (*Soto deshi*). Die Tiefe solch einer Bindung wird zum Beispiel aus dem Verhalten von Matsumura Sōkon deutlich. Es heißt, er habe 88 Tage am Grab seines Meisters Sakugawa Kanga getrauert und es die ganze Zeit über nicht verlassen.

Die Beziehung zwischen Schüler und Lehrer war allerdings nicht immer automatisch eine gute. Manchmal verließ ein Schüler den Lehrer nach ein paar Jahren wieder. Manche Schüler verlassen ihre Lehrer auch erst nach 20 oder 30 Jahren. Selbst eine so große Zeitspanne ist nicht alles, und der Lehrer ist froh, dass es zu diesem Zeitpunkt geschieht, und nicht erst, nachdem er alles gelehrt hat.

In Europa entwickelt sich heute oft nicht einmal eine einfache Freundschaft zwischen Schüler und Lehrer. Normalerweise wird das Dōjō nach dem Training sofort verlassen, und man sieht einander erst zur nächsten Trainingseinheit wieder. Aber einige wenige treffen sich auch hierzulande wenigstens einmal pro Woche. Ein solches Treffen muss nicht unbedingt mit der Ausbildung in Kampfkunst verbunden sein. Es soll vor allem dazu dienen, Freundschaften entstehen zu lassen. Ungeachtet dessen ergeben sich dabei natürlich immer auch Möglichkeiten, Fragen zur Kampfkunst zu stellen, die man während des Trainings nicht stellen konnte, weil sie das Training auf unangemessene Weise unterbrochen hätten. Alles in allem sind solche Treffen einfach eine gute Möglichkeit, einander privat kennenzulernen. Durch das Kennenlernen schwindet auch die Angst vor dem

Lehrer. Im Training ist der Lehrer vor allem streng und unnachgiebig, privat ist es meist ganz anders. Manche Schüler missverstehen allerdings die Freundlichkeit außerhalb des Dōjō und wollen diese auch auf das Training übertragen. Hier muss jedoch eine strikte Trennung erfolgen.

Meine Beziehung zu meinem Karatelehrer ist wie zu einem älteren Bruder bzw. zu einem besten Freund. Aber im Training kennt er mich nicht als Freund, und ich kenne ihn nur als Lehrer. Privat ist privat, und Training ist Training. Er ist sehr streng im Training, aber danach verhält er sich wieder sehr freundschaftlich.

Früher hatte ich sehr gute Beziehungen zu meinen Schülern, sie haben auch bei mir übernachtet, ich habe gekocht und wir haben zusammen gegessen. Irgendwann merkte ich aber, dass die heutigen Schüler dies oft nicht mehr zu schätzen wissen. Viele kommen nicht damit zurecht, dass die Beziehung im Dōjō dann eine ganz andere ist. Sobald sie ihren *Gi* tragen, kenne ich die Schüler nicht mehr persönlich, sondern nur noch als Schüler. Wenn dies nicht so ist, verliert man etwas Wichtiges.

Auch in einer freundschaftlichen Beziehung außerhalb des Trainings sind Gesten des Respekts dem Lehrer gegenüber wichtig. Sehe ich beispielsweise meinen Lehrer eine Arbeit verrichten, die ich übernehmen könnte, so tue ich dies für ihn. Wenn ich mit meinen Schülern auf Okinawa bin, weise ich auch sie darauf hin, dass sie dem Meister helfen sollten, beispielsweise, wenn es darum geht, seine Tasche zu tragen. Dies ist Ausdruck von Respekt und Höflichkeit. Selbst wenn mein Lehrer jünger ist, zeige ich mich auf diese Weise erkenntlich. Dies gehört einfach dazu und ist ein Ausdruck von Höflichkeit. In der europäischen Welt versteht man das nur schwer. Die Grenze zwischen Höflichkeit und übertriebener Höflichkeit ist allerdings sehr schmal. Der Unterschied liegt dabei weniger in dem, was man tut, als viel mehr in der Einstellung, mit der man es tut. Der Meister wird merken, ob man wirklich höflich ist, oder ob man die Dinge nur tut, um sich bei ihm einzuschmeicheln, weil man sich daraus einen Vorteil erhofft.

Eine problematische Situation kann sich daraus ergeben, dass man gemeinsam mit seinem Lehrer bei dessen Meister trainiert. Ich habe erlebt, wie ein Schüler in einem solchen Fall plötzlich glaubte, er stünde auf der gleichen Stufe wie sein Lehrer. Nur, weil er bei dessen Meister trainiert hatte, verlor er ein Stück Respekt vor seinem eigenen Lehrer. Dieses Verhalten ist grundfalsch und nichts weiter als ein Ausdruck eines allzu großen Egos. Kommt ein Schüler von einem meiner eigenen Schüler zu mir ins Training, dann weise ich ihn darauf hin, er müsse zuallererst seinen eigenen Lehrer respektieren. Er soll nicht an ihm vorbei zu mir kommen, sondern durch ihn.

Philosophie im Budō

Das Staunen ist die Einstellung eines Mannes, der die Weisheit wahrhaft liebt, ja es gibt keinen anderen Anfang der Philosophie als diesen. – Platon

Der Begriff Philosophie stammt aus dem Griechischen und bedeutet »Liebe zur Weisheit«. Kampfkunst bzw. Budō ist einer von vielen Wegen, um Weisheit zu erlangen. Durch das Üben von Tritten und Schlägen allein wird man allerdings nicht automatisch weise, obgleich auch die körperlichen Übungen eine wichtige Rolle auf dem Weg zum Verständnis der philosophischen Lehren des Budō spielen. Es ist wichtig, dass der Lehrer diese in den Unterricht integriert. Ebenso wichtig ist das persönliche Bemühen des Schülers, die Lehre zu verstehen und die gewonnenen Erkenntnisse umzusetzen.

Einige Lehrer pflegten sich nach dem Training mit ihren Schülern zusammenzusetzen, um ihnen über die Philosophie der Kampfkünste zu erzählen. Meinen ersten Unterricht dieser Art hatte ich bei meinem indischen Kampfkunst-Meister Mahaguru Arumugan, der hierfür Trainingspausen nutzte und auch die Zeit nach dem Training. Wir, seine Schüler, saßen in einer Kautschuk- oder Ölpalmenplantage und lauschten gespannt den Worten unseres Lehrers. Manchmal sprach er mehrere Stunden lang über ein bestimmtes Thema. Dabei setzten uns die Moskitos sehr zu; das aufmerksame Zuhören wurde somit zu einer ebenso großen Herausforderung wie das Training selbst. Diese Art von Unterricht gab es mindestens einmal pro Monat. An folgende Begebenheit erinnere ich mich sehr gut:

Eines Tages setzte sich der Lehrer und forderte einen Schüler auf, eine Übung vorzuführen. Wir anderen sollten ihn genau dabei beobachten. Sofort fingen die anderen Schüler an, mit dem Finger auf den Vorführenden zu zeigen, und sagten, dies sei falsch und jenes nicht richtig. Nachdem sich der Vorführende wieder gesetzt hatte, fragte der Lehrer uns: »Kennt ihr eure eigenen Fehler?« Daraufhin meinten wir: »Wir machen solche Fehler nicht.« Unverzüglich forderte er einen anderen von uns auf, etwas zu zeigen. Schnell sah der Lehrer den ersten, zweiten und dritten Fehler und korrigierte diese. Danach setzten wir uns alle wieder hin, und der Lehrer sprach: »Auf jemand anderen mit dem Finger zu zeigen und zu sagen, dies und das sei falsch, ist einfach, aber die Fehler bei sich selbst zu erkennen, ist schwer. Warum also zeigt ihr auf andere mit dem Finger, wenn ihr doch selbst so viele Fehler habt? – Wer mit einem Finger auf andere zeigt, zeigt mit drei Fingern auf sich selbst.«

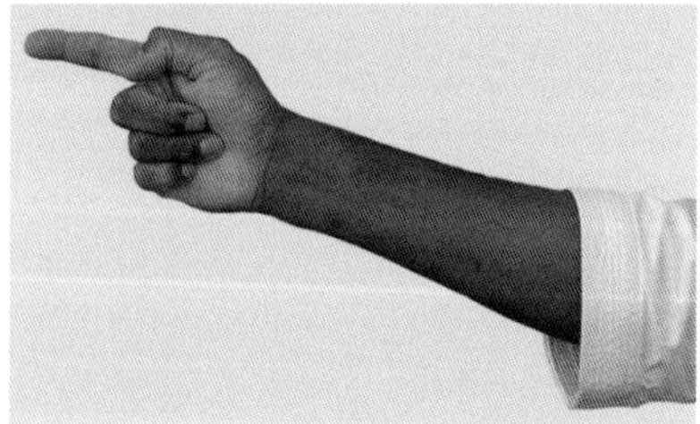

Abb. 7: Wer mit einem Finger auf andere zeigt, zeigt mit drei Fingern auf sich selbst.

Auch mein Lehrer Draeger Sensei pflegte die Tradition des Dialogs zwischen Lehrer und Schüler und erweiterte den Horizont seiner Schüler beispielsweise durch geschicktes Fragen. Nach einem intensiven Bodenkampftraining im Jūjutsu fragte Draeger Sensei einmal: »Warum trainiert ihr überhaupt Kampfkunst?« Jeder der Schüler versuchte daraufhin, seine Gründe zu benennen. Manche wollten lernen, sich selbst zu verteidigen, andere wiederum, denen ein Leid zugefügt worden war, um Vergeltung üben zu können. Draeger Sensei hörte jeden an und erwiderte schließlich: »Wir lernen im Budō, wie man nicht kämpft.«

Dies verwunderte uns damals, und es dauerte lange, bis die Bedeutung seiner Worte unsere Köpfe und Herzen erreichte. Doch wenn man längere Zeit Budō trainiert hat, verliert der äußere Kampf tatsächlich immer mehr an Bedeutung. Mit der Zeit wird klar, dass der entscheidende Kampf der innere ist. Betrachtet man zum Beispiel einen Budōka und einen Straßenschläger, so können beide kämpfen, vielleicht sogar gleich gut, und doch könnten sie unterschiedlicher nicht sein. Der Straßenkämpfer lässt sich auf jeden Kampf ein; er sucht danach, denn er folgt seinem Ego. Gewinnt er den Kampf, so empfindet er Triumph, doch dieses Hochgefühl hält nur für kurze Zeit an. Somit ist er getrieben, immer wieder im Kampf nach neuer Selbstbestätigung zu streben, bis er eines Tages auf jemanden trifft, der besser ist als er. Ein echter Budōka wird hingegen danach trachten, sich unter Kontrolle zu haben und nicht bei jeder Gelegenheit Streit zu suchen. Auf diese Weise wird er ein ruhigeres und zufriedeneres, vor allem aber ein gesünderes Leben führen als der Schläger. Weisheit findet nur, wer sich selbst besiegt. Dieses Verständnis kommt oft erst nach jahrelangem Training. Heute begreife ich, was Draeger Sensei damals meinte.

Für eine umfassende Budō-Ausbildung sind Fragen, wie Draeger Sensei sie gestellt hat, sehr wichtig. Wird jemand mittels Fragen dazu gebracht,

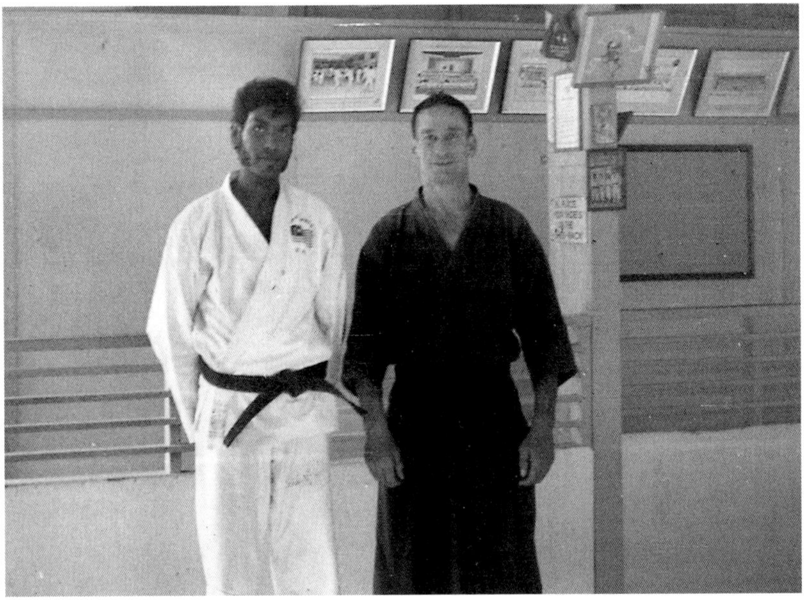

Abb. 8: Der Autor mit Donn F. Draeger, 1967.

durch eigenes Nachdenken Erkenntnisse zu gewinnen, dann führt das für gewöhnlich zu besserem Verständnis, als wenn man ihm einen langen Vortrag hält. Wissen, das nicht richtig verstanden wird, ist wenig wert. Dies habe ich schon als Kind gelernt, als ich das erste Mal von Sokrates hörte. Sokrates unterrichtete seine Schüler nicht, indem er ihnen lange Vorträge hielt, sondern indem er ihnen geschickt Fragen stellte und sie dazu bewegte, ihre eigenen Anschauungen zu hinterfragen und neue Erkenntnisse selbst zu gewinnen. Dieses Vorgehen nennt man heute die Sokratische Methode. Die Fragen müssen allerdings nicht immer von einem Lehrer kommen. In schwierigen Phasen meines Lebens habe ich mich immer nach dem »Wieso und Warum« gefragt. Oft konnte ich mir diese Fragen selbst beantworten und daraus Schlüsse für mein weiteres Handeln ziehen. Außerdem hat es mich davor bewahrt, in schwierigen Situationen aufzugeben, und es hat mir geholfen, mit Mut für das einzustehen, was mir wichtig ist. Diese Methode der Selbstbefragung hat mir geholfen, zu dem zu werden, der ich heute bin.

Manche Schüler stützen sich allein auf das Wissen ihres Meisters und stellen sich selbst zu wenige Fragen. Es ist wichtig, dass man lernt, selbstständig zu denken. Es ist nicht im Sinne der Philosophie des Budō, dem Meister blind zu folgen, sondern es geht darum, seine Lehren bewusst zu verarbeiten und eigene Schlüsse zu ziehen. Ein altes Sprichwort besagt »Vermeide es, immer gefüttert zu werden.« Ein Kind, das noch nicht selbst essen kann, muss gefüttert werden. Doch im Laufe der Zeit wird es lernen, selbst zu essen. Ebenso verhält es sich mit einem Budōka. Er sollte mit der Zeit seine Fähigkeit zu reflektieren ausbauen und auf diese Weise selbstständig werden. Dazu gehört maßgeblich, sich stets konzentrieren zu können und aufmerksam zu sein. Dies sind Eigenschaften, die im Training von Anfang an gefördert werden. Der Schüler konzentriert sich auf die Teilabschnitte einer Technik, um sie so gut wie möglich auszuführen. Doch eines Tages, nach fortdauerndem Training, wird der Schüler feststellen, es ist gar nicht mehr der Kopf, der sich die Techniken merkt, sondern der Körper, und er wird sie ohne nachzudenken ausführen, ähnlich, wie man Fahrrad fährt oder sich die Zähne putzt. Ziel ist es, einen freien Geist zu erlangen, denn nur ein freier Geist kann spontan reagieren. Es kommt vor, dass ich erst einmal nachdenken muss, wenn mich ein Schüler nach der korrekten Ausführung einer bestimmten Technik aus einer Kata fragt. Meist zeige ich ihm dann einfach die Kata und fordere ihn auf, genau zuzuschauen. Beständiges Üben ist das beste Mittel zum Verständnis. Übt man zu wenig, bleibt vieles unklar. Man muss die Techniken immerfort wiederholen, wobei es völlig normal ist, dass man am Anfang Fehler macht. Man kann diese auch nicht vermeiden, wenn man versucht, die Techniken gedanklich zu erfassen. Es genügt, Schritt für Schritt zu lernen und die dabei auftretenden Fehler nacheinander zu beseitigen, um nach und nach im Training einen freien Geist zu entwickeln.

Den Geist frei zu machen, ist auch ein zentraler Aspekt im japanischen Zen-Buddhismus. Allerdings funktioniert das nicht auf Kommando. Wenn man sich zum Beispiel bei der Zazen-Meditation (sitzendes Zen) immer wieder sagt »Ich darf nicht denken«, dann erreicht man genau das Gegenteil. Meditation beginnt meist damit, sich auf den eigenen Atem zu konzentrieren. Damit gibt man dem Geist eine Aufgabe, die ihn ruhig werden lässt. Später benötigt man dieses Hilfsmittel nicht mehr. Im Budō ist es genauso. Deshalb bezeichnen okinawanische Karate-Sensei Karate oft als »Zen in Bewegung«. Über die Zeit ist eine enge Verbindung zwischen Zen

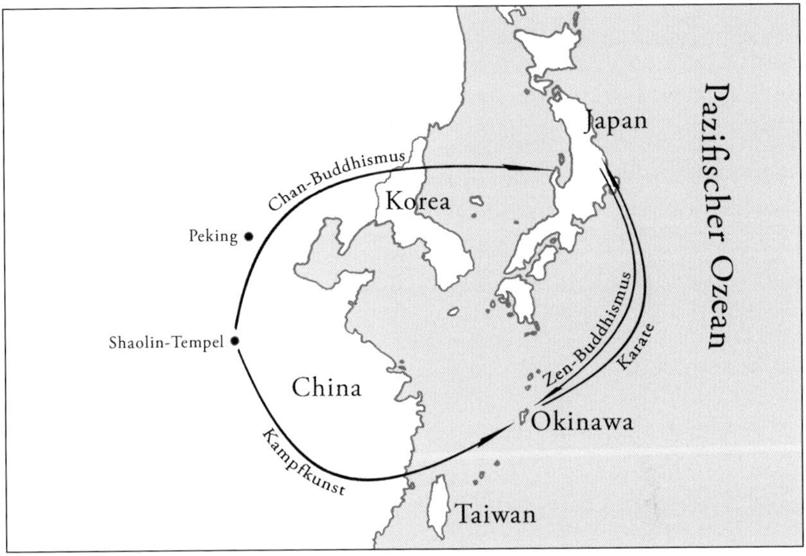

Abb. 9: Übertragungswege des Wissens.

und verschiedenen Kampfkunstarten entstanden. Hierzu zählen vor allem die japanischen und okinawanischen Künste. Auch historisch gibt es eine Brücke zwischen Kampfkunst und Zen. Der Zen-Buddhismus ist aus dem chinesischen Chan-Buddhismus entstanden, welcher um das Jahr 500 vom indischen Mönch Bodhidharma begründet worden sein soll. Eine Wirkungsstätte Bodhidarmas war das berühmte Shaolin-Kloster. Der Legende nach hat Bodhidharma die Kampfkunst in Shaolin eingeführt. Die okinawanischen Kampfkünste wurden stark von Shaolin beeinflusst, da es regen Handel zwischen China und Okinawa gab. Davon zeugt noch heute der Name Shōrin-ryū, der für eine weitverbreitete Stilrichtung mit vielen Schulen (*kan*) des Karate steht. Shōrin ist die okinawanische Aussprache der Schriftzeichen für Shaolin. Auch das Shōtōkan als eine der weltweit verbreitetsten Stilrichtungen des Karate hat seinen Ursprung im Shōrin-ryū. Tatsächlich aber hat der Chan- bzw. Zen-Buddhismus erst durch japanische Einflüsse Verbreitung im Karate gefunden. Auf diese Weise hat sich der historische Kreis geschlossen.

Am deutlichsten ist der Einfluss von Zen im Karate im *Mokusō* zu sehen. Mit *Mokusō*, wörtlich »ruhiges Denken«, bezeichnet man die Meditation vor und nach dem Training. Obgleich es in der Ausführung kleine Unterschiede gibt, wird diese Meditation mittlerweile in fast allen Karatestilen praktiziert und dient dazu, den Geist auf das Training vorzubereiten bzw. wieder vom Training zu lösen. Es ist wichtig, sich die notwendige Zeit hierfür zu nehmen und nicht nur der Form halber eine Minute vor und eine Minute nach dem Training stillzusitzen. Für Anfänger sollte man sich mindestens drei bis fünf Minuten Zeit nehmen. Fortgeschrittene hingegen sollten länger in dieser meditativen Haltung verharren.

Kampfkunst und Heilkunde

In Kriegszeiten muss man die Budōkünste ausüben, um zu überleben. In Friedenszeiten dagegen, um länger zu leben. – Matayoshi Shinpō

Kampfkunst fördert die Gesundheit. Gerade auf Okinawa ist es nicht selten, dass Karatemeister 100 Jahre alt werden, wie zum Beispiel Uehara Seikichi (1904-2004), der ein Meister des Motobu Udenti war. Generell sind die Bewohner Okinawas für ihre überdurchschnittlich hohe Lebenserwartung bekannt. Zu ihrem langen Leben tragen verschiedene Dinge bei. Die Okinawaner verstehen es beispielsweise, ihr Leben relativ stressarm zu gestalten, sie ernähren sich gesund, sie haben eine positive mentale Grundhaltung und sind von freundlichem Gemüt.

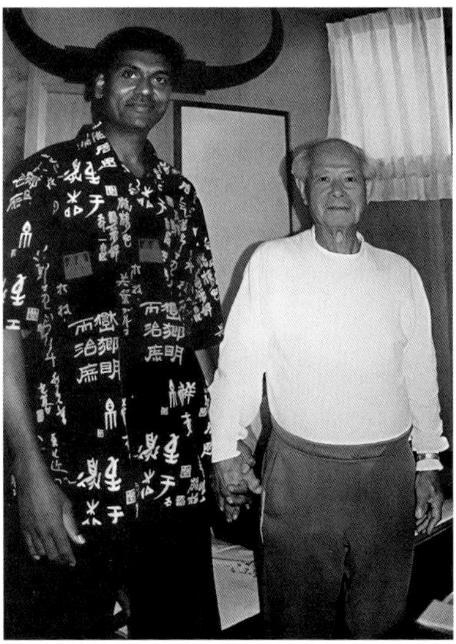

Abb. 10: Der Autor und Uehara Seikichi.

Tatsächlich sind die Okinawaner die freundlichsten und hilfsbereitesten Menschen, denen ich je begegnet bin. Es ist mir zum Beispiel mehrmals passiert, dass, wenn ich jemanden nach dem Weg oder einer bestimmten Adresse fragte, dieser die gesuchte Person im Telefonbuch nachschlug – manchmal die betreffende Person sogar anrief, um sich den Weg erklären zu lassen – und mich dann mit dem Auto persönlich an den gewünschten Ort brachte. Eine solche Hilfsbereitschaft habe ich nirgends sonst auf meinen vielen Reisen erfahren. Eben diese Grundeinstellung ist auch in die Lehren des Karate eingeflossen. Dies sollte stets bedacht werden, wenn es um Karate geht. Hinter dem Training der Kampfkünste stand nicht zuletzt auch die Absicht, ein langes und gesundes Leben führen zu können.

Kampfkünstler in China oder Indien waren seit jeher bewandert auf dem Gebiet der Medizin. Heil- und Kampfkunst waren hier aufs Engste miteinander verwoben. Die Okinawaner verdanken sehr viel von ihrem medizinischen Wissen den alten chinesischen Meistern, die einst als Händler oder Gesandte nach Okinawa kamen. Dieser Einfluss ist bis zum heutigen Tag erkennbar. Mit diesem Wissen konnten Kampfkunstmeister Verletzungen ihrer Schüler, die während des Trainings entstanden, behandeln und jenen, die allgemein von schlechter Gesundheit waren, helfen. Aber auch das Kampfkunsttraining an sich verhalf vielen zu einer besseren Gesundheit. Berühmte Beispiele hierfür sind Meister wie Nagamine Shōshin, Matsumura Sōkon, Funakoshi Gichin oder Kyan Chōtoku. Sie alle waren als Kind eher kränklich. Das Karatetraining hat jedoch ihre Körper und ihre Immunsysteme gestärkt. Sie alle wurden große Meister des Karate.

Da Dörfer früher kaum eigene Ärzte hatten, übernahmen oftmals Kampfkunstmeister die Rolle des Dorfarztes. Sie behandelten sowohl innere als auch äußere Verletzungen, wobei ihr Spezialgebiet meist das Richten von Knochenbrüchen war. Das medizinische Wissen wurde vom Meister zum Schüler weitergegeben. So erwarb beispielsweise Motobu Chōki einen Großteil seiner Kenntnisse auf dem Gebiet der Heilkunde von seinem Meister Matsumora Kōsaku. Motobu Chōki widmete im Übrigen diesem Thema ein eigenes Kapitel in dem Buch, das er über seine Kampfkunst verfasste.

Es lassen sich heute noch einige Meister auf Okinawa, in Indien, China, Malaysia oder Thailand finden, die über enormes Wissen in der Heilkunst verfügen. Einer meiner indischen Meister war ein solcher. Er war ein Experte im Behandeln mittels Massage von Vitalpunkten, in der Kräuterheilkunde und im Richten von Knochenbrüchen. Auch auf Okinawa wird an dieser Tradition festgehalten. Mein Kobudōmeister Kanei Katsuyoshi (1941-1993) baute in seinem Garten eine Vielzahl verschiedenster Heilkräuter an.

Heutzutage ist das Heilen im Karate oder allgemein im Budō fast in Vergessenheit geraten. Diese Arbeit wird den Ärzten überlassen. In einigen Ländern verbietet es sogar das Gesetz, andere ohne ein entsprechendes Zertifikat zu heilen. Nichtsdestotrotz ist es wichtig, das Wissen guter Lehrer zu bewahren und die Tradition fortzuführen, um im Notfall Soforthilfe leisten zu können. Gerade im Kampfsport kann es leicht zu kritischen Situationen kommen, in denen schnelle Hilfe gefordert ist. Jedoch ist hier unbedingt tiefgründiges, echtes Wissen gefragt. Mit Halbwissen kann man viel Schaden anrichten.

Auch mein Vater hat die indische Medizin praktiziert. Als Kind habe ich ihm oft geholfen, und ich war immer sehr wissbegierig. Er erklärte mir vieles und vermachte mir auch all seine Bücher. Da meine Begeisterung für Kampfkunst schon immer sehr groß war und Medizin ein Teil davon ist, habe ich mir auch in diesem Bereich einiges an Wissen angeeignet. Ich bin kein großer Mediziner, aber ich habe viele kleine nützliche Dinge gelernt: So kannte mein Vater beispielsweise eine Pflanze namens Keela Nelli (*Phyllanthus niruri*). Diese Pflanze, zerstampft und in der richtigen Dosierung mit Ziegenmilch vermischt, dreimal am Tag verabreicht, kann Gelbsucht (*Ikterus*) innerhalb von vier bis fünf Tagen vollständig heilen (siehe Rezept auf S. 44). Dieses Heilmittel ist in Asien seit langem bekannt. Im Westen gelten manche Krankheiten, die Gelbsucht zur Folge haben, noch heute als chronisch, das heißt, Medikamente können allenfalls die Symptome lindern, nicht aber die Krankheit besiegen.

Ein anderes Beispiel: Gebrochene Knochen kann man mit Bandagen, die in einem Gemisch aus gemahlenem Ulundu (schwarze Linsen) und Eigelb eingelegt wurden, behandeln. Die Bandage erstarrt auf gleiche Weise wie ein Gipsverband, so dass das gebrochene Gliedmaß ruhiggestellt wird. Jedoch heilt der gebrochene Knochen durch die Wirkung dieser Substanzen schneller. Und noch ein Beispiel: Um Blutergüsse schneller abklingen zu lassen, wird junger Ingwer in Reiswein getaucht und dann damit die entsprechende Stelle eingerieben (siehe Rezept auf S. 44 f.).

In den traditionellen asiatischen Kampfkünsten wird für gewöhnlich zuerst die Kunst des Heilens gelehrt und erst danach die Kunst, einen Gegner zu verletzen oder zu töten. Somit sollte der Schüler befähigt werden, eine Verletzung, die er sich im Training zugefügt hat, selbst zu behandeln.

Karatetraining sollte die Gesundheit fördern. Dass dies früher tatsächlich der Fall war, beweist das Beispiel vieler alter Meister, die bei bester körperlicher und geistiger Gesundheit ein hohes Alter erreichten. Heute ist leider oft das Gegenteil der Fall. Menschen, die Karate trainieren, verletzen sich häufig oder werden krank, oft treten Knie- oder Rückenprobleme auf sowie Ellenbogen- und Hüftbeschwerden. Es ist außerordentlich wichtig, die Grenzen seines Körpers zu kennen und zu respektieren. Was nutzt es, wenn man übereilt nach höheren Graduierungen strebt oder in Wettkämpfen Siege erringt, wenn der Preis dafür bleibende körperliche Schäden sind? Gesundheit ist Reichtum. Leider wird diese Lektion oft erst durch Verletzungen gelernt. Jedoch können medizinisches Wissen und ein gesundes Körperverständnis irreparablen Schäden vorbeugen. Dazu gehört auch die Beschäftigung mit den einheimischen Kräutern. Hierzulande gibt es unter anderem Heilkräuter wie Kamille, Brennnessel oder Wegerich, die den Heilungsprozess bei einer Vielzahl von Beschwerden unterstützen können. Es muss also nicht ausschließlich die asiatische Medizin erlernt werden. Es gibt Heilpflanzen, die sowohl in Asien als auch in Europa wachsen. Ein Beispiel hierfür ist der Löwenzahn. Dieser hilft gegen zu hohen Blutdruck. Ausgekocht und über Nacht stehen gelassen, lindert er Augenentzündungen. Ein Aufguss aus Chrysanthemen hilft gegen Fieber und eignet sich gut zur Abkühlung.

Rezept zur Behandlung von Leberproblemen, Gelbsucht und Problemen mit der Gallenblase

Mein Vater hat mich ein Rezept zur Behandlung von Leberproblemen gelehrt. Sogar Gelbsucht kann damit geheilt werden. Ich habe mit eigenen Augen gesehen, wie Kranke, die von den Ärzten schon für so gut wie tot erklärt worden waren, durch die Einnahme dieses Mittels geheilt wurden. Wenn jemand schlechte Leberwerte oder Gallenprobleme hat, können diese innerhalb von 14 Tagen deutlich verbessert werden.

Für die Rezeptur benötigt man ca. 100 ml Ziegenmilch und 2 g Keela-Nelli-Paste. Diese Paste wird aus der indischen Pflanze Keela Nelli hergestellt und schmeckt sehr bitter. Die Medizin sollte einmal täglich vor dem Frühstück eingenommen werden. Nach spätestens zwei Wochen sollte eine deutliche Besserung der Beschwerden zu beobachten sein.

Rezept zur Behandlung von Blutergüssen

Ein altes chinesisches Hausmittel zur Behandlung von Blutergüssen bzw. blauen Flecken besteht aus Ingwer und Reiswein.

Der verwendete Ingwer sollte noch jung sein. Jungen Ingwer erkennt man daran, dass er saftig ist und nicht fasrig. Reiswein ist eine klare Spirituose, die in China weit verbreitet ist. Der süße Reiswein, welcher in Deutschlands Supermärkten erhältlich ist, sollte allerdings nicht verwendet werden.

Die Anwendung ist denkbar einfach. Der Ingwer wird an einer saftigen Stelle aufgebrochen und in den Reiswein getaucht. Dann wird die betroffene Stelle am Körper damit eingerieben. Dabei sollte der mit Reiswein benetzte Ingwer nicht in offene Wunden oder in die Augen gelangen. Die Anwendung wird ein bis zweimal am Tag wiederholt. Nach der Anwendung lässt man das Mittel ein bis zwei Stunden einwirken, d. h., die betroffene Stelle sollte in dieser Zeit nicht gewaschen werden. Es empfiehlt sich zum Beispiel, die betroffene Stelle unmittelbar vor dem Schlafengehen zu behandeln. Nach zwei bis drei Tagen sollte sich Besserung einstellen.

Rezept zur Behandlung von Schlafproblemen

Schlafprobleme können wirkungsvoll mit Sesamöl behandelt werden. Frisch kaltgepresstes Sesamöl wird in Indien auch als »gutes Öl« bezeichnet. Es hilft, wenn der Körper sehr erhitzt ist und man deshalb nicht schlafen kann. Man massiert den Kopf damit ein und lässt es eine Zeitlang einwirken. Danach duscht man und kann nun wieder gut schlafen. Sesamöl ist im übrigen auch sehr gut für die Haut.

Rezept zur Behandlung von Kopfschmerzen

Mein indischer Kampfkunstlehrer benutzte Druckpunkte am Kopf, um Kopfschmerzen zu behandeln. Dabei werden die Daumen hinter den Ohren in eine kleine Kuhle am Schädelansatz gelegt. Die Mittelfinger werden auf die Schläfen gelegt. Nun führen Daumen und Mittelfinger kleine Kreisbewegungen aus. Dabei kommt es besonders auf die Bewegung der Daumen an. Die Kreisbewegungen sollten acht Mal vorwärts wiederholt werden. Diese Methode kann man mehrmals am Tag anwenden. Dauern die Schmerzen weiterhin an, sollte jedoch besser ein Arzt aufgesucht werden.

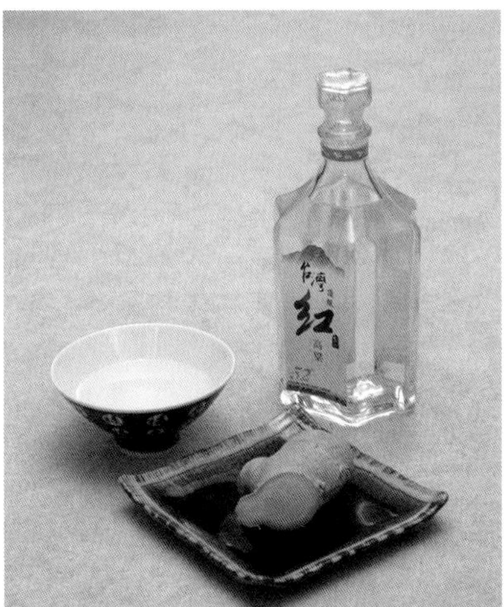

Abb. 11: Reiswein und Ingwer.

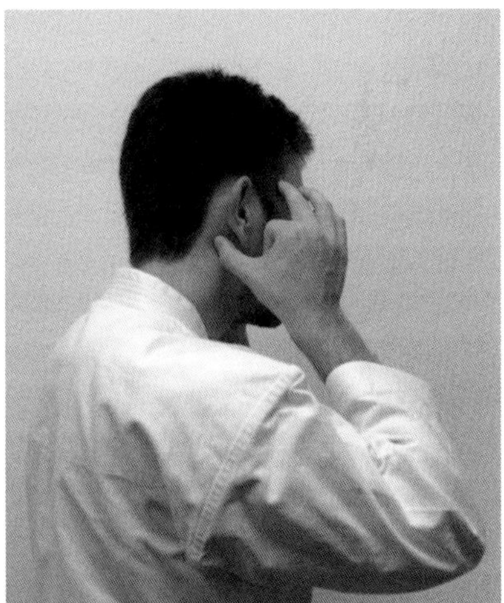

Abb. 12: Druckpunkte für die Behandlung von Kopfschmerzen.

II

Die Kunst des Kämpfens

Di – die okinawanische »Hand«

Die Tradition der Formen

Um das Neue zu verstehen, muss man erst das Alte lernen. – Sprichwort

Das Herzstück des Karate ist die Form. Mit Form ist ein festgelegter Bewegungsablauf gemeint, der von Generation zu Generation weitergegeben wurde. Heute bezeichnet man die Form im Karate mit dem japanischen Wort Kata. Noch vor zwei Generationen nannte man sie *Di*. *Di* ist ein Begriff aus der okinawanischen Mundart und bedeutet wörtlich »Hand«; es entspricht damit dem japanischen Wort *Te*, das die letzte Silbe von Karate bildet. Shimabukuro Zenryō Sensei, der Vater meines Lehrers, sagte zum Beispiel, wenn er von der Kata *Passai* sprach, *Passai Di*.

Zugleich wurde der Begriff *Di* auch für ganze Kampfkunstsysteme verwendet. Für eine Kampfkunst aus China sagte man zum Beispiel chinesische Hand. Das Wort Uchina-di steht für die Kampfkünste aus Okinawa. Uchina ist ebenfalls okinawanischer Dialekt und bedeutet Okinawa. Dies verdeutlicht, dass in einer *Di* bzw. Kata ein ganzes Kampfkunstsystem enthalten sein kann. Viele der älteren Formen tragen die Namen von Meistern wie zum Beispiel *Kushanku*. Die Kata *Kushanku* (auch *Kūsankū*) repräsentiert somit den Kampfstil des Meisters, der sie geschaffen hat (siehe Kapitel »Die Geschichte Okinawas«, S. 141). An der Art, wie jemand kämpfte, ließ sich für gewöhnlich bereits erkennen, welche *Di* er beherrschte.

Aber weshalb wurden diese zum Teil sehr komplexen Formen überhaupt entwickelt? Die alten Meister haben ihre Erfahrungen durch viele Jahre des Kämpfens gewonnen. Sie entwickelten so zwangsläufig Techniken, die in der Praxis funktionierten. Dabei hatte jeder eine Handvoll Spezialtechniken, die er in verschiedenen Situationen anwenden konnte. Diese so entwickelte praktische Kampfkunst wurde an Schüler oder an Familienmitglieder weitergegeben. Um die Techniken auch ohne Partner üben zu können, wurden einst erste Kombinationen und kleinere Formen entwickelt. Allmählich wurden die Kombinationen immer länger. Diese Formen wurden dann den Schülern gezeigt, zusammen mit der entsprechenden Anwendung.

Im Laufe der Zeit entwickelte sich das Training so, dass die Schüler zuerst die Formen lernen und sehr oft wiederholen mussten. Dadurch wurden die entsprechende Kraft und die nötige Geschicklichkeit aufgebaut, um die Techniken später effektiv anwenden zu können. Alle Schüler lernten zunächst ein und die selbe Kata. Aber der Meister zeigte jene Anwendungen, die über das offenkundige *Bunkai* hinausgehen, nur Schülern, denen er in besonderem Maße vertraute. War ein Schüler beispielsweise hochnäsig gegenüber seinen Kameraden, hat der Meister ihm keine tiefen Einblicke in die Kata gewährt. Somit steht durch die Differenzierung der Anwendung dem Meister ein Mittel zur Verfügung zu bestimmen, welchem Schüler er wie viel von seinem Wissen weitergibt. Dies verdeutlicht auch, dass das alleinige Wissen um die Form wenig Wert hat; erst das Wissen um das *Bunkai*, die praktische Anwendung, macht eine Kata zu einem wahren Schatz der Kampfkunst.

Für die meisten Techniken aus einer *Di* gilt, dass es für sie mehr als nur eine Anwendung gibt (siehe die Beispiele im Kapitel »Kampftechniken«, S. 81). Somit konnte der Meister entsprechend dem Fortschritt der Schüler wählen, was er ihnen beibrachte. Oft zeigte ein Meister verschiedenen Schülern, die er gleichermaßen wertschätzte, unterschiedliche Anwendungen. Dies hat den einfachen Grund, dass sich die Menschen hinsichtlich ihrer körperlichen Statur und ihrer Fähigkeiten zum Teil stark unterscheiden. Was für den einen eine ausgezeichnete Anwendung ist, funktioniert für einen anderen Schüler nur schlecht. Ein guter Meister ist in der Lage, dies zu erkennen und die Ausbildung entsprechend anzupassen. Nur jene Schüler, die sehr lange bei einem Meister trainiert hatten und eine Lehrerlaubnis vom Meister erhielten, bekamen das gesamte Wissen des Meisters übermittelt, und selbst in solchen Fällen konnte es aus besagten Gründen noch Unterschiede geben. Durch diese Differenzierung der Anwendungen entbrannte später oft Streit unter den Schülern, da jene, die dieses Prinzip nicht verstanden hatten, behaupteten, sie allein würden die korrekte Anwendung kennen, und das, was die anderen machten, sei falsch. Dies ist einer der Gründe für die vielen Stilrichtungen, die sich im Karate herausgebildet haben.

Als Karate einer breiteren Masse vorgestellt und in den Schulen eingeführt wurde, haben viele Lehrer neue Kata entwickelt, zum Beispiel für

Kinder, Schüler oder ältere Menschen. Eines der bekanntesten Beispiele hierfür sind die fünf *Pinan Di* von Itosu Ankō, welche dieser aus anderen Kata entwickelte. Somit fiel es dem Schüler im fortgeschrittenen Stadium leichter, die ursprünglichen Kata zu erlernen, da er viele der Kombinationen bereits aus den *Pinan Di* kannte. Als die Trainingsgruppen größer wurden, wurde zudem das *Kihon* (Grundschule) eingeführt. Unter *Kihon* versteht man das Wiederholen einzelner Techniken, die zum Beispiel mit einer Vorwärts- bzw. Rückwärtsbewegung oder im Stand ausgeführt werden. Dies war einfacher zu unterrichten und eignete sich für die große Anzahl von Schülern, die jetzt gemeinsam am Unterricht teilnahmen. Die Techniken des *Kihon* sind den Kata, der Grundlage des Karate, entnommen.

Das Erlernen der Grundtechniken durch das *Kihon* ist heute ein zentraler Bestandteil der Kampfkunst-Ausbildung. Schülern fällt es oft schwer, den Wert des *Kihon* zu sehen. Viele wollen lieber sofort Kata und damit komplizierte Bewegungsabläufe erlernen. Ich war hier keine Ausnahme. Als ich meinen Kobudō-Sensei Kanei Katsuyoshi kennenlernte, bat ich ihn sogleich, mir viele Kobudō-Kata beizubringen. Er war sehr freundlich, und bereitwillig zeigte er mir innerhalb eines Tages mehrere Kata. Ich war überglücklich an diesem Tag. Als ich dann am nächsten Tag wieder zu ihm kam, forderte er mich auf, ihm zu zeigen, was ich gelernt hatte. Es war die reinste Katastrophe – ich brachte einfach alles durcheinander. Schnell erkannte ich, dass ich auf diese Weise nichts gelernt hatte. Also habe ich Kanei Sensei gefragt, ob es im Kobudō auch *Kihon* gebe. Er meinte, selbstverständlich gebe es *Kihon* im Kobudō, und geduldig lehrte er mich das *Kihon*. Nach dem Training nahm er sich die Zeit, mir die Techniken und Stellungen des *Kihon* in lateinischen Buchstaben aufzuschreiben. Diese handgeschriebenen Blätter besitze ich noch heute. Jene Begebenheit hat mich gelehrt, wie wichtig das *Kihon* ist.

Karate ähnelt heute teilweise eher einer Massenabfertigung. Dies ist zwar positiv für die Verbreitung und die Beliebtheit dieser Kampfkunst, allerdings leidet dadurch die Qualität. Der Unterricht in früheren Zeiten unterschied sich stark vom heutigen. Da ein Meister selten mehr als drei bis vier Schüler gleichzeitig unterrichtete, konnte er in ganz anderem Maße auf sie eingehen. Eine Trainingseinheit von zwei bis drei Stunden bestand oft nur darin, eine einzelne Technik immer und immer wieder zu üben. Ein spezielles *Kihon* war nicht notwendig, es ergab sich automatisch aus den Bewegungen der Kata. Zu dieser Zeit gab es auch keine festen Namen für die Techniken, wie wir sie heute kennen. Auch dies war damals nicht erforderlich, da der Lehrer immer genau zeigen konnte, was er meinte. Er sagte dann einfach, mach das mal so, oder mach es so…

Steht ein Lehrer aber nun, wie heute zum Teil üblich, vor 50 oder mehr Schülern, ist solch eine Vorgehensweise natürlich nicht mehr möglich. Dann muss der Lehrer genau sagen, was die Schüler machen sollen, da zum einen nicht jeder Schüler den Lehrer gleich gut beobachten kann und zum anderen jener nicht auf alle Schüler gleichzeitig achten kann. Für die Techniken haben sich japanische Begriffe eingebürgert. Leider schlichen sich aber zum Teil bereits aufgrund der Namensgebung Missverständnisse ein. Ein Beispiel hierfür ist der *Shutō uke* (siehe Kapitel »Uke waza«, S. 84). Wörtlich übersetzt bedeutet *Shutō* »Schwerthand«. Dieser Name lässt die Vermutung zu, die Abwehr würde mit der Handkante, als Sinnbild für die scharfe Seite des Schwertes, ausgeführt. Dies ist allerdings nicht korrekt. Tatsächlich erfolgt die Abwehr mit dem Unterarm. Bei genauerer Überlegung ist dies auch sehr sinnvoll, da der Unterarm stabiler ist als die Handkante.

Missverständnisse um die Ausführung oder Anwendung von Techniken beruhen aber nicht nur auf der Namensgebung. Oftmals spielten auch das Alter oder körperliche Handicaps von Meistern eine Rolle. In einer Kobudō-Kata mit dem *Eku* (Paddel, siehe Kapitel »Die Waffen des Karate«, S. 56) wird an einer Stelle ein Sprung ausgeführt. Diesen Sprung konnte ein bestimmter Meister mit 60 Jahren noch gut ausführen. Zehn Jahre später allerdings hatte er gesundheitliche Probleme und stützte sich beim Springen mit der Hand ab. Schüler, die diese Kata erst in dieser Zeit von dem Meister gelernt haben, führen nun den Sprung mit einer Hand am Boden aus.

Ein anderes Beispiel, das ich selbst erlebt habe, bezieht sich auf die Kata *Naihanchi* bzw. *Tekki*. An einer Stelle in der Kata wird eine Hand an den Unterarm gelegt. Als ich einst auf Okinawa war und beim Sohn von Shimabukuro Sensei trainierte, korrigierte dieser meine Handhaltung und meinte, nicht die ganze Hand dürfe anliegen, sondern nur

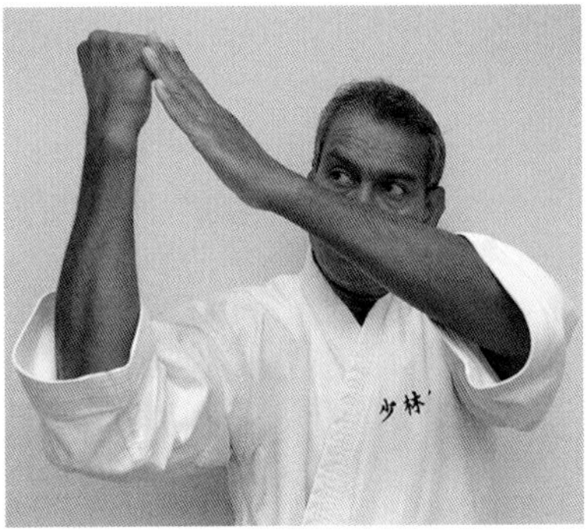

Abb. 13

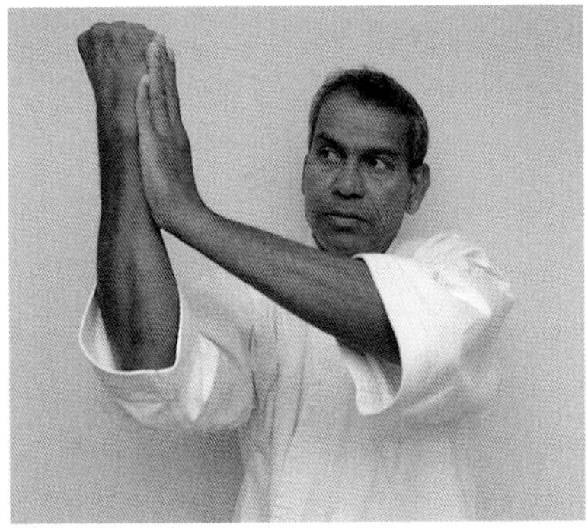

Abb. 14

die Fingerspitzen, sein Vater mache dies genauso. Zurück in Deutschland, begann ich, diese Änderung meinen Schülern beizubringen. Als ich das nächste Mal auf Okinawa war und wieder bei Shimabukuro Sensei trainierte, bemerkte er meine Handstellung in der Kata *Naihanchi* und erklärte mir, die ganze Hand müsse anliegen und dürfe nicht abstehen! Nun war ich ein wenig verwirrt. Ich erklärte ihm, sein Sohn habe mir die Kata anders gezeigt, mit dem Hinweis, dass er, der Vater, sie genau so mache. Daraufhin lachte er und meinte, das stimme; er mache die Kata tatsächlich mit der abstehenden Hand (siehe Abb. 13). Dafür gebe es aber eine ganz einfache Erklärung. In seiner Jugend habe er sich am Handgelenk verletzt und sei seither nicht mehr in der Lage, es so weit zu beugen, wie es für die Kata erforderlich ist. Nichtsdestotrotz sollte jeder, der dies könne, die Hand anliegen lassen (siehe Abb. 14). Diese Geschichte verdeutlicht, wie wichtig es manchmal sein kann, über Unklarheiten zu sprechen, bevor diese Art von Fehlern sich weiter vererbt. So, wie ich es erlebe, werden Kata heutzutage oft nur für den Wettkampf oder die nächste Prüfung trainiert. Es werden sogar neue Abläufe kreiert, die für nichts anderes als für Vorführungen bestimmt sind. Das sind dann allerdings keine echten Kata mehr, da sie völlig losgelöst von der Selbstverteidigung entstanden sind.

Jeder, der Karate tiefer verstehen will, muss das *Bunkai* der Kata lernen. Lernt man nur die äußere Form, dann ist dies, als lerne man Texte einer fremden Sprache auswendig, ohne den Sinn der Worte zu verstehen. Wenn heutzutage das *Bunkai* unterrichtet wird, dann wird meistens allen

Schülern das gleiche beigebracht, und somit kämpfen auch alle auf die gleiche Weise. Für einen fortgeschrittenen Schüler ist es somit schwierig herauszufinden, was optimal für seinen Körper und für sein Können ist.

Oftmals werden Karatemeister auch daran gemessen, wie viele Kata sie kennen. Aber einige dieser sogenannten Meister sind im Endeffekt nichts weiter als Kata-Sammler. Sie kennen sehr viele Abläufe, nicht aber das tiefere *Bunkai*. Wie so oft, ist es auch hier die Qualität, die zählen sollte, und nicht die Quantität.

Kata haben nicht nur einen kämpferischen Aspekt. In einer Kata verbirgt sich auch Philosophie. So beginnt zum Beispiel jede traditionelle Kata mit einer Verteidigungstechnik. Dies ist kein Zufall, sondern es soll den friedlichen Aspekt der Kampfkunst unterstreichen. Karate ist nicht dafür gedacht, andere anzugreifen, sondern sich im Notfall verteidigen zu können. Auf solche Weise können bestimmte philosophische Prinzipien durch Bewegungen zum Ausdruck gebracht werden.

Beispiele für Kata und Kampfsysteme

Das in einer Kata enthaltene Kampfsystem offenbart sich in ihrem *Bunkai*, der Anwendung. Die Kata *Seisan* beispielsweise beinhaltet vorrangig Techniken für einen Kampf auf lange bis mittlere Distanz. Eines der in ihr enthaltenen Prinzipien ist das sogenannte »Hit-and-run«-Prinzip, das heißt, man führt rasch eine Angriffstechnik aus, und unmittelbar darauf zieht man sich wieder aus der Reichweite des Gegners zurück. Andere Kata, wie zum Beispiel *Passai* oder *Naihanchi*, sind eher auf den Nahkampf ausgerichtet.

In der Kata *Chintō* erfolgen im Shōrin-ryū Seibukan alle Bewegungen in einer Ausrichtung von 45 Grad zur Ausgangsstellung. Dies symbolisiert das seitliche Ausweichen, eine bevorzugte Methode von Kyan Chōtoku. Es ist überliefert, dass *Chintō* die Lieblingskata von Kyan Sensei war. Die von ihm entwickelte Kata *Ananku* beinhaltet ebenfalls viele Techniken, die in einem Winkel von 45 Grad ausgeführt werden.

Es gibt grundsätzliche Unterschiede zwischen den ursprünglichen Strömungen des okinawanischen Karate. Diese drücken sich natürlich auch in den entsprechenden Kata aus. Die Kata des Shuri te, aus dem sich unter anderem Shōrin-ryū und Shōtōkan-ryū entwickelt haben, eignen sich aufgrund der langen Bewegungen eher für schlanke und schnelle Kampfkünstler. Zu den bedeutendsten Kata des Shuri te zählen *Naihanchi*, *Pinan*, *Kūsankū*, *Passai*, *Jion* und *Jitte*.

Die Stilrichtung des Shōrei-ryū (Naha-te), aus dem unter anderem Gōjū-ryū hervorgegangen ist, zeichnet sich hingegen durch kürzere Bewegungen aus und ist somit sehr dynamisch und kraftvoll in der Anwendung. Typische Kata dieser Strömung sind *Sanchin*, *Saifā*, *Seienchin*, *Shisōchin* und *Seipai*.

Die Waffen des Karate

Karate ohne Kobudō ist wie ein Baum,
der keine Früchte trägt. – Budō-Spruch

Der Umgang mit Waffen ist ein wichtiger Bestandteil des Karate sowie der meisten anderen japanischen Kampfkünste, wie zum Beispiel Jūdō, Jūjutsu und Aikidō. Auch in den griechischen, thailändischen, chinesischen und philippinischen Kampfkünsten spielen Waffen eine wichtige Rolle. In den meisten der asiatischen Kampfkünste wird die Handhabung von Waffen im fortgeschrittenen Stadium der Kampfkunstausbildung gelehrt, nachdem die Schüler zunächst die Verteidigung mit bloßer Hand erlernten. Es gibt Waffen für lange, mittlere und kurze Distanz. Auch Hebel- und Wurftechniken können mit Waffen ausgeführt werden.

Die Waffen des Karate sind *Bō*, *Sai*, *Tunkwa (Tonfa)*, *Nunchaku*, *Kama*, *Sansetsukon*, *Tinbe*, *Eku* (*Kai*), *Nunti*, *Surujin*, *Tekkō*, *Tanbō*, *Ni Tanbō*, *Kua* und viele andere, welche sich von Stil zu Stil unterscheiden. Einige davon sind auf den Bildern der folgenden Seiten dargestellt.

Etliche moderne Karatestile, wie zum Beispiel Shōtōkan-Karate nach den Regeln der JKA (Japan Karate Association), beinhalten keine Waffen mehr. Dies ist unter anderem der Ausrichtung auf den Sport geschuldet. Funakoshi Gichin, der Begründer des Shōtōkan, hat auf Okinawa den Umgang mit Waffen unterrichtet, und er unterrichtete ihn auch in Japan (siehe Abb. 15 auf S. 57). Dennoch ging dies verloren, nachdem Nakayama Masatoshi die JKA übernommen hatte. Auch in Kampfkünsten wie Jūjutsu und Jūdō ging die Waffenkunst verloren.

Die Waffenkunst des Karate ist heutzutage unter eigenen Namen bekannt, man bezeichnet sie als Kobujutsu (»alte Kampfkunst«) oder Kobudō (»alter Weg des Kampfes«). Einige Karateschulen konzentrieren sich nur auf ein bis zwei Waffen und andere trainieren gar keine Waffentechniken. Ich denke, in diesen Schulen will man zunächst die waffenlose Kunst üben und verbessern, und dann bleibt einfach keine Zeit mehr, den Umgang mit Waffen zu unterrichten.

In Europa gibt es viele Lehrer, die noch nicht einmal wissen, dass Waffen zum Karate gehören. Nichtsdestotrotz erfährt Kobudō momentan in Europa einen Aufschwung, und manche Karatetrainer wurden quasi über

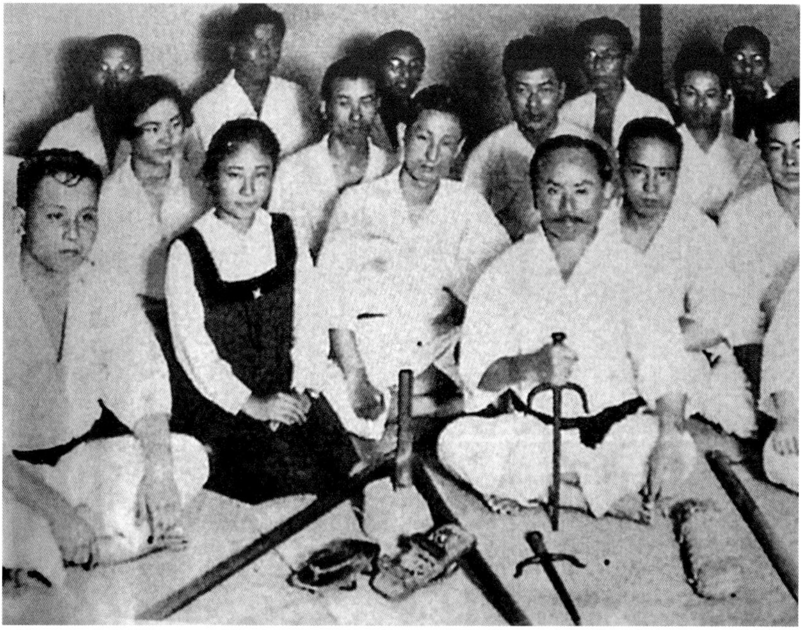

Abb. 15: Funakoshi Gichin mit *Sai*, zusammen mit Schülern in Japan.

Nacht auch Kobudōtrainer. Ebenfalls kann man beobachten, wie ehemalige Wettkämpfer sich auf der Suche nach neuen Herausforderungen in ihrer Kampfkunst dem Kobudō zuwenden. Wie dem auch sei: Karate und Kobudō sollten stets Hand in Hand gehen. Karate ohne Kobudō ist wie ein Baum, der keine Früchte trägt.

Viele der Waffen des Kobudō waren ursprünglich Werkzeuge oder andere Alltagsgegenstände. Der *Bō* (Langstock) zum Beispiel hat sich vermutlich aus einem Arbeitsgerät bzw. Wanderstab entwickelt. In vielen Teilen Asiens werden lange Stöcke auch heute noch zum Tragen von Lasten verwendet, zum Wenden von Heu und zum Hüten von Tieren. Es wird berichtet, dass einst in Indien ein Kuhhirte seine Kühe beobachtet haben soll, wie sie die Fliegen mir ihrem Schwanz vertrieben haben. Aus dieser Beobachtung soll die Achterkreisdrehung mit dem Stab in die Kampfkunst gelangt sein, die zugleich Abwehr und sofortigen Angriff darstellt. Der *Bō* ist die wohl älteste Waffe in der Kampfkunst.

Auf Okinawa wurden unterschiedliche Alltagsgegenstände als Waffen

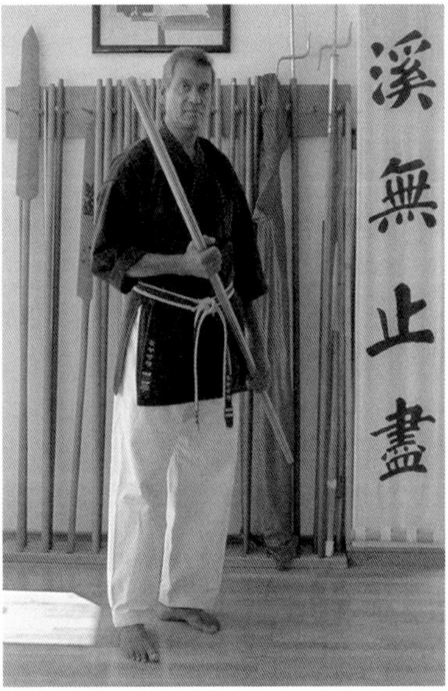

Abb. 16: *Bō*.

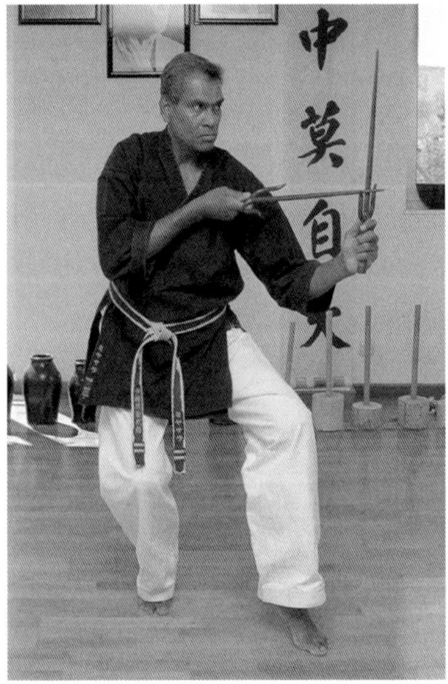

Abb. 17: *Sai*.

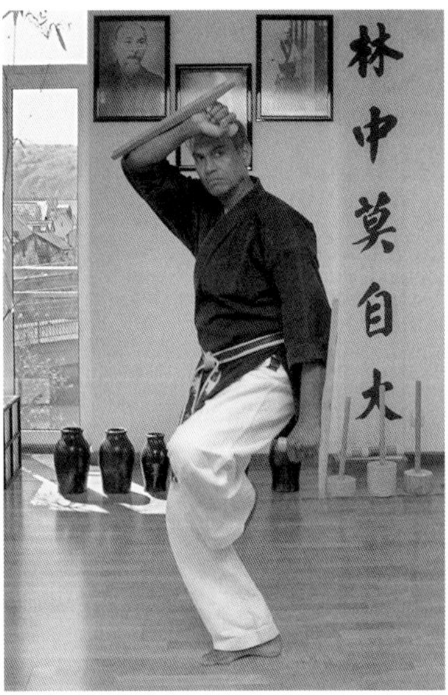

Abb. 18: *Tunkwa (Tonfa)*.

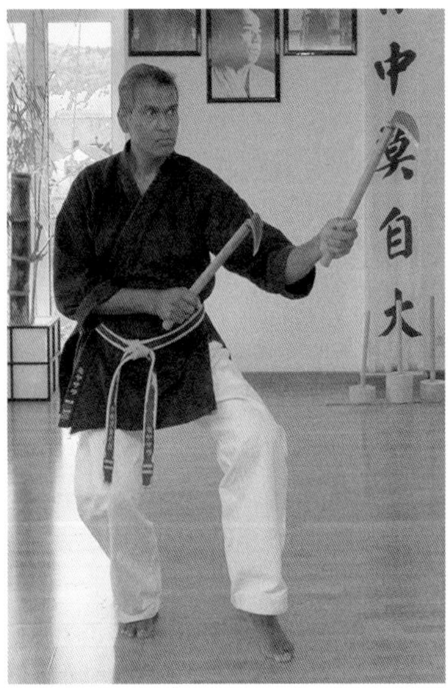

Abb. 19: *Kama*.

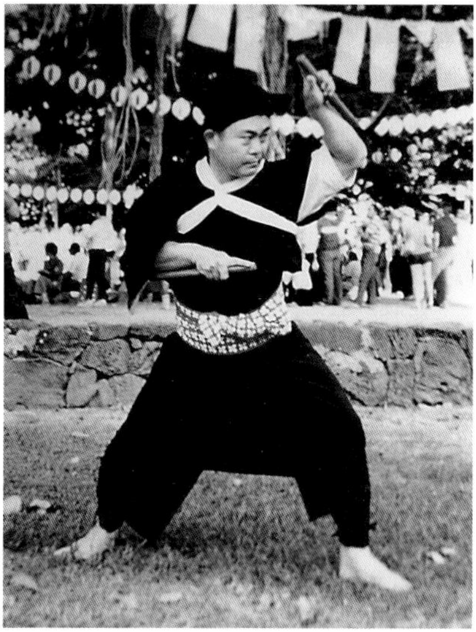

Abb. 20: Kanei Katsuyoshi mit zwei *Kama*.

eingesetzt, als Anfang des 17. Jahrhunderts der Shimazu-Klan aus Satsuma in Okinawa einfiel (siehe Kapitel »Die Geschichte Okinawas«, S. 141). Kanei Sensei erzählte mir, Frauen hätten sich damals mit dem *Kura*, heute als *Nunchaku* bekannt, verteidigt. Zu jener Zeit wurde es als Werkzeug benutzt, um Rinde von Basho-Bäumen zu schlagen und daraus Fasern für Stoffe zu gewinnen. Auch zum Nüsse knacken wurde es verwendet. Diese Art Dreschflegel gab es in vielen Teilen der Welt. Das *Nunchaku* wurde auch in China als Waffe verwendet. Eine andere Theorie besagt, das *Nunchaku* hab sich aus dem Zaumzeug von Pferden entwickelt.

Das *Tunkwa (Tonfa)* hat sich ebenfalls aus einem Werkzeug herausgebildet. Es wurde benutzt, um Mahlsteine zu drehen oder auch, um Töpfe in der Küche aufzuhängen.

Das *Kama* ist eine Sichel, die ebenfalls viele Völker Asiens auf dem Feld benutzten, vor allem zur Reisernte. Die Kampfbewegungen mit dem *Kama* wurden vermutlich stark durch das Karate beeinflusst.

Die Form des Kampfes mit dem *Eku* (Paddel) hat sich insbesondere auf der Insel Chikin (jap. Tsuken) herausgebildet. Der Meister Chikin Kara Aka, »der Mann mit dem rotem Gesicht«, war Fischer auf dieser Insel, und viele *Eku*-Formen gehen anscheinend auf ihn zurück. Auch die Techniken mit dem *Nunti* gehen wohl auf Fischer zurück.

Allerdings haben sich nicht alle Waffen des Karate aus Werkzeugen entwickelt. Das Schwert und der Schild sind von vornherein Waffen gewesen, die vermutlich über China nach Okinawa gekommen sind. Auch das *Sai* ist eine direkte Verteidigungswaffe. Man kann das *Sai* auch in Malaysia, Indonesien und China finden. Später ist die Waffe dann nach Okinawa gelangt, denn ursprünglich besaßen die Menschen auf Okinawa kein Metall.

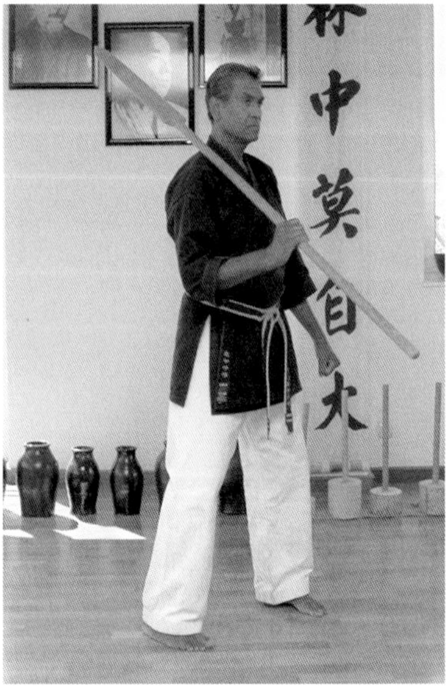

Abb. 21: *Eku*.

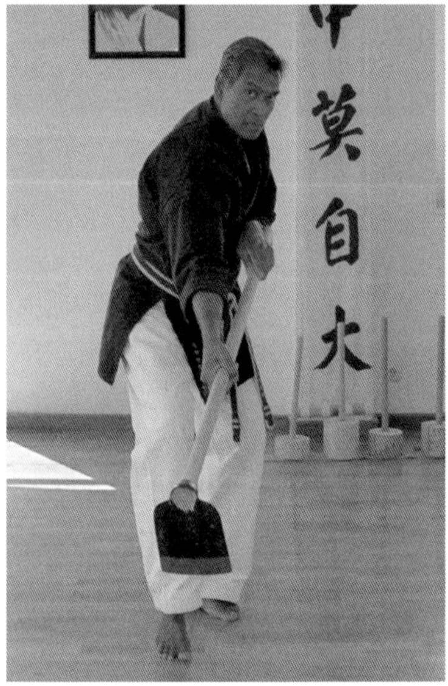

Abb. 22: *Kua*.

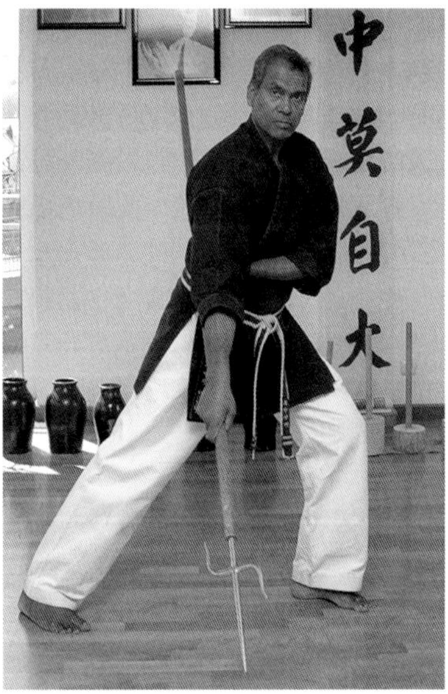

Abb. 23: *Nunti*.

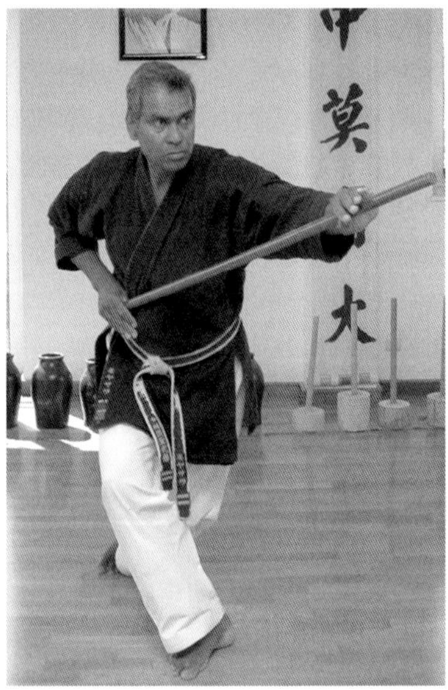

Abb. 24: *Jō*.

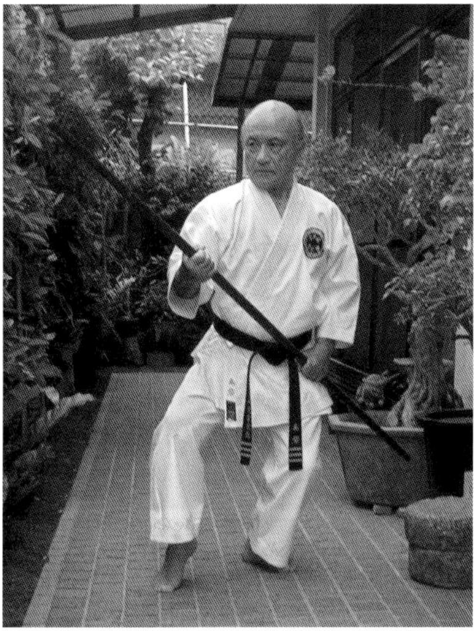

Abb. 25: Shimabukuro Zenpo mit Kyans *Bō*.

Ich persönlich glaube allerdings nicht, dass alle Waffenkunst auf Okinawa letztendlich aus China stammt. Einiges wurde sicherlich unmittelbar auf Okinawa entwickelt.

Ein wichtiger Fund für die Geschichte des Karate war die Wiederentdeckung des *Bō* von Kyan Chōtoku. Auf Abbildung 25 ist Shimabukuro Zenpo Sensei mit diesem *Bō* zu sehen. Dieser ist aus dem Holz des Kuba-Baumes gefertigt, und seine Farbe ist beinahe schwarz. Als man den *Bō* fand, wurde er von Wissenschaftlern der Universität der Präfektur Okinawa eingehend untersucht, und man konnte sein Alter bestätigen. Interessant ist, dass dieser *Bō* sowohl länger als auch schwerer ist als jene, die heutzutage verwendet werden.

Alle Karatemeister der Vergangenheit waren auch gute Waffenkampfkünstler. Berühmte Beispiele sind die Meister Sakugawa, Yara und Matsumura.

Viele Waffenkata sind nach den alten Meistern Okinawas benannt, was ein klarer Beleg dafür ist, dass diese Meister den Umgang mit Waffen trainiert und unterrichtet haben. Die alten Meister haben sich meist auf lediglich ein oder zwei Waffen spezialisiert. In den alten Zeiten hatte jeder Schüler nur einen Meister, und dieser Meister lehrte zwei bis drei Kata. Sah der Meister, dass der Schüler begabt war, erklärte er ihm, er könne nun zu einem anderen Meister gehen, um dort mehr zu lernen, und er gab ihm eine Empfehlung mit auf den Weg.

Solche Empfehlungen waren gang und gäbe auf Okinawa. Das ist selbst heute zum Teil noch so. Wenn der Schüler damals bei zwei oder drei Meistern war, und jeder dieser Meister ihn zwei bis drei Kata gelehrt hatte, beherrschte der Schüler am Ende vielleicht sogar mehr Kata als seine Meister. Mit den Waffen verhielt es sich ganz ähnlich. Hatte

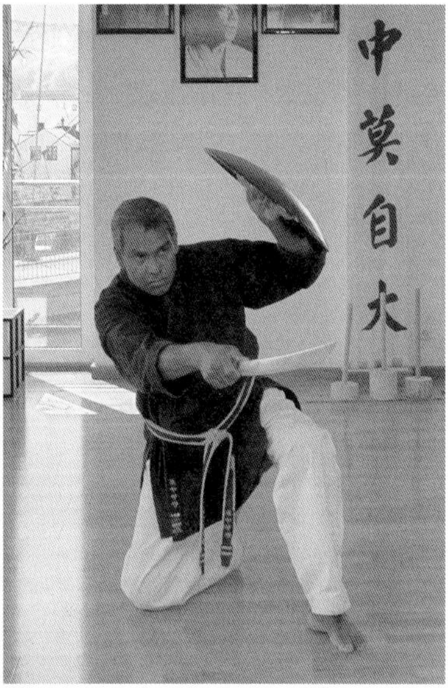

Abb. 26: *Tinbe rochin*.

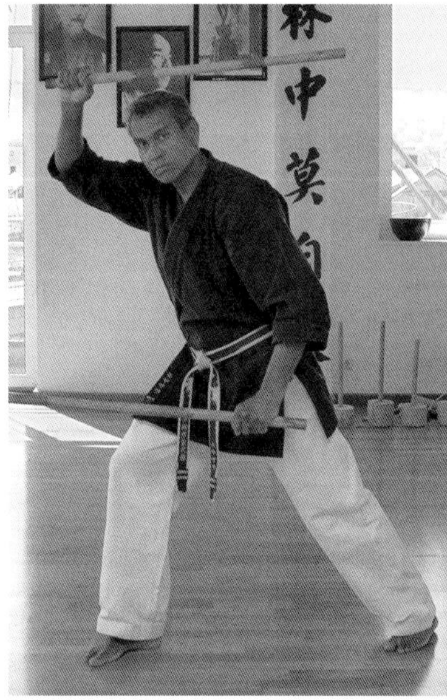

Abb. 27: *Nitanbō*.

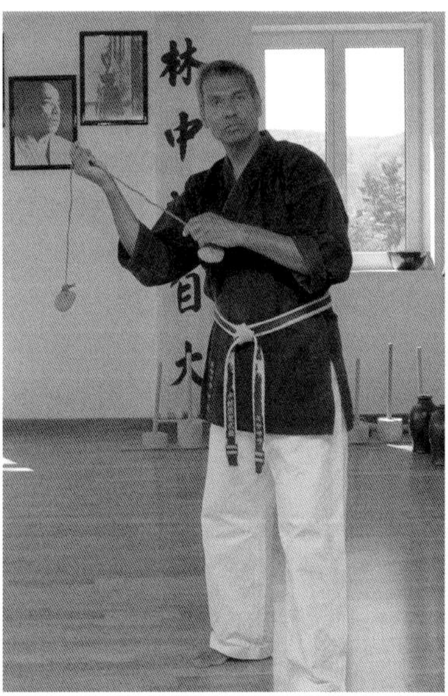

Abb. 28: *Surujin*.

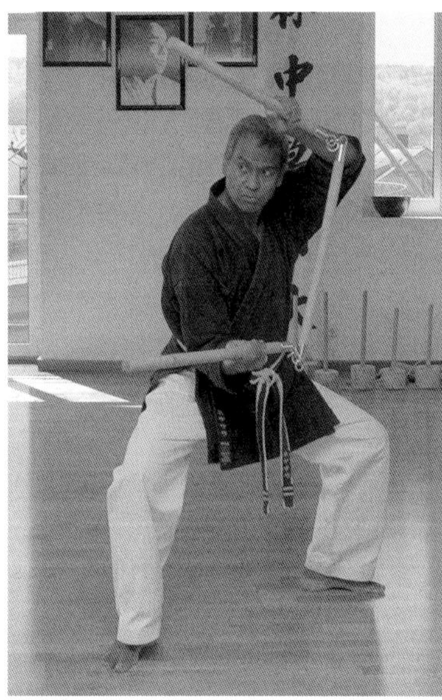

Abb. 29: *Sansetsukon*.

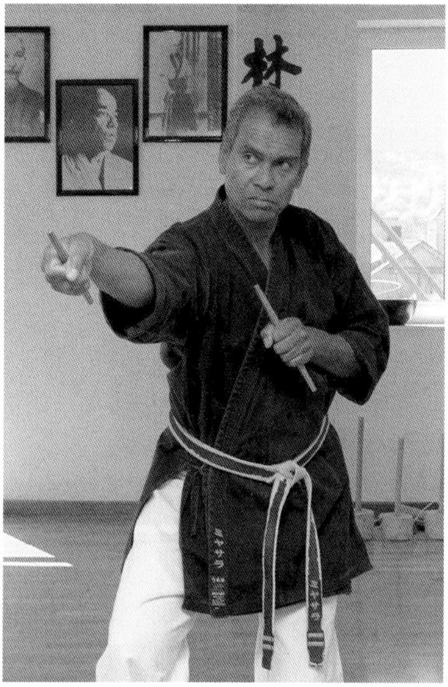

Abb. 30: *Tessen.*

ein Meister sich auf ein bis zwei Waffen spezialisiert und einen Schüler nacheinander zu mehreren Meistern in die Lehre geschickt, dann hatte dieser am Ende den Umgang mit einer ganzen Reihe von Waffen erlernt. Darauf beruht das große Repertoire an Waffen im Karate bzw. Kobudō. Bevorzugt man heute im Training eine oder zwei Lieblingswaffen, so ist dies in meinen Augen in Ordnung. Allerdings sollte man grundsätzlich auch danach streben, Kenntnisse über die Handhabung der anderen Waffen zu erwerben.

Muskelaufbau und Abhärtung

Vorbemerkung

> *Der Zweck des Trainings besteht darin, das Schlaffe zu straffen, den Körper zu stählen und den Geist zu polieren.* – Ueshiba Morihei

Neben dem Training der Techniken sind der Muskelaufbau und die Abhärtung wichtige Bestandteile vieler Kampfkünste. Im Karate wird diese Art der Übung traditionell mit *Kinniku gatame* (*kinniku*: Muskel, *gatame*: Aufbau) bezeichnet. Manche behaupten, dass Übungen zum Muskelaufbau generell von Nachteil für Kampfkünstler seien, da sie einen langsamer machen würden. Diese Aussage stimmt nicht. Das Gegenteil wird in vielen Sportarten bewiesen. Die Muskeln von Sprintern sind zum Beispiel sehr gut ausgebildet, und auch Schwergewichtskämpfer verschiedener Kampfsportarten sind meist alles andere als langsam. Es kommt allerdings auf die korrekte Art und Weise des Trainings an.

Im Karate wie in anderen Kampfkünsten ist die Schnellkraft von großer Bedeutung und nicht nur die statische Kraft. Schnellkraftübungen werden deshalb auch mit Gewichten ausgeführt. Hierbei ist allerdings größte Vorsicht geboten. Man wird sich unweigerlich verletzten, wenn man die Muskeln nicht genau im richtigen Moment anspannt. Es gibt im Karate eine Vielzahl von Übungen mit und ohne Partner bzw. Hilfsmitteln zum Aufbau der Muskulatur. Die Hilfsmittel bzw. Geräte haben sich teilweise aus Alltagsgegenständen, wie zum Beispiel Vasen, entwickelt. Andere, wie das *Makiwara*, wurden unmittelbar für Trainingszwecke entwickelt.

Muskeltraining ohne Hilfsmittel

Zu den elementarsten Übungen ohne Partner oder Hilfsmittel gehören die Liegestütze auf Fäusten oder Fingern sowie das Hochdrücken des durchgestreckten Körpers, wie es in Abbildung 31 gezeigt wird.

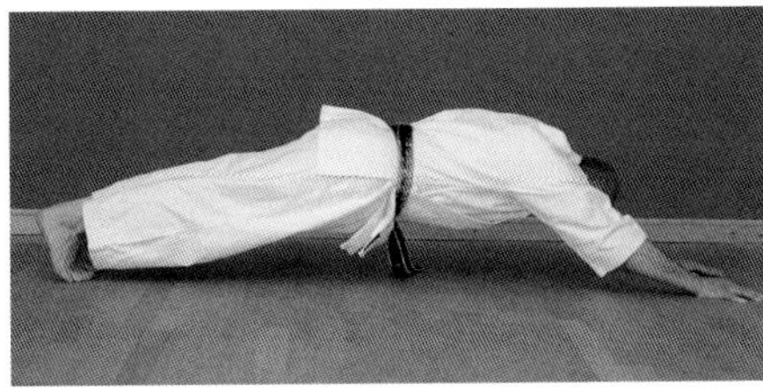

Abb. 31

Kräftigungsübungen mit Partner sind zum Beispiel das Herunterdrücken der Arme in einer tiefen Stellung, wie in Abbildung 32 zu sehen ist. Ein Partner drückt dabei die zur Seite ausgestreckten Arme des anderen Partners nach unten, wobei genau so viel Druck ausgeübt wird, dass dieser sie gerade noch waagerecht halten kann. Eine weitere Übung ist das gegenseitige Drücken der Arme mit einer Karate-Technik, wie in Abbildung 33 dargestellt. Hierbei sollten die Partner etwa gleich stark sein. Ziel dieser Übung ist es, beide Arme gleichmäßig zu trainieren.

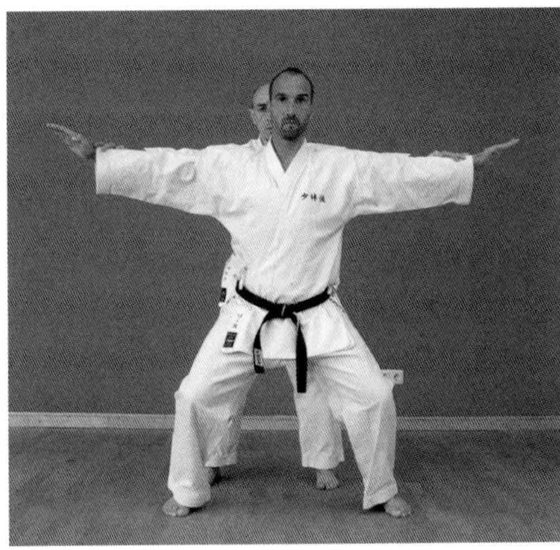

Abb. 32

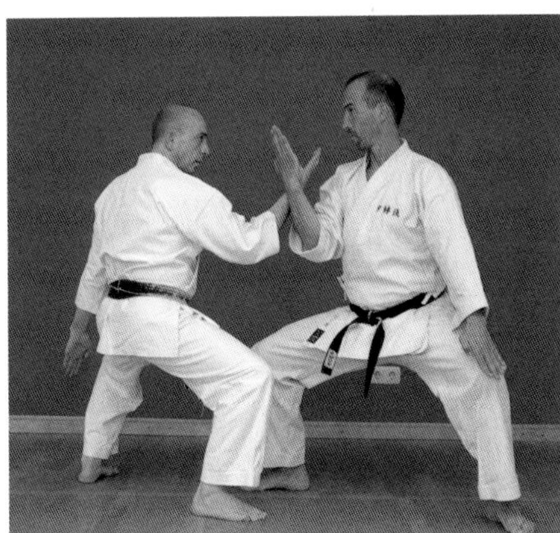

Abb. 33

Auch Abhärtungsübungen mit Partner sind im Karate üblich. Die auf den Abbildungen 34 bis 37 vorgestellte Übung stählt nicht nur

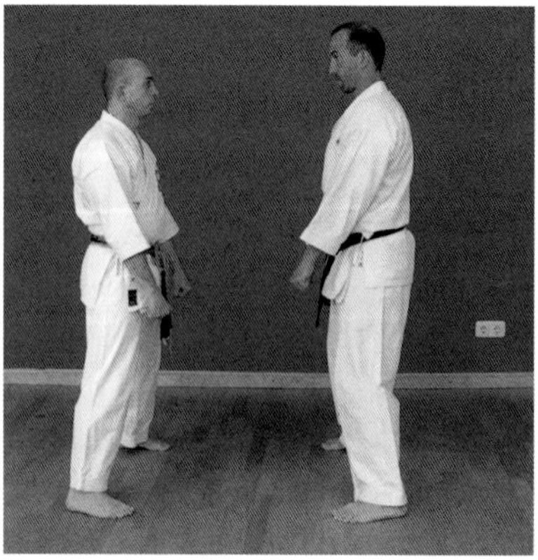

Abb. 34: Bereitschaft.

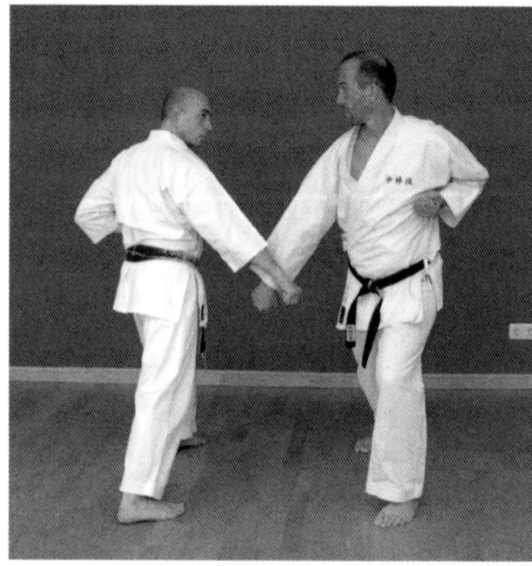

Abb. 35: *Ude uke* (für die Unterarme).

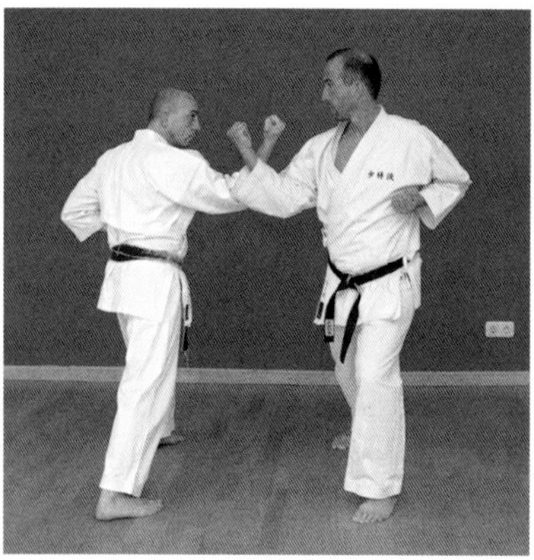

Abb. 36: *Chūdan uke* (für Innenseiten der Unterarme).

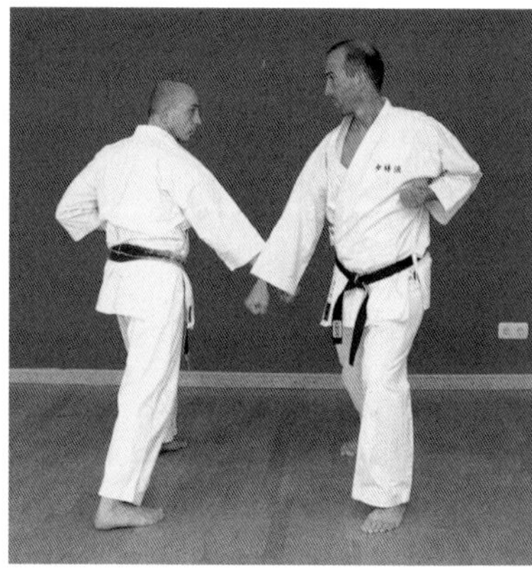

Abb. 37: *Gedan barai* (für Außenseiten der Unterarme).

die Unterarme, sondern trainiert auch die Koordination. Übungen für das Stählen der Unterarme werden auf Japanisch als *Kote kitai* bezeichnet.

Dieser Bewegungsablauf wird dann sofort mit der anderen Seite wiederholt, so dass beide Seiten gleichmäßig abgehärtet werden. Um Konzentration und Koordination zu fördern, kann man das Tempo der Übung mit der Zeit steigern und eine Fußbewegung einbauen.

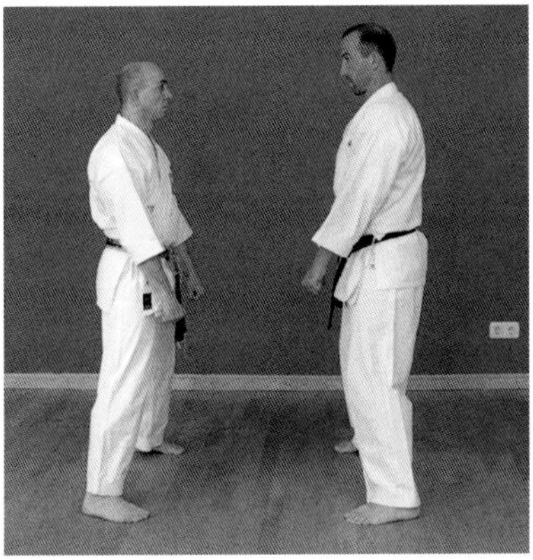

Abb. 38: Bereitschaft.

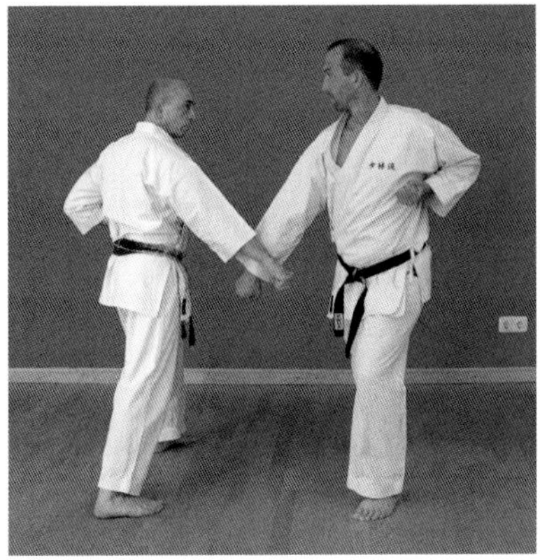

Abb. 39: *Ude uke.*

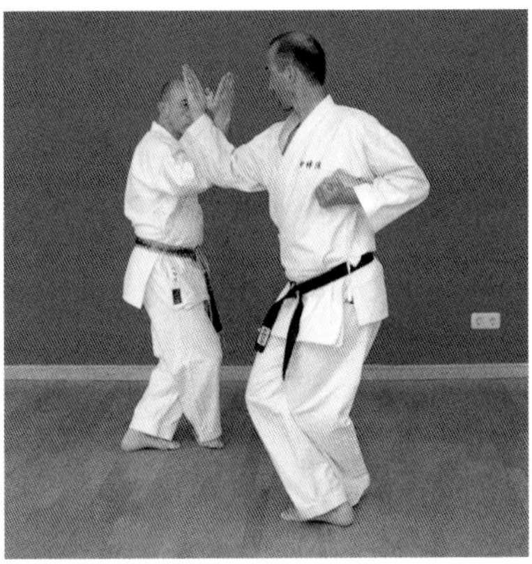

Abb. 40: *Uchi uke* mit offener Hand im *Kōsa dachi.*

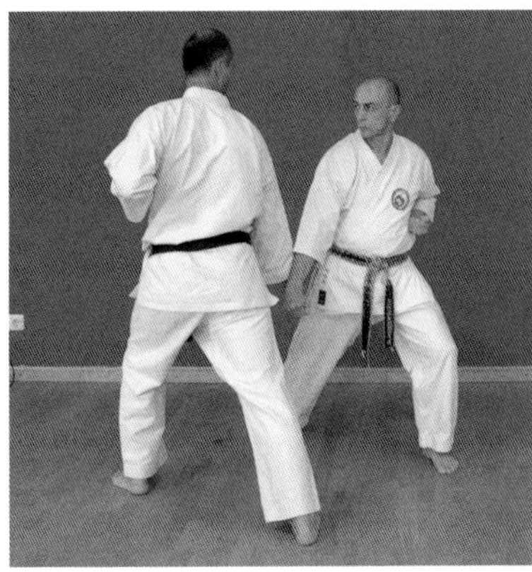

Abb. 41: *Gedan barai* mit Schritt.

Die Abbildungen 38 bis 41 zeigen eine entsprechende Übungsfolge in Verbindung mit Schritten.

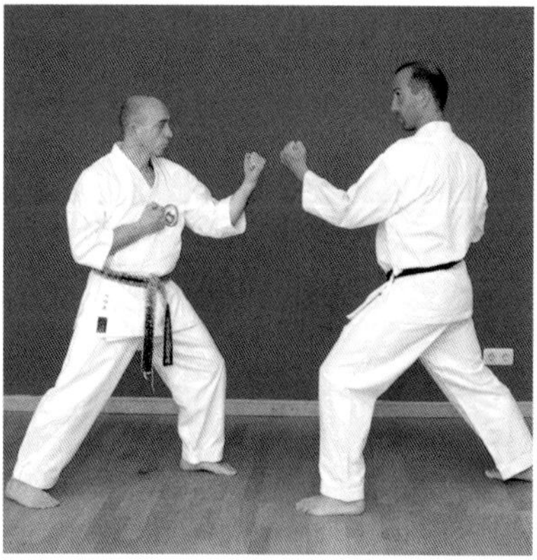

Abb. 42

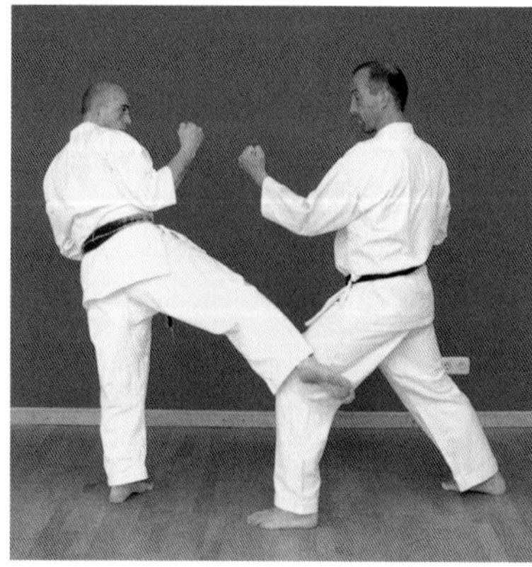

Abb. 43

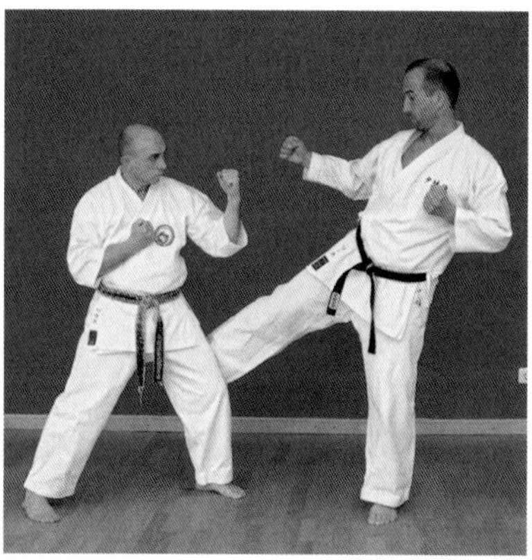

Abb. 44

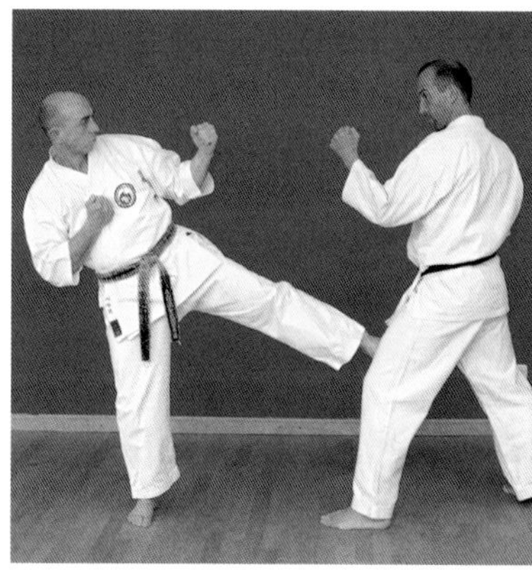

Abb. 45

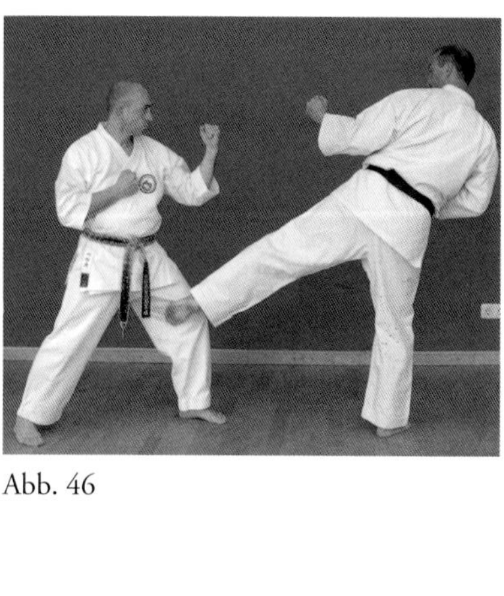

Abb. 46

Die Beine werden zum Beispiel mit einem *Mawashi geri* (Halbkreisfußtritt) zum Oberschenkel des Partners abgehärtet. Hierbei ist einmal die Innenseite und einmal die Außenseite des Oberschenkels das Ziel (Abb. 42 bis 46).

Das Makiage kigu

Das *Makiage kigu* ist ein kurzes dickes Rundholz, an dem mit den Händen eine Schnur aufgerollt wird, an der ein Gewicht hängt. Die Übungen dienen zur Stärkung der Handgelenke und der Unterarme. Die Handrücken können dabei gleichzeitig nach oben oder nach unten zeigen, oder einer nach oben und der andere nach unten (Abb. 47 bis 49).

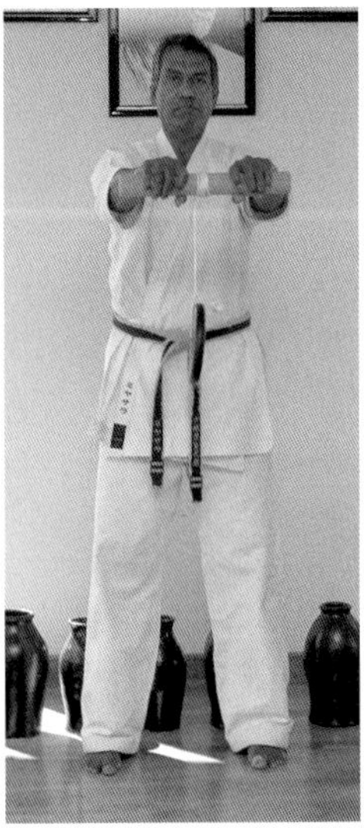

Abb. 47

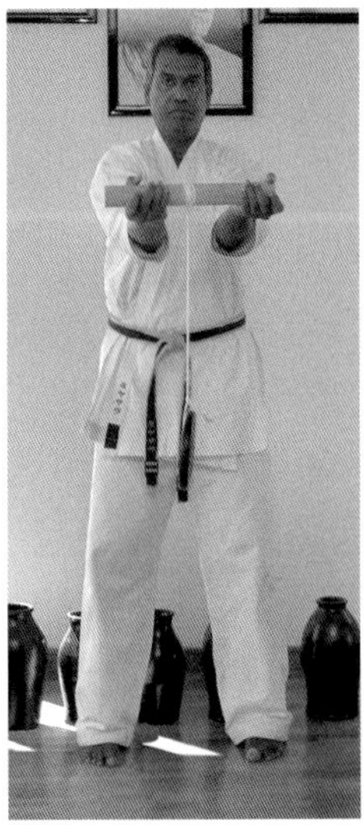

Abb. 48

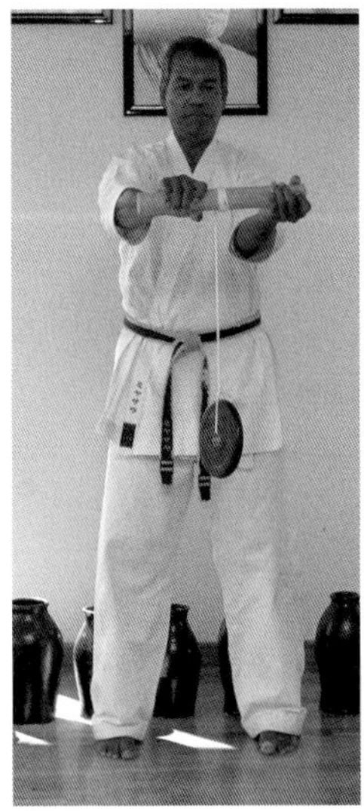

Abb. 49

Das Chishi

Das *Chishi* besteht aus einem Stab, an dessen einem Ende ein meist rundes Gewicht befestigt ist. Die Übungen mit dem *Chishi* dienen hauptsächlich dazu, die Armmuskeln zu stärken. Sie kräftigen aber ebenfalls

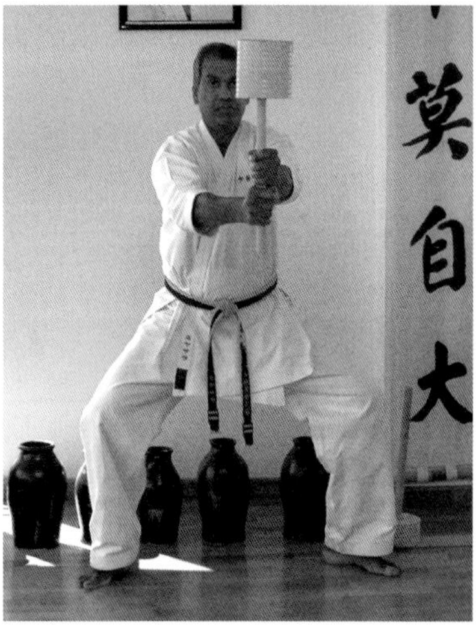

Abb. 50

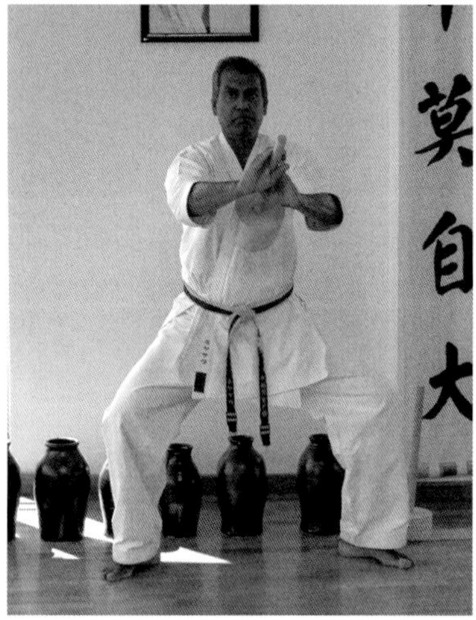

Abb. 51

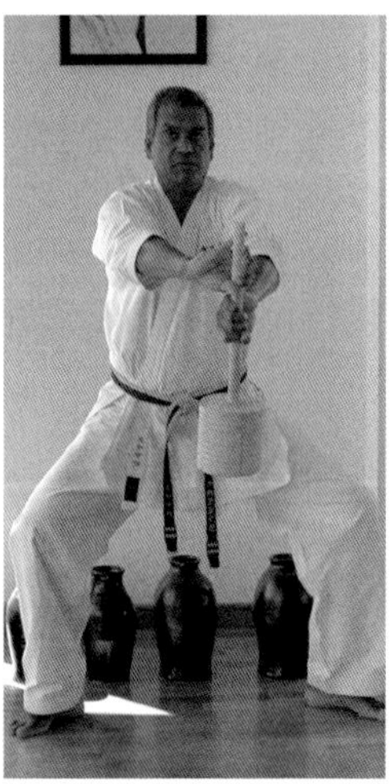

Abb. 52

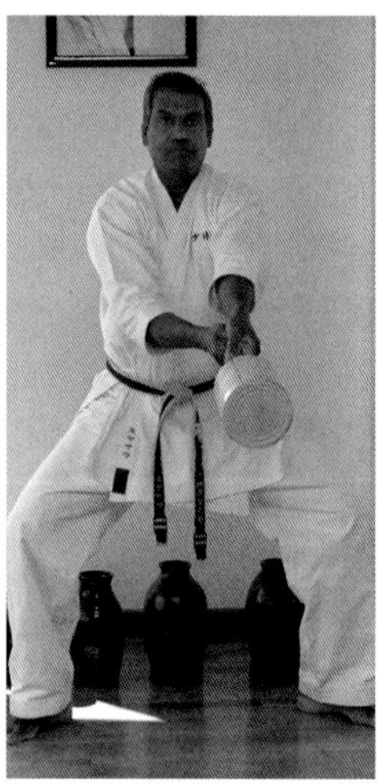

Abb. 53

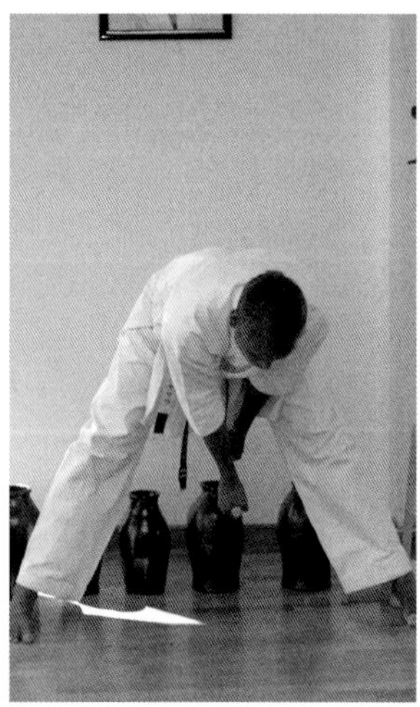

Abb. 54

die Schultern, die Rückenmuskulatur und die Handgelenke. Die Bewegungen können dabei, wie auf den Fotografien dargestellt ist, entweder dynamisch mit beiden Händen (Abb. 50 bis 54) oder statisch mit nur einer Hand (Abb. 55 bis 58) ausgeführt werden.

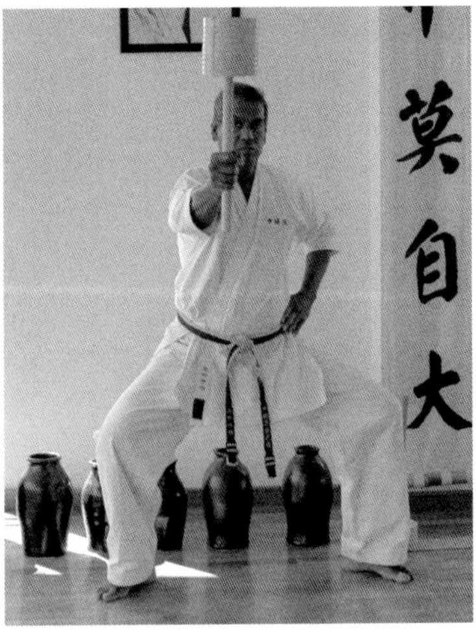

Abb. 55

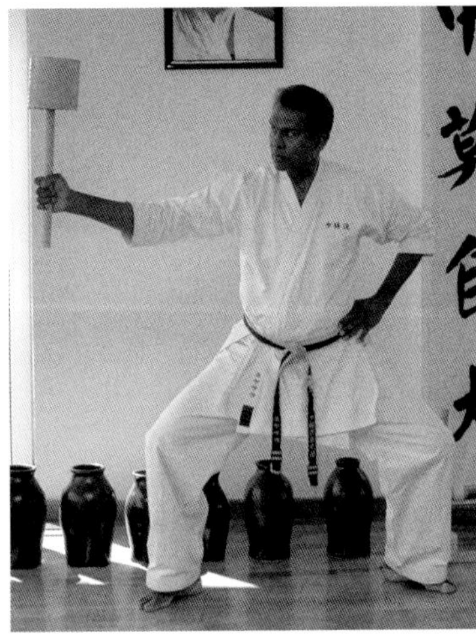

Abb. 56

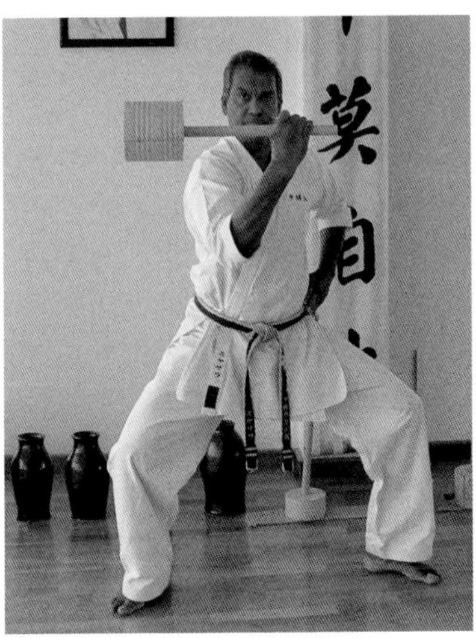

Abb. 57

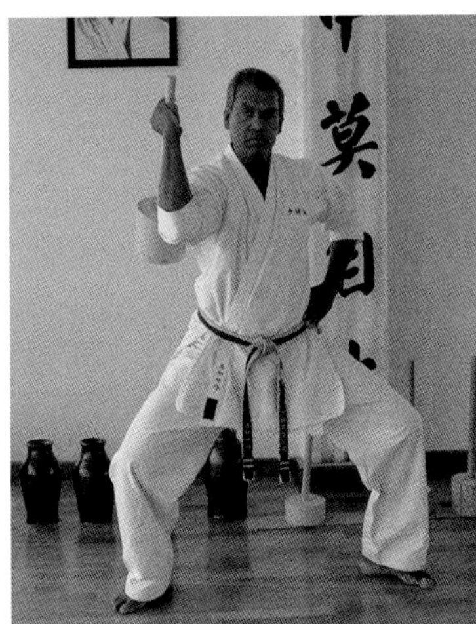

Abb. 58

Die Nigirigami und andere Gewichte

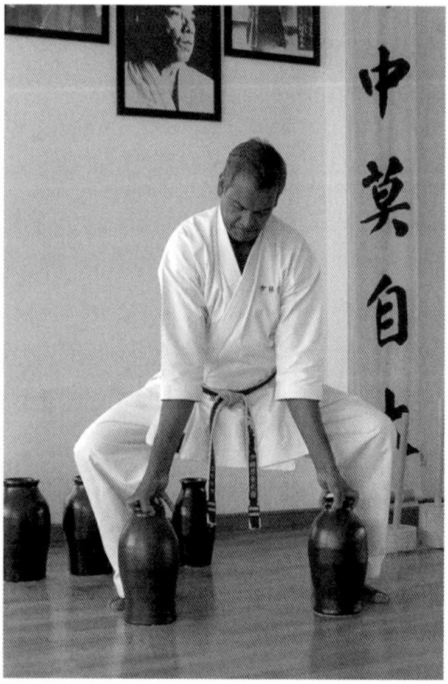

Abb. 59: Im *Shiko dachi* anheben.

Für die Entwicklung eines festen Griffs und einer gut entwickelten Arm-, Schulter- und Rückenmuskulatur (*Latissimus*) werden auf Okinawa *Nigirigami* verwendet. Dies sind Vasen mit gut greifbarem Rand. Um den Schwierigkeitsgrad der Übungen zu erhöhen, können die *Nigirigami* je nach Kraft und Können des Übenden mit Sand gefüllt werden.

Die Übungen werden nicht nur im natürlichen Stand ausgeführt, sondern in verschiedenen Karate-Stellungen sowie beim Vorwärts- und Rückwärtsgehen. Dabei kön-

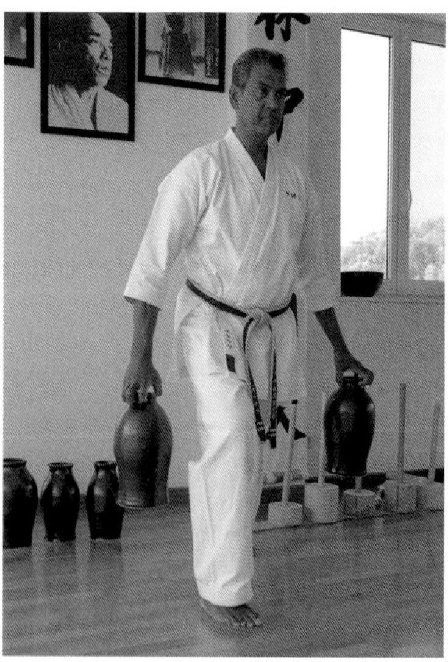

Abb. 60: *Zenkutsu dachi,* beide unten.

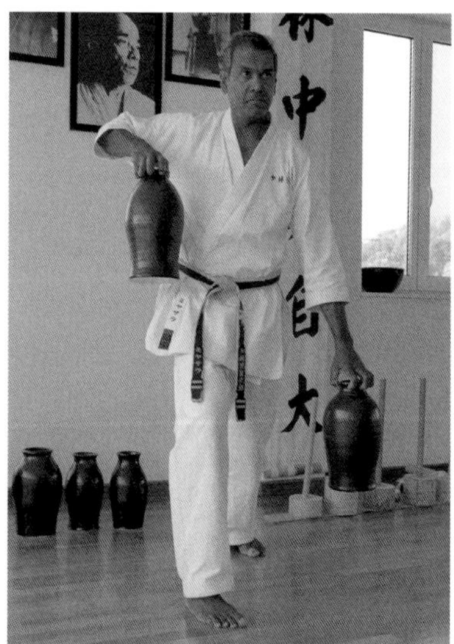

Abb. 61: *Zenkutsu dachi,* eine oben.

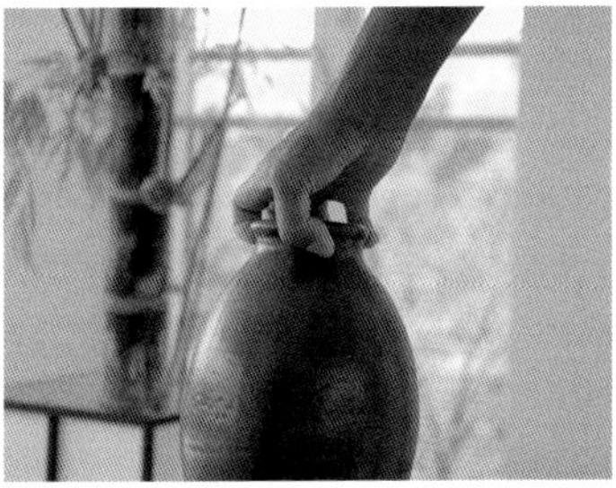

Abb. 62: Richtiger Griff.

nen die *Nigirigami* auch abwechselnd angehoben werden (Abb. 60 und 61).

Besonders wichtig ist der richtige Griff. Wie in Abb. 62 zu sehen ist, wird der Daumen angewinkelt. Eine falsche Stellung des Daumen ist der häufigste Fehler bei diesen Übungen.

Es gibt im Karate Techniken, die diese Art von Übung voraussetzen, damit sie effektiv eingesetzt werden können.

In der Vergangenheit hat jeder Kampfkünstler Gewichte für den Muskelaufbau und zur Abhärtung eingesetzt. Zu diesem Zweck dienten oft schwere Steine oder andere alltägliche Gegenstände.

Kanei Katsuyoshi (1941-1993) zum Beispiel hat immer viel Wert auf Abhärtung gelegt. Eine Übung, die er praktizierte, war die folgende: Er legte eine lange Hantel auf seine angewinkelten Unterarme, dann warf er sie in die Luft und fing sie mit seinen Unterarmen wieder auf.

Makiwara – der »Hölzerne Mann« Okinawas

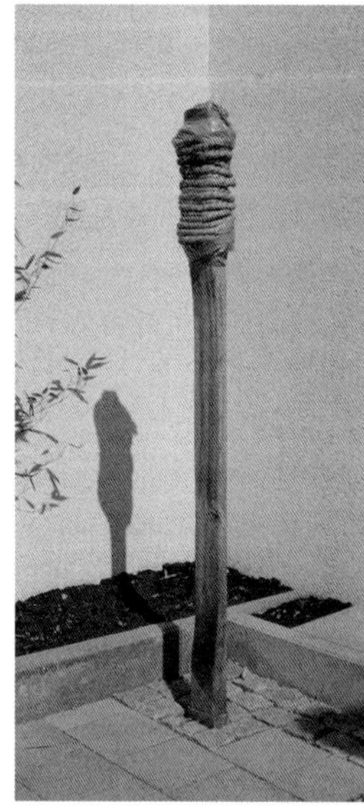

Abb. 63: Makiwara.

Ein besonderes Übungsgerät auf Okinawa ist das *Makiwara (Maki* bedeutet »Rolle« bzw. »umrollen«, *Wara* heißt auf Japanisch »Stroh«*)*. Es besteht hauptsächlich aus einem schmalen langen Brett, das im Boden befestigt wird und dessen oberer Teil mit Reisstroh umwickelt ist (siehe Abb. 63). An einem *Makiwara* können die unterschiedlichsten Techniken geübt werden: Stoßen, Schlagen, Treten, aber auch Greifen. Es ist wichtig, die Techniken gegen einen realen, festen und zugleich flexiblen Widerstand zu üben, da man nur so ein Gefühl dafür bekommen kann, was geschieht, wenn man tatsächlich mit seinen Techniken etwas trifft. Dabei unterscheidet sich das Training am *Makiwara* wesentlich von dem mit Pratzen oder am Sandsack.

Manche montieren oder hängen das *Makiwara* an eine Wand. Dies ist nicht zu empfehlen, da hier die nötige Federung fehlt und einige der Techniken auf diese Weise zu Schäden an den Gelenken führen können. Außerdem bietet ein freistehendes *Makiwara* die Möglichkeit, das Ausweichen zu üben sowie Schläge und Tritte aus verschiedenen Richtungen auszuführen. Das *Makiwara* ist sozusagen der »Hölzerne Mann« Okinawas. Es gibt auch *Makiwara*, die wie ein Kreuz beschaffen sind. Das Querbrett symbolisiert dann die Arme des Gegners. Auch mit Waffen wird am *Makiwara* trainiert, aber in diesem Fall sollte es etwas stabiler gebaut sein. Ich habe selbst erlebt, wie ein *Makiwara* während des Trainings zerbrochen ist.

Wenn man das erste Mal an einem *Makiwara* übt, sollte man nicht gleich mit großer Intensität schlagen. Es ist wichtig, sich langsam zu steigern, da sonst die Verletzungsgefahr hoch ist.

Bei einem Schlag oder Stoß gegen das *Makiwara* kann man entweder die Faust rasch wieder zurückziehen und somit die Rückfederung des *Makiwara* ausnutzen, oder statisch den Angriff »stehenlassen«, als symbolische

Kontrolle über den Gegner. Auf den Abbildungen 64 bis 74 wird eine kleine Auswahl der Techniken, die am *Makiwara* geübt werden können, vorgestellt.

Die Abbildungen 72 bis 74 zeigen einige Grifftechniken, die am *Makiwara* trainiert werden können.

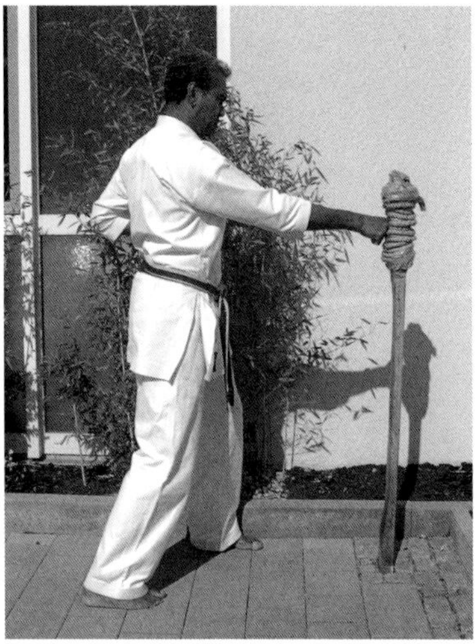

Abb. 64: *Gyaku zuki.*

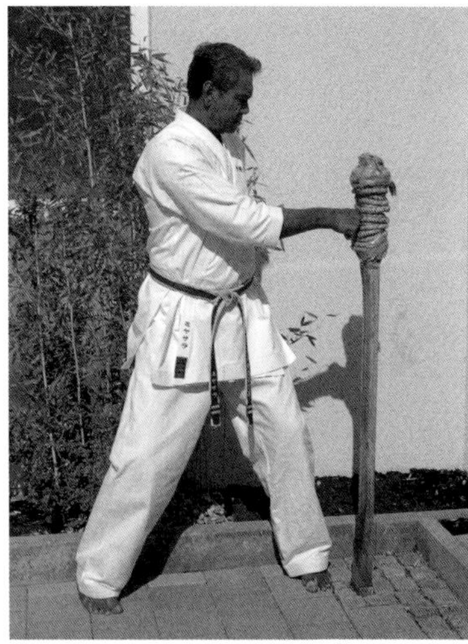

Abb. 65: *Yoko zuki.*

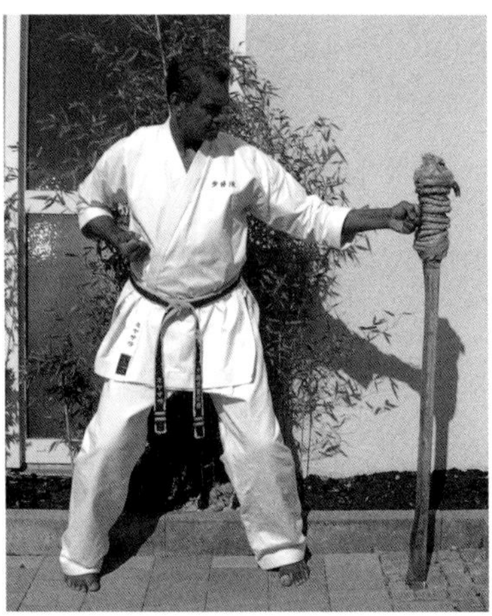

Abb. 66: *Tate zuki.*

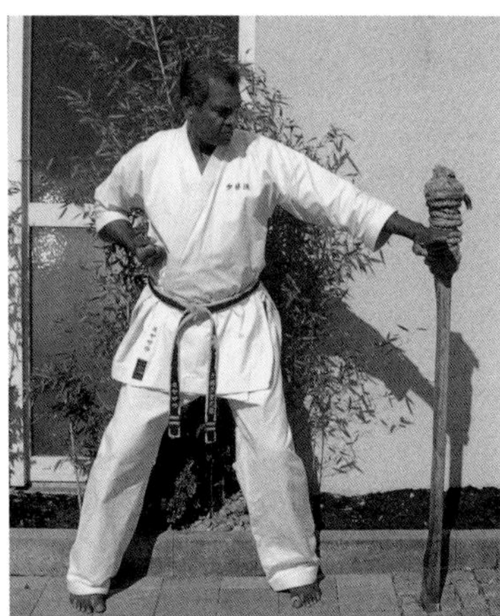

Abb. 67: *Shutō uchi.*

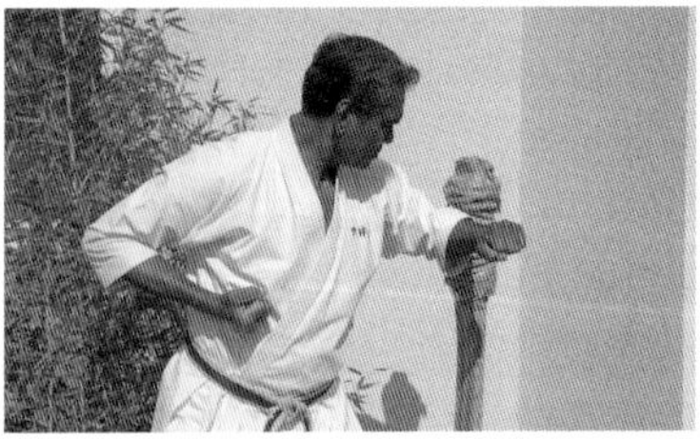

Abb. 68: *Hiji uchi.*

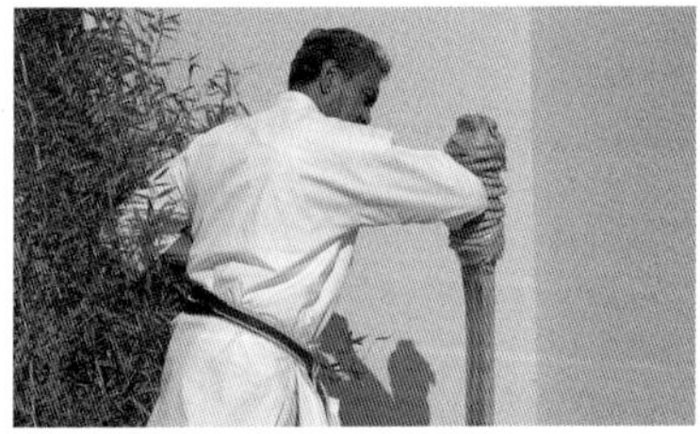

Abb. 69: *Gyaku hiji uchi.*

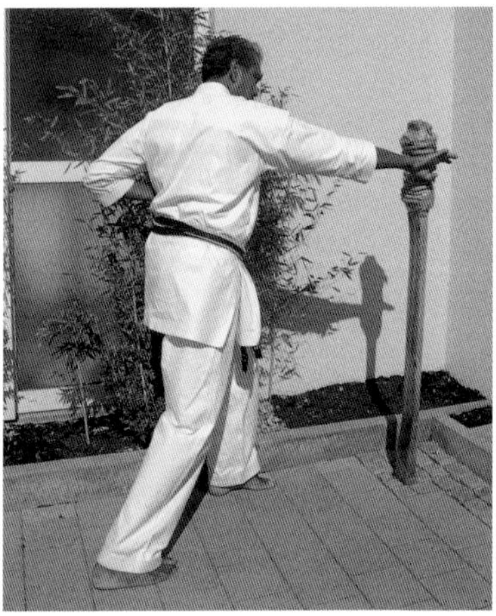

Abb. 70: *Haitō uchi.*

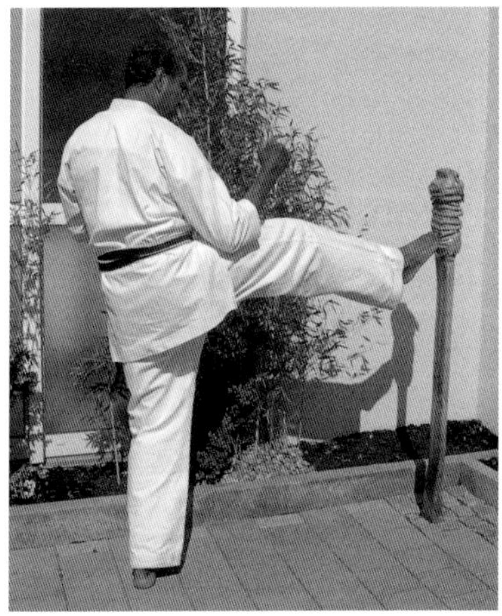

Abb. 71: *Tsumasaki geri.*

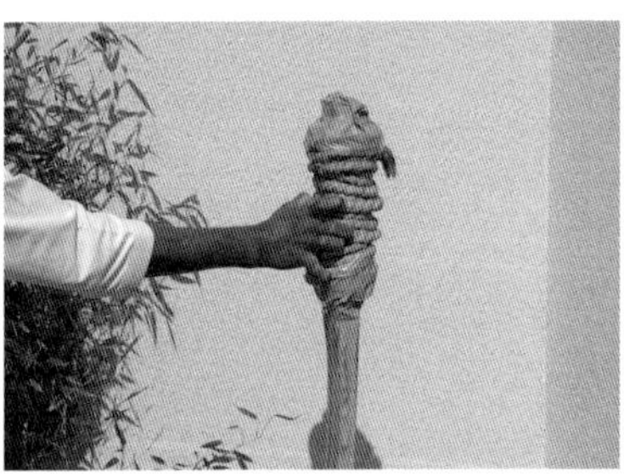

Abb. 72: Greiftechnik.

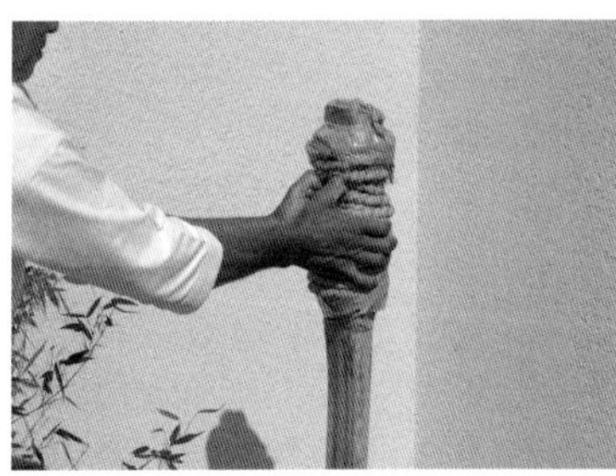

Abb. 73: Beidhändige Greiftechnik.

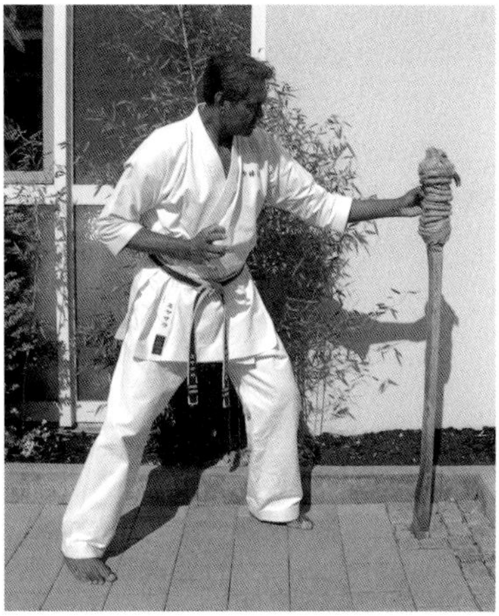

Abb. 74

Das Training am *Makiwara* gehörte früher zu den alltäglichen Übungen im Karate. So erzählte mir Nakahodo Sensei vom Uechi-ryū, dass er in seiner Jugend in der Nachbarschaft von Kyan Chōtoku gewohnt habe. Dort konnte er beobachten, wie Kyan Sensei bis ins hohe Alter täglich an seinem *Makiwara* im Garten übte.

Motobu Chōki hat ebenfalls mit Vorliebe am *Makiwara* trainiert. Einmal hat er seine Schüler aufgefordert, ein freischwingendes Brett zu zerschlagen. Keinem seiner Schüler gelang dies, das Brett schwang immer mit dem Schlag mit. Motobu Sensei demonstrierte daraufhin mit einem kurzen, intensiven und präzisen Stoß, dass es tatsächlich möglich war, das Brett zu zerschmettern. Solch eine Präzision und Kraft kann man sich unter anderem durch Übung am *Makiwara* erarbeiten.

Abhärtung

Auch in anderen Kampfkünsten gibt es verschiedenste Arten der Abhärtung. Eine, die ich kennengelernt habe, besteht darin, das eigene Schienbein mit gebündeltem Zitronengras zu schlagen. Schlägt man sich dabei blutig, so wirkt das Zitronengras desinfizierend. Da diese Übung schnell zu brennendem Schmerz führt, wird auf diese Weise nicht nur das Schienbein abgehärtet, sondern es wird auch geübt, Schmerzen zu ertragen.

Ein einfaches Gerät, das ich in diesem Zusammenhang vorstellen möchte, ist ein gefächerter Stab, mit dem man die Unterarme abhärten kann, wie dies in den Abbildungen 75 bis 77 dargestellt ist.

In der malaysischen Kampfkunst Silat werden die Finger abgehärtet, indem sie in eine Mischung aus feinem Sand und groben Salz gestoßen werden. Bei dieser Übung hat das Salz auch eine desinfizierende Funktion.

Generell wurden früher die Finger abgehärtet, indem man sie in Sand, kleine Kiesel oder in ein Bündel aus dünnen Bambusstäben stieß. Auch Liegestütze auf den Fingern oder der sogenannte »Hundegang« auf allen Vieren sind Übungen, mit denen die Finger gestärkt werden. Durch all diese Übungen kann man mit der Zeit einen sehr starken Griff entwickeln.

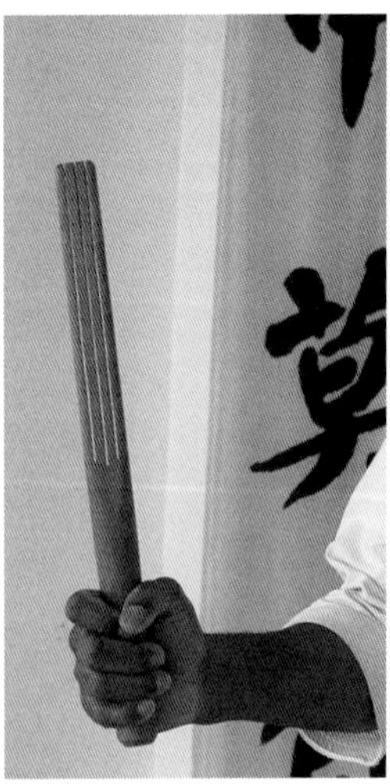

Abb. 75

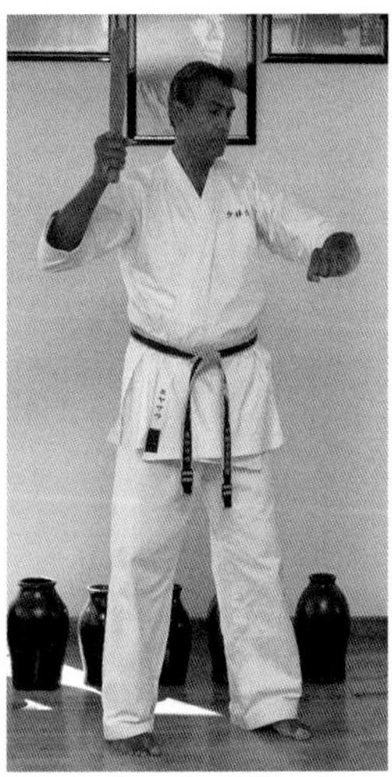

Abb. 76

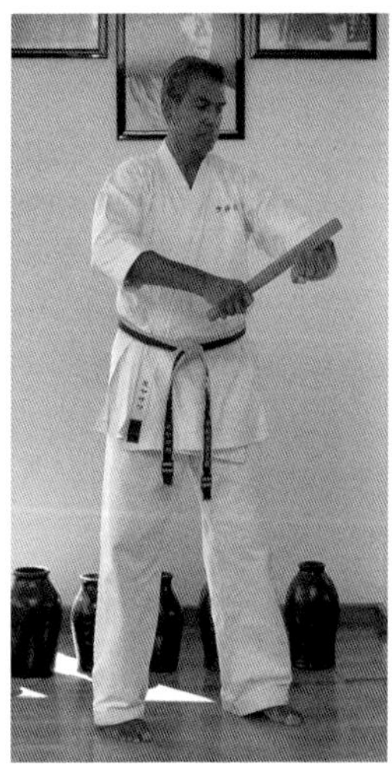

Abb. 77

Den Körper leichter und schwerer werden lassen

Eine weitere wichtige Übung in der Kampfkunst besteht darin, den eigenen Körper leicht oder schwer zu machen. Dies ist vor allem eine geistige Übung, auch wenn es auf den ersten Blick nicht so scheinen mag. Ist man zu verkrampft oder geistesabwesend, wird die Übung nicht funktionieren. Man muss hierfür den Geist in hohem Maße konzentrieren können. Leider ist diese Technik in den Kampfkünsten fast verloren gegangen. Seinen Körper schwer wie einen verwurzelten Baum zu machen und sein Gewicht im Boden versinken zu lassen, wird zum Beispiel noch im Aikidō trainiert. Auch im Karate war dies eine bekannte Übung, ebenso wie ihr Gegenteil, den Körper leicht werden zu lassen. Tatsächlich haben diese Techniken nichts mit dem eigentlichen, physikalischen Körpergewicht zu tun, sondern sind vielmehr Ausdruck einer inneren Geisteshaltung. Folgende historische Beispiele sollen diese Methoden im Karate verdeutlichen:

Kyan Chōtoku zeigte die Technik einst bei einer Demonstration in Naha. Er war damals 73 Jahre alt. Bei der Demonstration stand er im *Shizentai dachi*, das heißt in natürlicher Stellung mit parallel ausgerichteten Füßen, und an jedes seiner Beine wurde ein Gürtel gebunden. Zwei junge, kräftige Männer versuchten nun, seine Beine auseinanderzuziehen. Es ist ihnen nicht gelungen. Kyan Chōtoku sagte damals: »In dieser Stellung liegt meine Kraft.«

Matsumura Sōkon war bekannt für seine Fähigkeit, seinen Körper leicht zu machen. Er konnte auf Bananenblättern, die am Strand ausgelegt wurden, laufen, ohne das diese zerbrachen. Bananenblätter sind groß und brechen für gewöhnlich sehr leicht. Ebenfalls war er bekannt dafür, außerordentlich hohe Sprünge vollführen zu können.

Auch Motobu Chōki verfügte über derartige Fähigkeiten. Trotz seines Schwergewichtes war er in der Lage, sich von hinten an eine Katze anzuschleichen und diese zu fangen. Diese Geschichte hat mir sein Sohn erzählt. Motobu Chōki forderte einmal seine Schüler auf, ebenfalls eine Katze zu fangen. Aber keiner schaffte es, da die Katzen die Schüler immer hörten und wegliefen.

Allgemein gilt jedoch: Nicht jeder Schüler muss alles können. Jeder hat die eine oder andere besondere Fähigkeit. Dem einen fällt es zum Beispiel leicht, hohe Sprünge auszuführen, der andere hat einen festen und sicheren Griff usw. Wird das Training allzu anstrengend gestaltet, hat man nach meiner Erfahrung bald gar keine Schüler mehr. Deshalb muss man als Schüler selbst seine speziellen Fähigkeiten erkennen und diese selbständig entwickeln, indem man die entsprechenden Übungen ausführt.

Kampftechniken

Einleitung

Im gleichen Maße wie sein Können soll auch die Bescheidenheit des Menschen wachsen. – Sprichwort

Die Kampfkünste haben sich in Zeiten, in denen die Menschen häufig großen Gefahren ausgesetzt waren, entwickelt. Wenn Kriege oder gesellschaftliche Umbrüche die sozialen Verhältnisse aus den Fugen geraten lassen, hat derjenige die besten Überlebenschancen, der am effektivsten kämpfen kann. Selbstverteidigung, das heißt der Schutz des eigenen Lebens und der eigenen Gesundheit, war die ursprüngliche Intention praktisch aller Kampfkunstsysteme. Das Ziel bestand darin, eine Konfrontation mit einem körperlich überlegenen oder bewaffneten Gegner unter allen Umständen zu überleben. Hierfür sind nicht nur Ausdauer und Kraft gefragt, sondern auch das Beherrschen verschiedener Techniken und Taktiken, mit deren Hilfe die Schwachstellen des Gegners erkannt und ausgenutzt werden können. Ein grundlegendes Prinzip des Budō besteht darin, den Kampf so rasch wie möglich zu beenden. Je länger ein Kampf dauert, desto höher ist das Risiko, ernsthaft verletzt oder getötet zu werden. Das ist der Grund, aus dem viele gefährliche, potentiell tödliche Techniken entwickelt wurden. Im Japanischen gibt es dafür den Ausdruck *Ikken no Hisatsu*, was sinngemäß bedeutet, den Gegner mit einem einzigen Schlag zu töten. Nicht allein die Kraft und die Schnelligkeit, mit der diese Techniken ausgeführt werden, sind von Bedeutung, sondern auch die Zielgenauigkeit. Und in der Tat gab es viele Meister, deren Schläge so hart und präzise waren, dass sie damit töten konnten. Ein Beispiel hierfür ist der südindische Meister Rette Maduvee (»Doppel-Mauer«) Yusof. Er war ein bekannter Wettkämpfer, der viele Siege errungen hat. Er reiste auch ins Ausland und konnte sich dort ebenfalls gegen europäische und chinesische Boxer und Ringer behaupten.

Eines Abends ging er spazieren und wurde dabei von mehreren Angreifern überfallen. Er setzte sich erfolgreich zur Wehr. Einer seiner Fußtritte traf dabei zufällig eine Mauer, die aus einer doppelten Lage Steine bestand, und durchstieß sie. Diese Begebenheit trug ihm die Spitznamen »Doppel-Mauer« ein. Aufgrund seiner Popularität als Kämpfer bekam er zudem von den Briten einen Job, der darin bestand, einen Gong zu bestimmten Zeiten zu schlagen. Einmal versteckte ein Engländer den Schlegel, während er schlief. Als er aufwachte und den Schlegel nirgends finden konnte, schlug er den Gong zwölfmal mit der bloßen Faust. Man sagt, der Gong sei an jenem Tag genauso laut gewesen wie sonst. Man kann sich ausmalen, was geschehen wäre, wenn er mit solcher Wucht einen Menschen getroffen hätte.

Glücklicherweise muss man heute in vielen Teilen der Welt, unter anderem auch auf Okinawa und in Deutschland, einen Kampf auf Leben und Tod im Alltag in der Regel nicht mehr befürchten. Diese Tatsache hat großen Einfluss auf das Wesen und die Entwicklung des Budō genommen. Der Grundsatz *Ikken no Hisatsu* verwandelte sich allmählich in das Prinzip des *Ippon*, des Punktes im Wettkampf, welcher durch einem Schlag mit ähnlicher Kontrolle wie bei einem tödlichen Schlag erzielt wird. Die Kampfkunst wurde zu einem Lebensweg, bei dem großer Wert auf Gesundheit und Tugenden gelegt wird. Viele der gefährlichen Techniken wie *Nukite* (Fingerstoß), *Tsumasaki geri* (Tritt mit der großen Zehe) oder das Treffen von Vitalpunkten (siehe Kapitel »Kyūsho«, S. 122) wurden immer seltener praktiziert, bis ein Großteil der Schläge nur noch mit der geschlossenen Faust ausgeführt wurde.

Diese Entwicklung begann im besonderen, als zu Beginn des 20. Jahrhunderts Karate an den Schulen Okinawas eingeführt wurde. Um unter anderem die Verletzungsgefahr für die Kinder zu reduzieren, nahmen Meister wie Itosu Ankō Anpassungen an den Techniken vor. Viele der gefährlichen Techniken wurden abgestumpft. Aus einem Fingerstoß wurde ein Faustsoß, und getreten wurde mit dem Fußballen statt mit den Zehen. Dies bezeichnet man als die stumpfen Waffen des Karate. Manche der Schüler, die mit diesem Schulkarate groß geworden sind, begannen schließlich, es selbst zu unterrichten. Allerdings ist man dadurch vielerorts nie über das Stadium des Schulkarate hinausgekommen. Dies ist einer der Gründe für die Verbreitung von Karate in der Form, wie wir es heute kennen.

Dennoch hat eine Vielzahl von gefährlichen Techniken in den Kata überlebt. Leider werden die Kata häufig nur als Form geübt, ohne die darin enthaltenen alten Techniken separat zu trainieren. Dies ist gut für Vorführungen oder den Kata-Wettkampf. Die Vernachlässigung des *Bunkai*, also der Anwendung der in den Kata »verschlüsselten« Techniken, hat somit zur Folge, dass diese gefährlichen Techniken aus der Kata nicht mehr im aktiven Technik-Repertoire der Kampfkünstler zu finden sind und somit an Bedeutung verlieren. Mit der Vernachlässigung des *Bunkai* änderte sich ebenfalls die Art der *Kumite*-Übung, des Trainings mit Partner. Dies gilt besonders für den sportlichen Wettkampf. Ursprünglich waren die Partnerübungen fast ausschließlich an die Elemente der Kata angelehnt. Heutzutage sind sie davon oft völlig losgelöst.

Im Folgenden werden einige der traditionellen Techniken des Karate näher erläutert.

Uke waza

Das japanische Wort *Uke* bedeutet wörtlich »etwas aufnehmen«. Mit *Uke waza* wird die Gruppe der Techniken bezeichnet, mit denen Angriffe aufgenommen werden können. Im Allgemeinen bezeichnet man sie auch als Abwehr- oder Blocktechniken.

Abwehrtechniken, wie sie im traditionellen Karate trainiert werden, werden von manchen Sportkarateka als Zeitverschwendung angesehen, da sie im Wettkampf oft nur schwer anzuwenden sind. Aber Karate wurde einst zur Selbstverteidigung und nicht für den Wettkampf entwickelt. Einige *Uke*-Techniken sind beispielsweise darauf ausgelegt, den angreifenden Arm zu verletzen, das heißt, in der Verteidigung ist bereits ein Angriff enthalten. In einem sportlichen Wettkampf kann dies selbstverständlich keine Anwendung finden. Tatsächlich gibt es eine Fülle von Möglichkeiten, *Uke*-Techniken im Kampf einzusetzen. Sie eignen sich dazu, den Gegner zu schlagen, zu werfen, seine Knochen und Gelenke zu brechen, seinen Angriff zugleich abzuwehren und ihn anzugreifen usw.

Ein einfaches Beispiel für verschiedene Anwendungen ein und derselben Technik ist die obere Abwehr, *Jōdan uke* bzw. *Age uke*. In der Kata *Pinan Nidan*, oder wie sie im Shōtōkan genannt wird, *Heian Shodan*, wird diese Technik dreimal hintereinander ausgeführt. Jede dieser drei Ausführungen steht für eine andere Anwendung. Der Anfänger lernt die Abfolge zunächst als wiederholtes Abwehren kennen. Je weiter der Schüler in seinem Training fortschreitet, desto mehr Anwendungen werden ihm gezeigt.

Die erste Technik steht für das reine Blocken eines Angriffes (Abb. 78), die zweite für das Fassen und Brechen des Ellenbogengelenkes (*Hiji ate*, Abb. 79) und die dritte für einen Schlag gegen einen Vitalpunkt (Abb. 80). Dieses Wissen wird dem Schüler nach und nach vermittelt.

So verhält es sich mit vielen Techniken in den Kata. Wird eine Technik in einer Kata mehrere Male wiederholt, so deutet dies in der Regel auf unterschiedliche Anwendungen hin.

Die Tatsache, dass *Uke waza* nicht allein zum Blocken von Schlägen und Stößen verwendet wird, soll an zwei weiteren elementaren Techniken des Karate verdeutlicht werden.

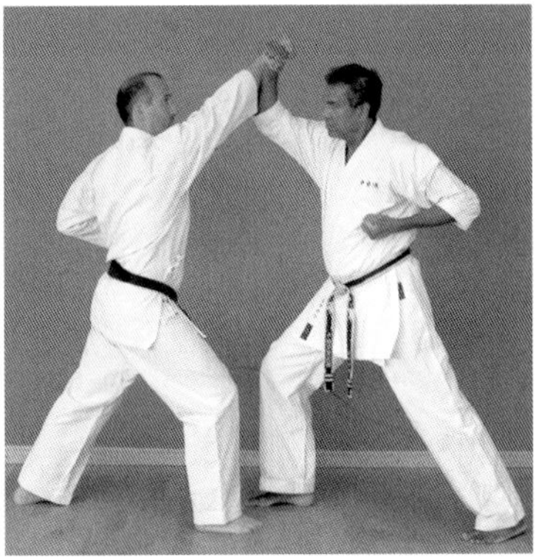

Abb. 78

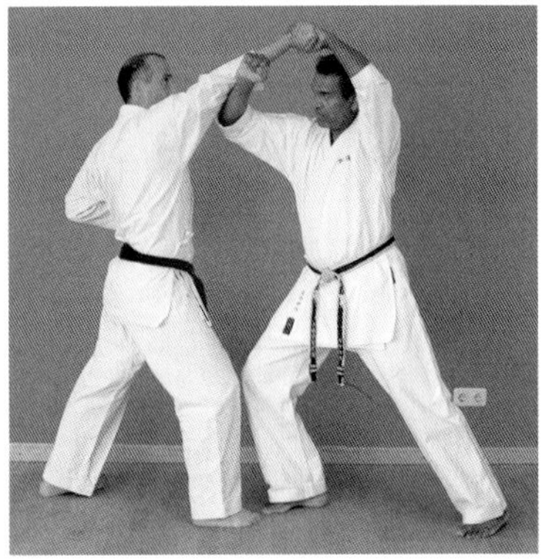

Abb. 79

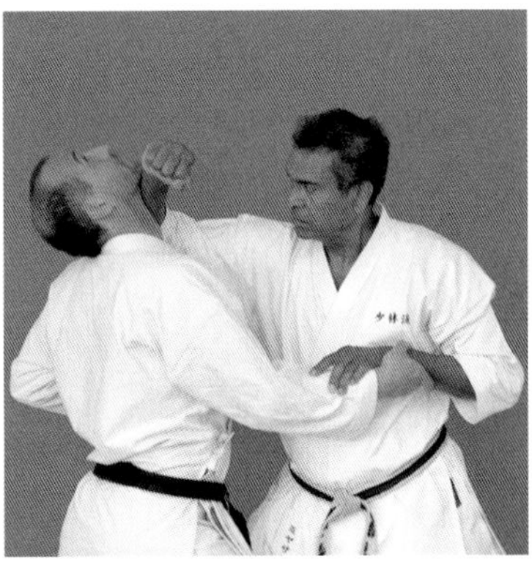

Abb. 80

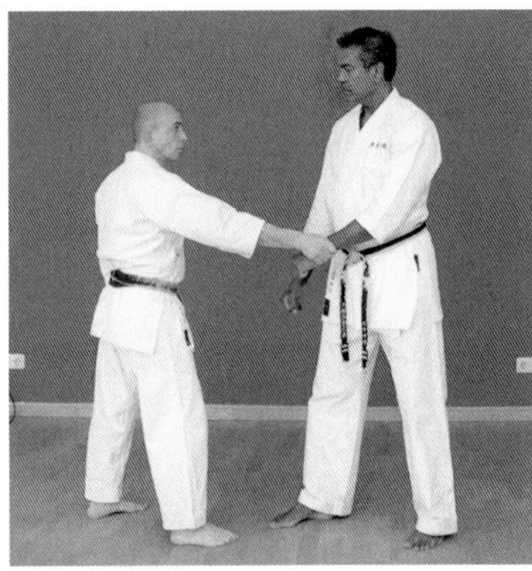

Abb. 81

Der *Gedan barai*, eine Fegebewegung zur unteren Stufe, kann zum Beispiel genutzt werden, um das Handgelenk aus einem Griff zu befreien. Die Abbildungen 81 und 82 zeigen eine Befreiung aus einem gleichseitigen Griff mittels Ellenbogenbrecher.

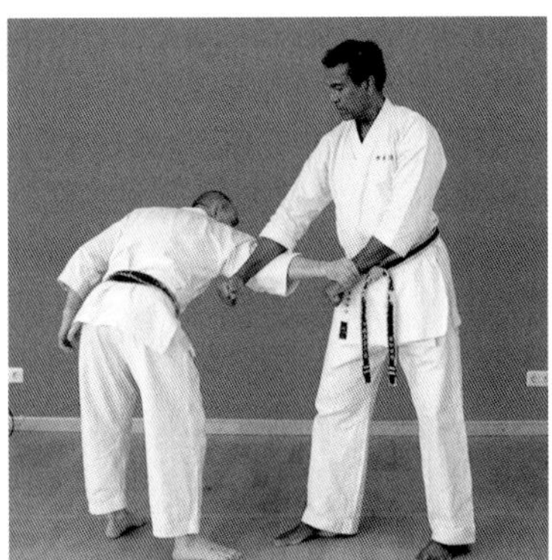

Abb. 82

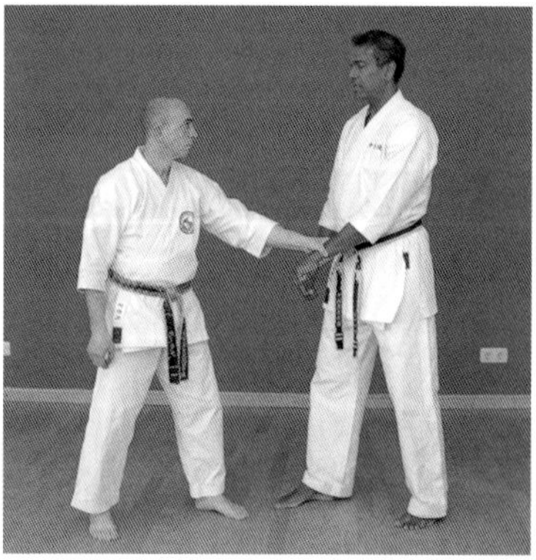

Abb. 83

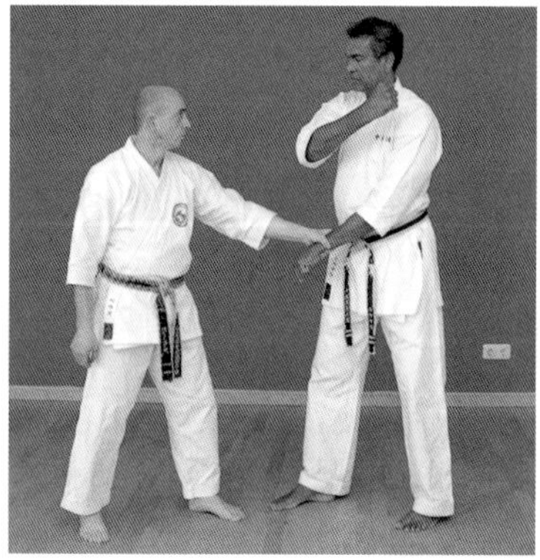

Abb. 84

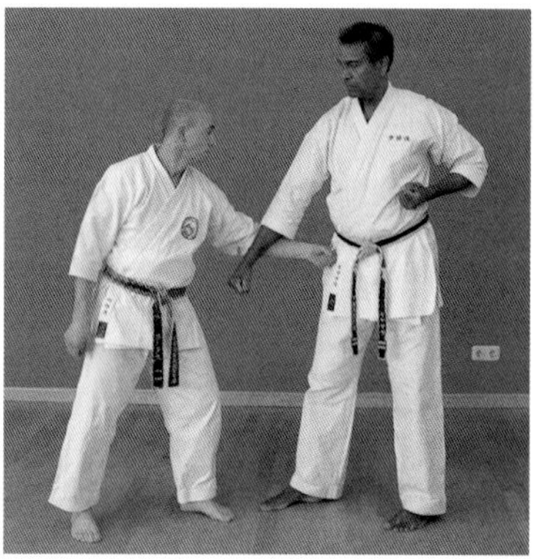

Abb. 85

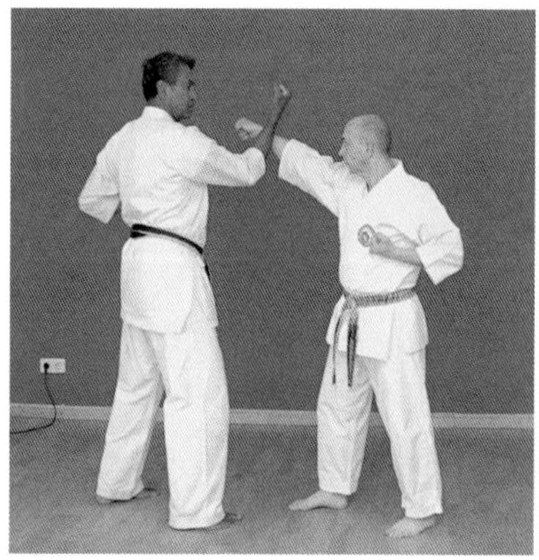

Abb. 86

In Abb. 83 bis 85 ist die Befreiung aus einem wechselseitigen Griff zu sehen.

Der *Gedan barai* kann aber auch als Wurftechnik benutzt werden, wie die Abbildungen 86 bis 91 zeigen. Hierfür ist es notwendig, einen tiefen Stand, wie zum Beispiel *Shiko dachi*, einzunehmen.

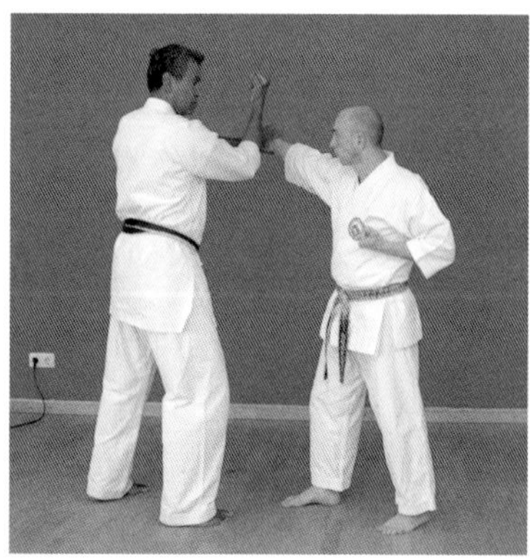

Abb. 87

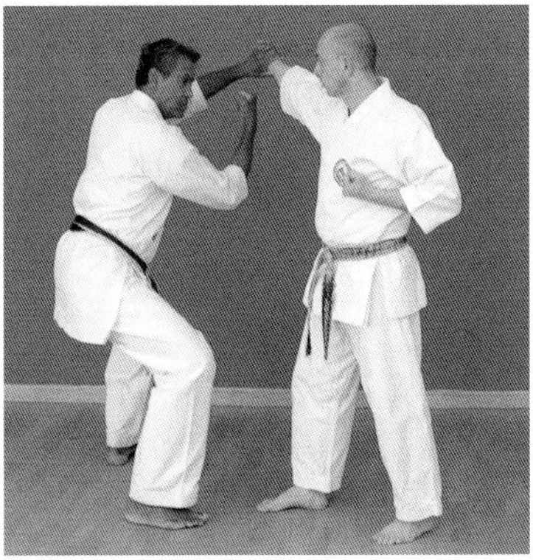

Abb. 88

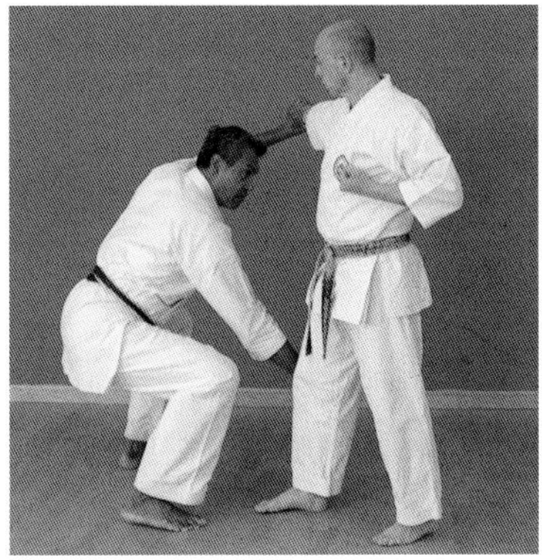

Abb. 89

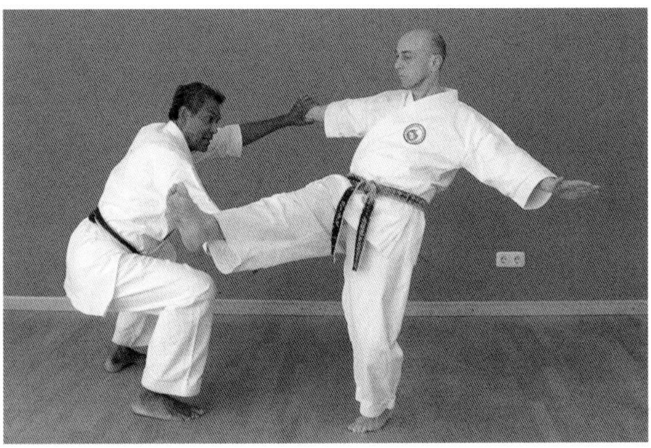

Abb. 90

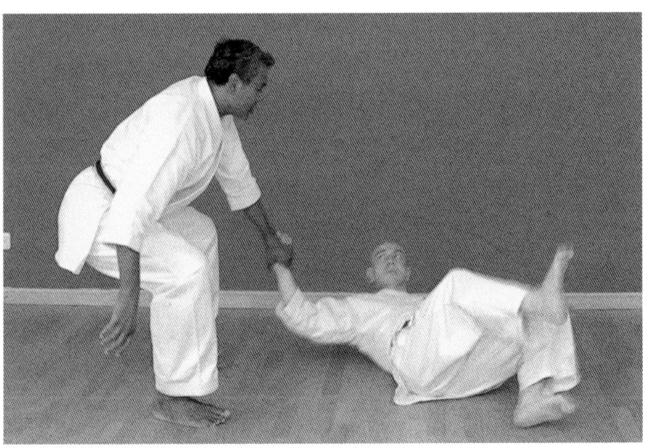

Abb. 91

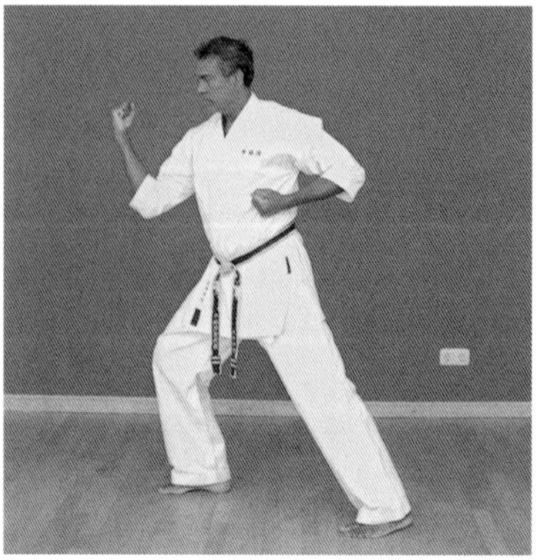

Abb. 92

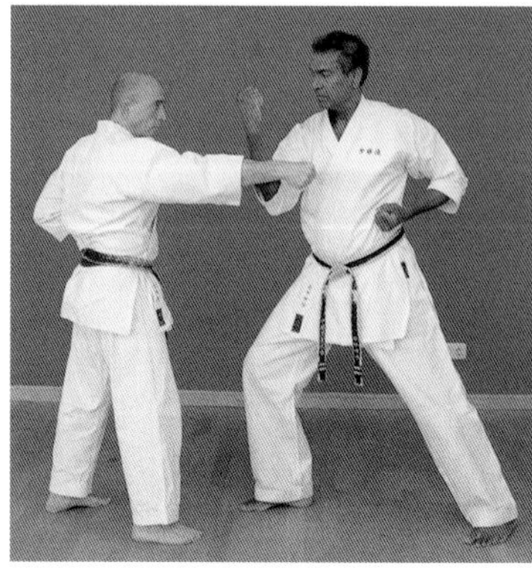

Abb. 93

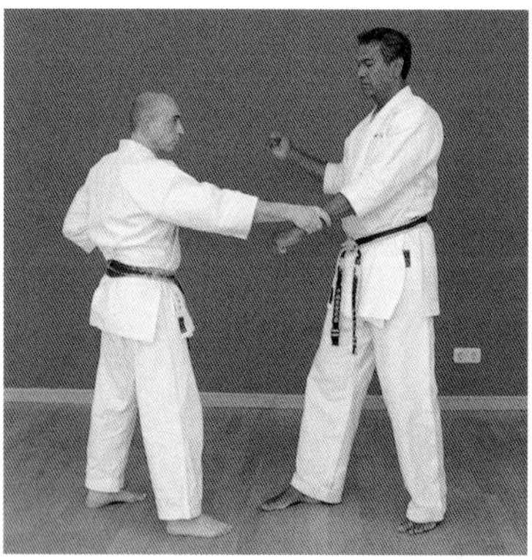

Abb. 94

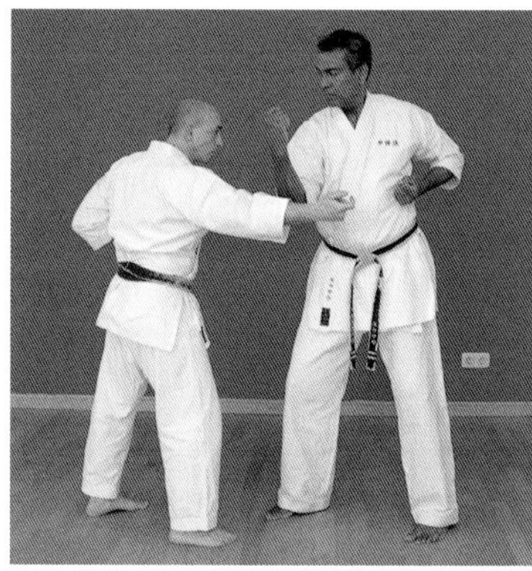

Abb. 95

Die dritte *Uke*-Technik, die ich vorstellen möchte, ist der *Uchi uke* (Abb. 92). Auch diese Technik ist in den meisten Karate-Stilen zu finden. Bild 93 zeigt die Anwendung gegen einen geraden Fauststoß.

Wie der *Gedan barai* kann auch der *Uchi uke* als Technik zur Befreiung aus Griffen dienen. In der ersten Serie (Abb. 94 bis 96) wird die Befreiung aus einem gleichseitigen

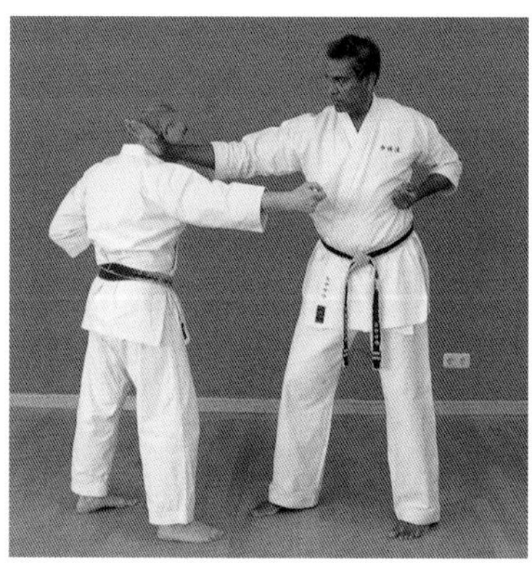

Abb. 96

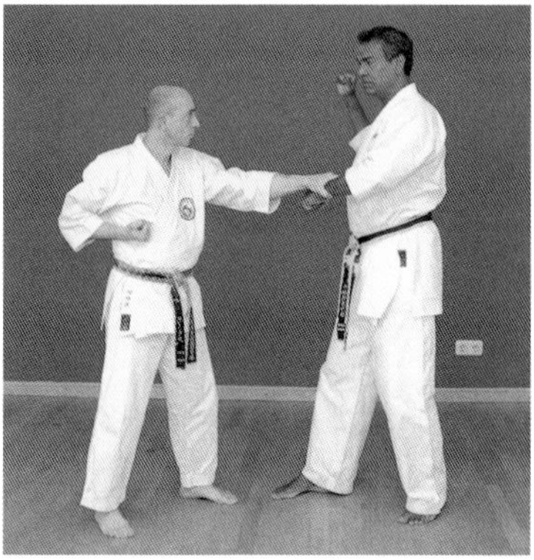

Abb. 97

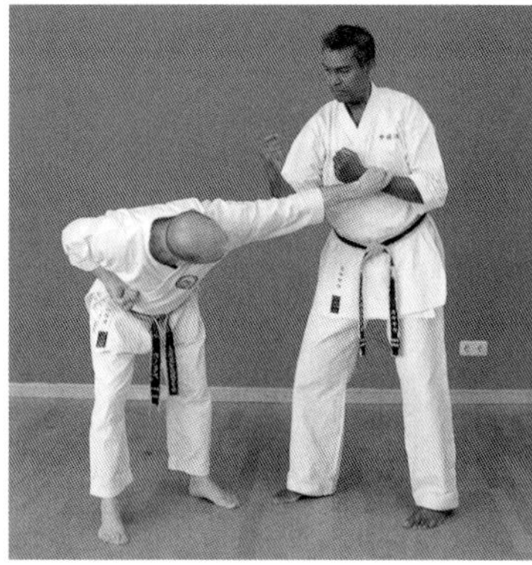

Abb. 98

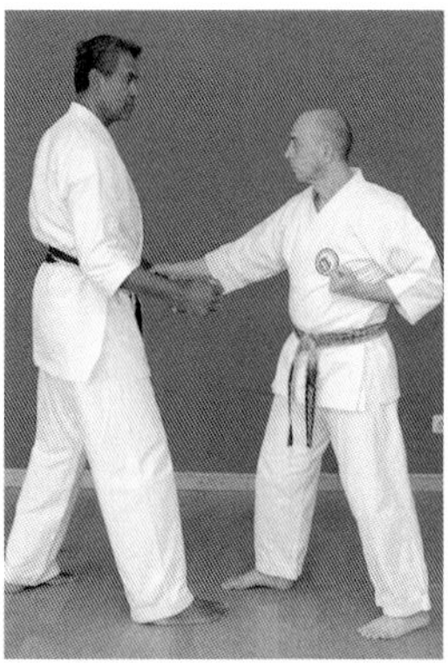

Abb. 99

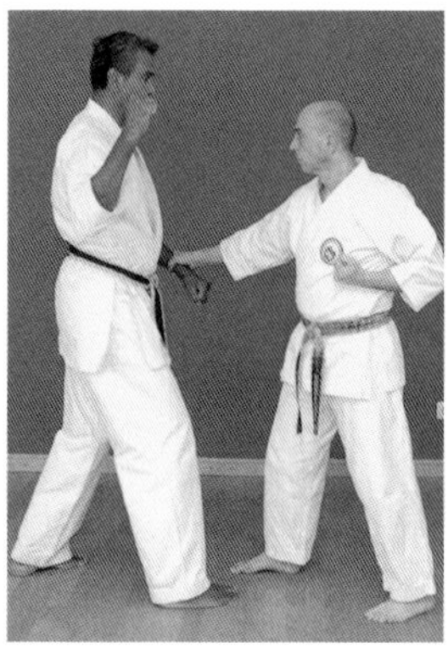

Abb. 100

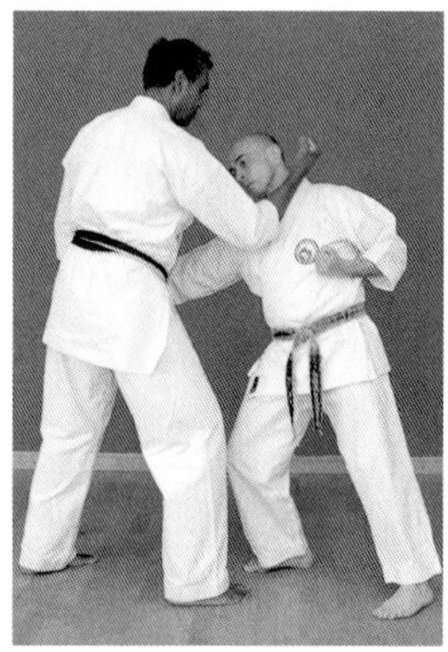

Abb. 101

Griff am Unterarm gezeigt. Hierbei ist nicht nur die Hand, die den *Uchi uke* ausführt, von Bedeutung, sondern auch die Hand, die zurückgezogen wird (*Hikite*).

Die Befreiung aus dem wechselseitigen Griff (Abb. 97 und 98) kann als Hebel über den Ellenbogen des Gegners oder auch als Brechen des Ellenbogens interpretiert werden. Dies ist von der jeweiligen Situation abhängig.

Der *Uchi uke* kann aber auch wie der *Jōdan uke* als Schlag genutzt werden, wie in den Abbildungen 99 bis 101 gezeigt wird.

Blocktechniken mit offenen Händen, wie zum Beispiel der *Shutō uke*, sind hauptsächlich zum Fassen und Treffen von Vitalpunkten gedacht. Des Weiteren kommt bei vielen Blocktechniken die sogenannte Doppelhüftbewegung zum Einsatz. Diese Art der Hüftbewegung ist typisch für die okinawanischen Kampfkünste. Die Ausführung erfolgt, indem man mit der Hüfte eine Art schnelle und lockere Ausholbewegung vollführt, damit man sie bei der Ausführung der Technik wieder eindrehen kann. Die Abbildungen 102 bis 107 sollen dies am Beispiel des *Shutō uke* verdeutlichen. Einmal wird dieser dabei im *Naname heikō dachi* (Abb. 102 bis 104) ausgeführt und einmal im *Nekoashi dachi* (Abb. 105 bis 107).

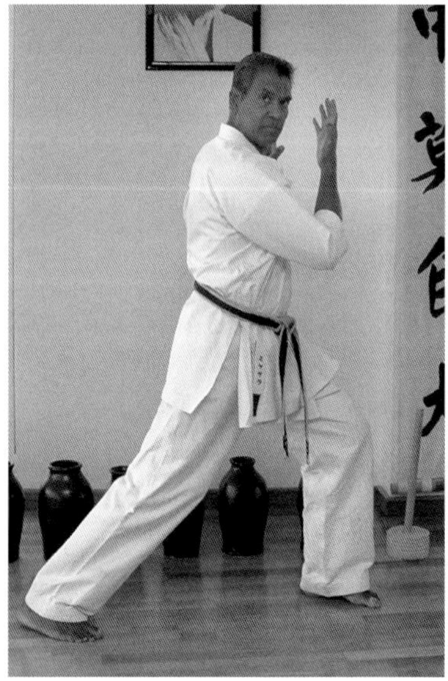

Abb. 102

Viele Karatelehrer unterrichten die Blocktechniken ausschließlich als Abwehrtechniken, weil sie es entweder nicht besser wissen bzw. es von ihren Lehrern bereits so gelernt haben, oder weil sie ihr Wissen aus unterschiedlichen Gründen nicht an ihre Schüler weitergeben wollen. Manche Karateka, die sich dieser und anderer Unzulänglichkeiten bewusst sind, bemühen sich selbst, zu umfangreicheren Interpretationen der Techniken zu gelangen. Dabei sehen sie oft keinen anderen Ausweg, als moderne Medien zu nutzen, wie zum Beispiel Videos. Allerdings ist es zum einen unmöglich, eine Technik in ihrer Gesamtheit ausschließlich von einem Video zu erlernen, und zum anderen gibt es viele Videos von zweifelhafter Qualität hinsichtlich Inhalt und Darstellung. Der Anfänger hat in der Regel nicht die nötige Erfahrung, hier die Spreu vom Weizen zu trennen. Tatsächlich ist das Training bei einem Meister durch nichts zu ersetzen.

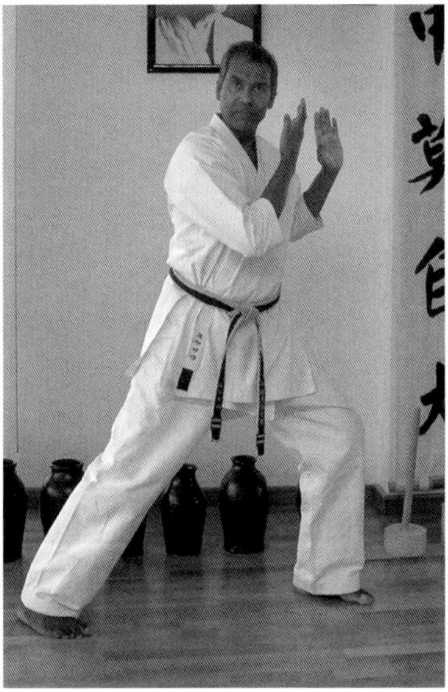

Abb. 103

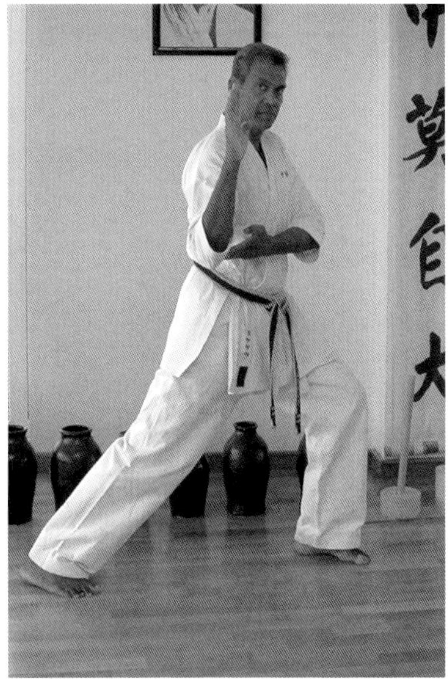

Abb. 104

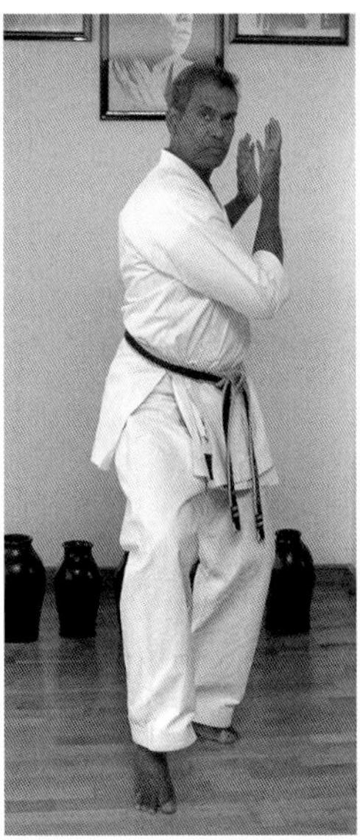

Abb. 105

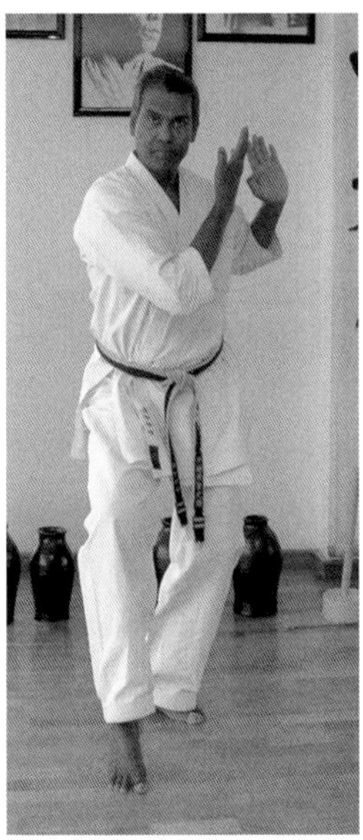

Abb. 106

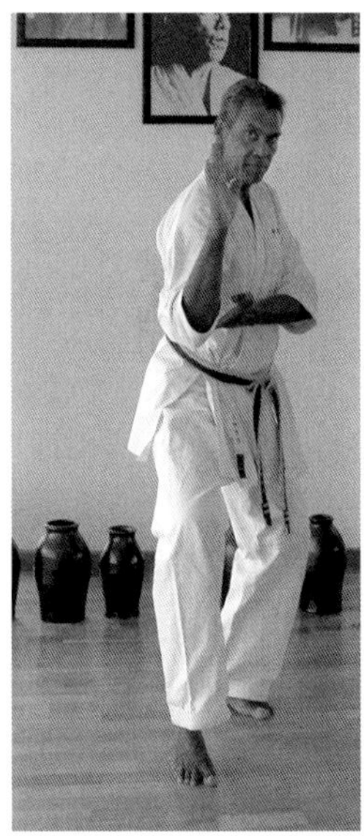

Abb. 107

Hüfte und Hanmi

Der Begriff *Hanmi* fällt im Karate häufig. Viele Sensei verwenden ihn, um darauf hinzuweisen, dass der Körper – insbesondere die Hüfte – in einer halb eingedrehten Haltung stehen soll.

In der Praxis wird dies jedoch oft missverstanden.

Üblicherweise lernt man, die Hüfte halb einzudrehen, insbesondere bei der Abwehr eines Angriffs oder dem Ausführen eines Blocks. Doch hier entsteht eines der häufigsten technischen Probleme, die der Missinterpretation der *Hanmi*-Position geschuldet sind: Am Beispiel des *Gedan barai* veranschaulicht, ziehen viele die Hüfte nach hinten weg, um auszuweichen und zugleich den Schlag abzuwehren. Dabei verlagert sich die ganze Kraft nach hinten in die zurückgezogene *Hikite*-Hand, während der eigentliche Blockarm geschwächt wird. Energie, die in die Technik fließen sollte, wird so in der zurückziehenden Hand und der Hüfte verschwendet.

Das Ergebnis ist ein Block, der fast ausschließlich aus dem Arm ausgeführt wird – ohne Unterstützung durch Hüftkraft oder Körpereinsatz. Dadurch verliert die Technik deutlich an Durchschlagskraft und Stabilität.

In *Hanmi* sollte die Hüfte nicht stoppen oder zurückweichen, sondern ihre Rotation fortsetzen. Eine kontinuierliche Drehbewegung leitet die Kraft vom Rücken über die Schulterblätter in den Arm und unterstützt so die Block- oder Schlagtechnik optimal. Gerade der bewusste Einsatz der Schulter und Schulterblätter ist ein oft vernachlässigter, aber wesentlicher Bestandteil kraftvoller Techniken.

Siehe Abbildungen 108 und 109 auf der gegenüberliegenden Seite.

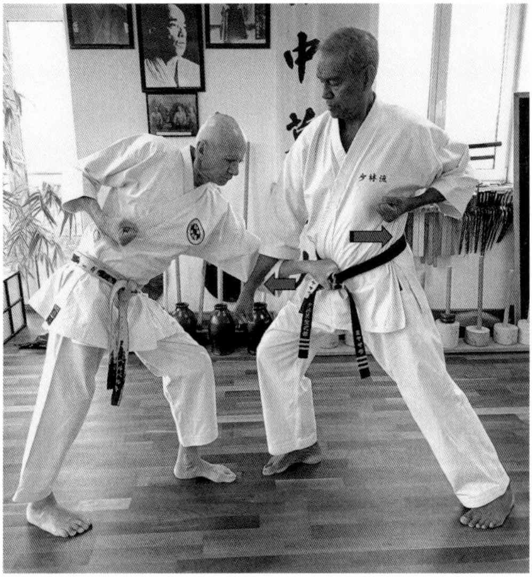

Abb. 108

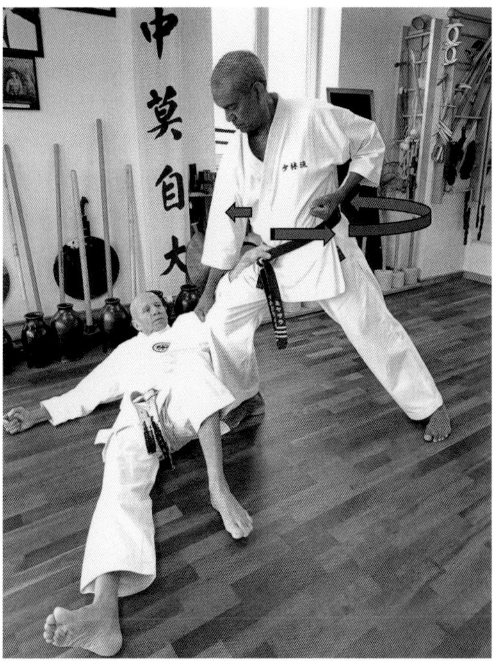

Abb. 109

Uchi waza und Tsuki waza

Die Kunst zu schlagen (*Uchi*) und zu stoßen (*Tsuki*) ist ihrem Wesen nach den Abwehrtechniken ähnlich. Viele der Schlagtechniken sind außerordentlich gefährlich. Aus diesem Grund sollten diese erst ab der mittleren Ausbildungsstufe gelehrt werden. Genauso, wie die Abwehrtechniken nicht ausschließlich zum Abwehren gedacht sind, so sind Schlag- und Stoßtechniken nicht ausschließlich als Angriff zu verstehen. Schlag- und Stoßtechniken können auch zum Blocken, Parieren oder Werfen verwendet werden.

Des Weiteren können diese Techniken ein gleichzeitiges Abwehren und Angreifen darstellen. Im Japanischen nennt man das zugrundeliegende Prinzip *Ikkyodō* oder *Uke kōgeki*. Leider wird es nur selten praktiziert, da viele Lehrer mehr Wert auf Kraft und Hüftbewegungen legen und Techniken, die Angriff und Abwehr kombinieren, lieber »auseinandernehmen«, das heißt, eine solche Technik wird oftmals jeweils separat als Block oder als Angriff gelehrt. Der einzige Grund hierfür ist in den meisten Fällen, dass auf diese Weise die Hüftbewegung verstärkt und damit die Dynamik der Technik erhöht werden soll. Die Hüftbewegungen für zwei separate Techniken sind einfacher zu erlernen, und die einzelnen Techniken können auf diese Weise von Anfängern kraftvoller ausgeführt werden.

Durch die Aufspaltung der Doppelhüftbewegungen verlieren viele Techniken aus der Kata jedoch einen wichtigen Teil ihrer Bedeutung. Für den realen Kampf ist, wie bereits im Kapitel »Uke waza« (S. 84) erläutert, die Doppelhüftbewegung vorteilhafter, da sie es ermöglicht, Bewegungen schneller und nahezu zeitgleich auszuführen. Somit ist es sehr wichtig, *Ikkyodō* korrekt zu trainieren. Die Bewegung muss im Wesentlichen aus der Körpermitte kommen. Die Anspannung findet erst im letzten Moment statt und wird nach dem Ausführen der Technik sofort wieder gelöst. Die Hüfte muss locker sein, damit sie schnell ein- und wieder ausgedreht werden kann. Diese Art der Hüftbewegung wird vorrangig auf Okinawa unterrichtet. Im japanischen Karate ist sie seltener zu finden, nicht zuletzt deswegen, weil in Japan mehr Wert auf kraftvolle und ausladende Bewegungen gelegt wird.

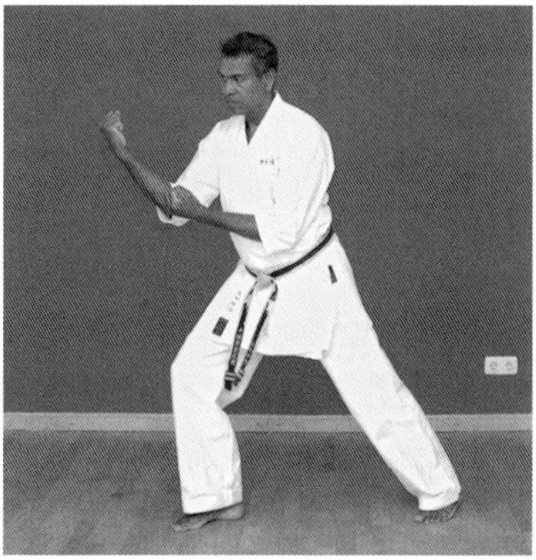

Abb. 110

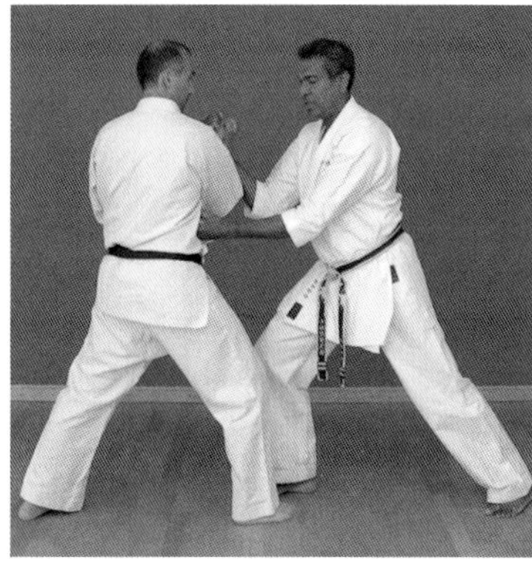

Abb. 111

Heute nehmen einige Sensei diese Bewegung wieder mit ins Training auf. Sie wissen, dass in einer realen Selbstverteidigungssituation die *Ikkyodō*-Methode die beste ist, vor allem, wenn der Gegner stärker und schneller ist als man selbst. Sie spart Zeit und ermöglicht es, mit kleinem Aufwand eine große Wirkung zu erzielen. Damit ist sie auch sicherer, denn je eher ein Kampf beendet wird, desto besser.

Im Folgenden soll das Prinzip des *Ikkyodō* anhand einiger Beispiele aus dem *Bunkai* der Kata *Pinan* bzw. *Heian Sandan* näher erläutert werden. Die erste Technik ist der *Morōte uke* (Abb. 110). Obwohl es sich hier scheinbar nur um eine Blocktechnik handelt, verbirgt sich darin ein gleichzeitig ausgeführter Angriff. Während die vordere Hand den Block ausführt, bleibt die unterstützende hintere Hand in der Anwendung nicht am Ellenbogen, sondern führt gleichzeitig mit dem Block einen Stoß (*Tsuki*) aus, wie in Abbildung 111 dargestellt.

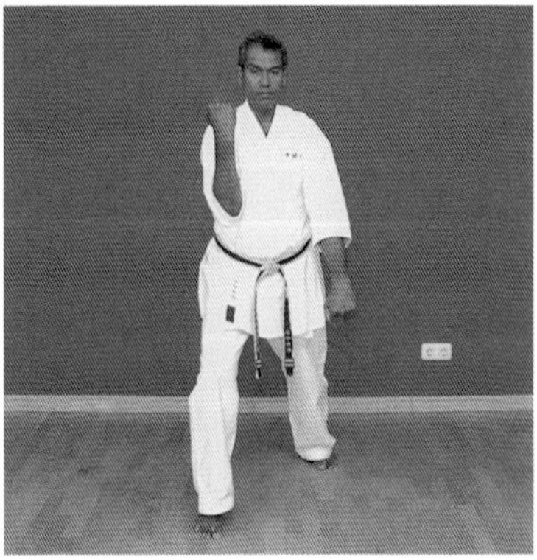

Abb. 112

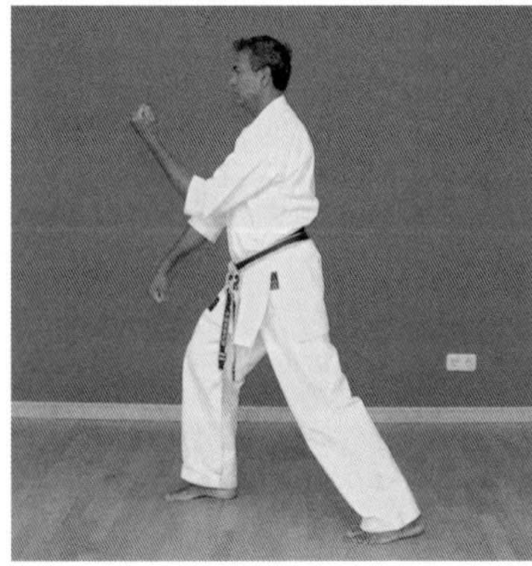

Abb. 113

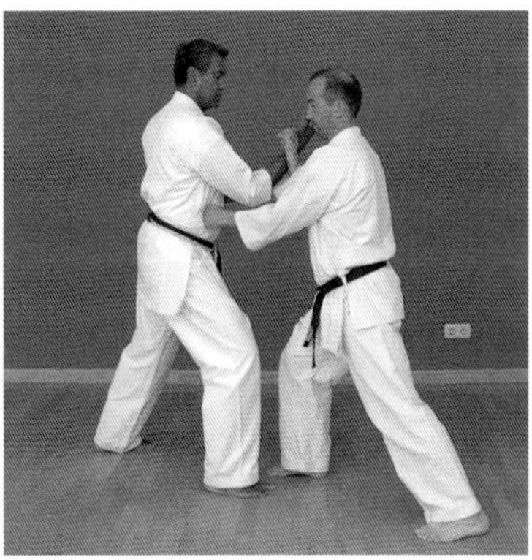

Abb. 114

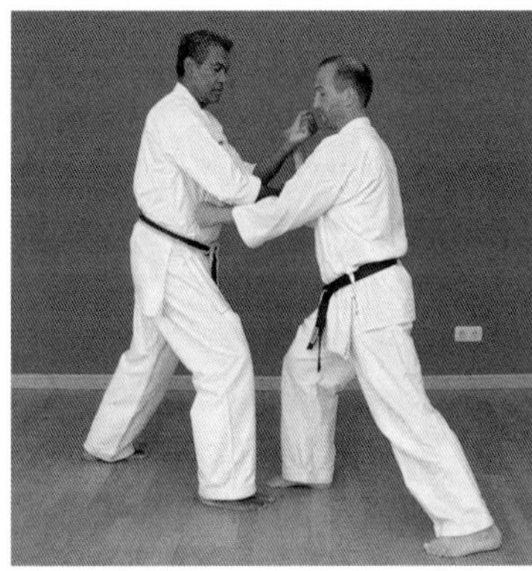

Abb. 115

In derselben Kata ist ebenfalls eine Technik enthalten, die zeigt, wie man einen derartigen Block-Angriff abwehrt. Die Technik heißt *Ryote uke* und ist in den Abbildungen 112 (von vorn) und 113 (seitlich, umgekehrt) zu sehen.

Die Verteidigung und ein weiterführender Konter gegen einen *Morōte uke* mit Angriff wird in den Abbildungen 114 bis 121 gezeigt. Hierbei ist das Timing entscheidend.

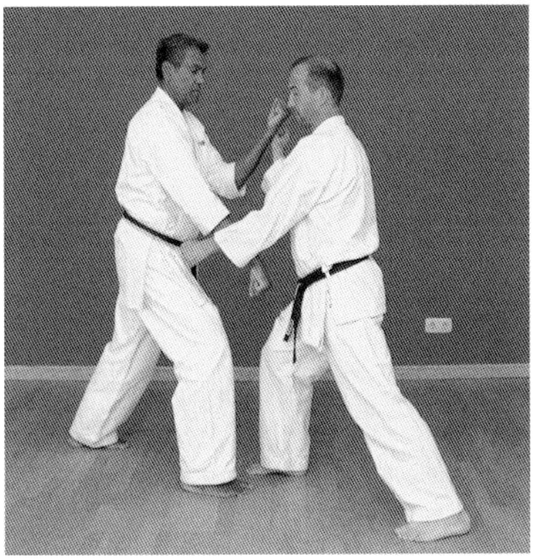

Abb. 116

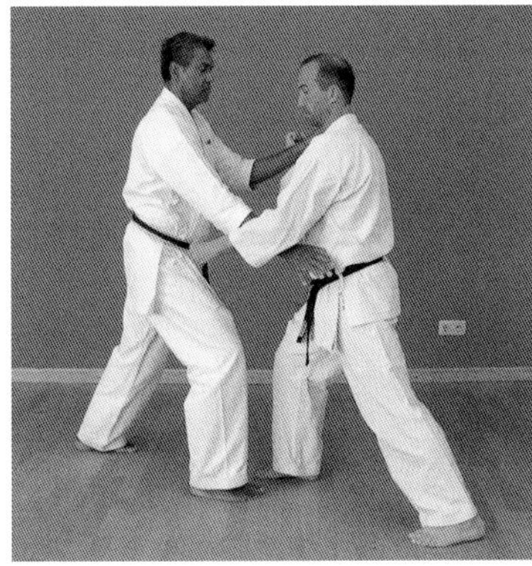

Abb. 117

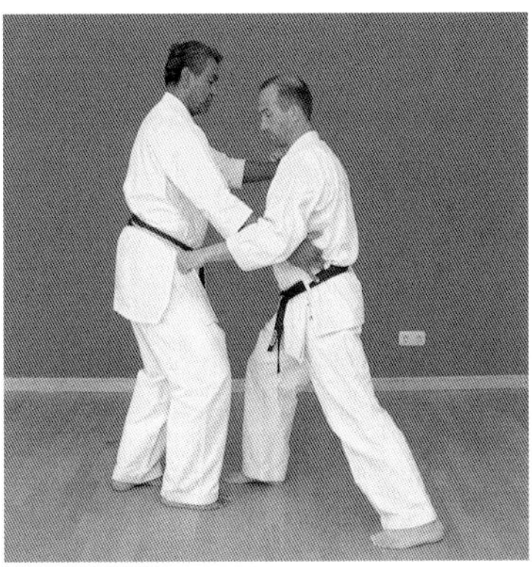

Abb. 118

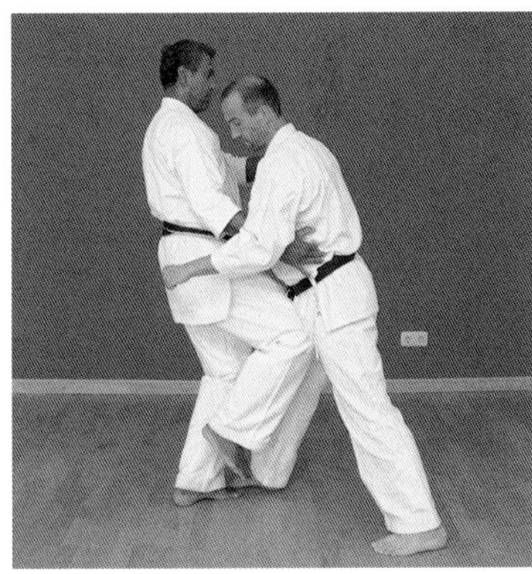

Abb. 119

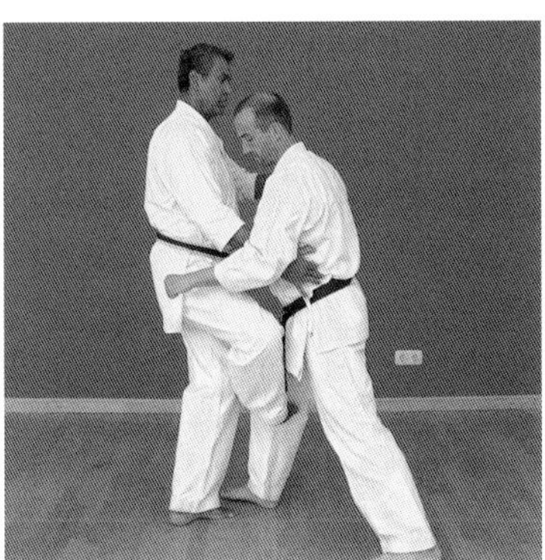

Abb. 120

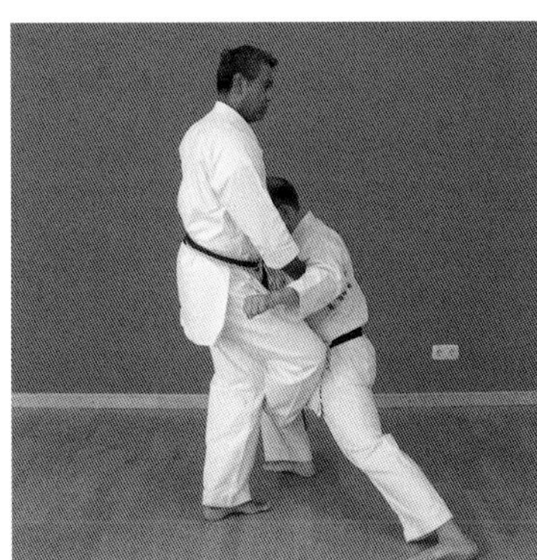

Abb. 121

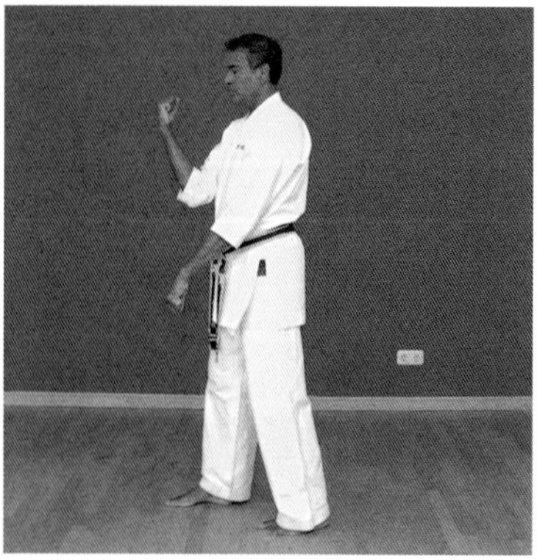

Abb. 122

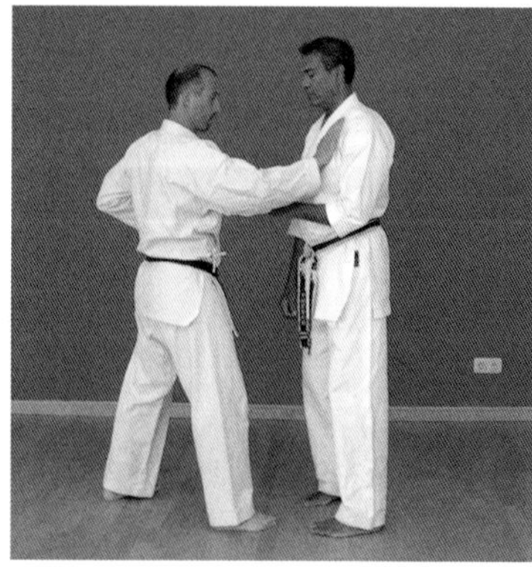

Abb. 123

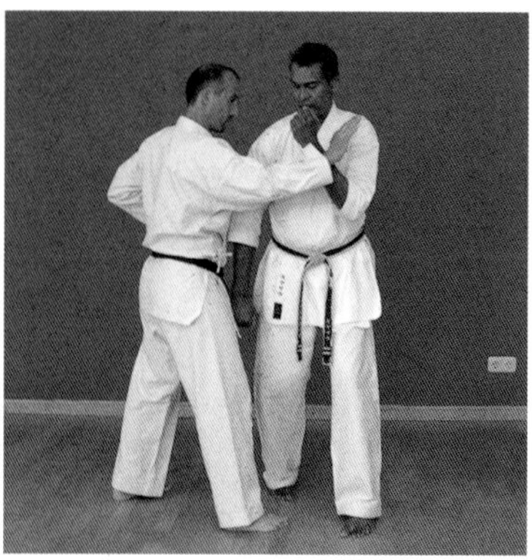

Abb. 124

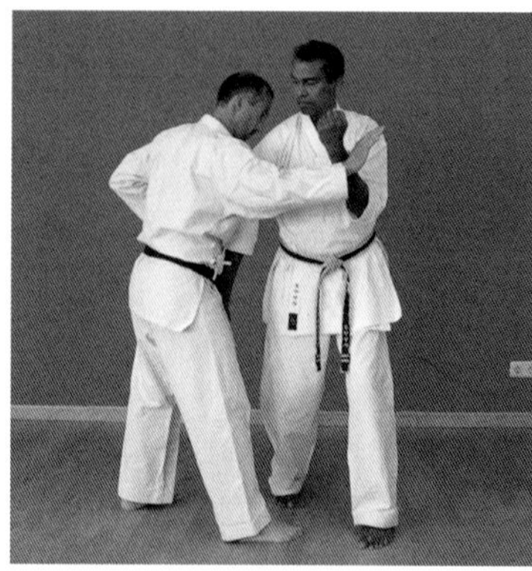

Abb. 125

Der *Ryote uke* eignet sich aber auch selbst als *Ikkyodō*-Technik. So zum Beispiel, wenn man im Brust- bzw. Hüftbereich mit der flachen Hand gestoßen (Abb. 122 bis 125) bzw. ergriffen wird (Abb. 126 und 127). Wichtig ist hierbei, dass man zunächst mit dem ganzen Körper ausweicht. Unmittelbar nach dem Ausweichen erfolgt der *Ryote uke*, wobei eine Hand abwehrt und die andere Hand einen Schlag (*Uchi*) ausführt.

Die Abbildungen 128 bis 131 zeigen, wie der *Ryote uke* auch als Hebel eingesetzt werden kann.

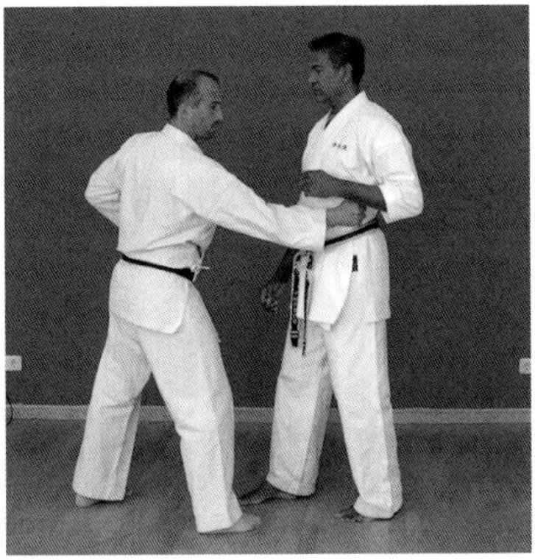
Abb. 126

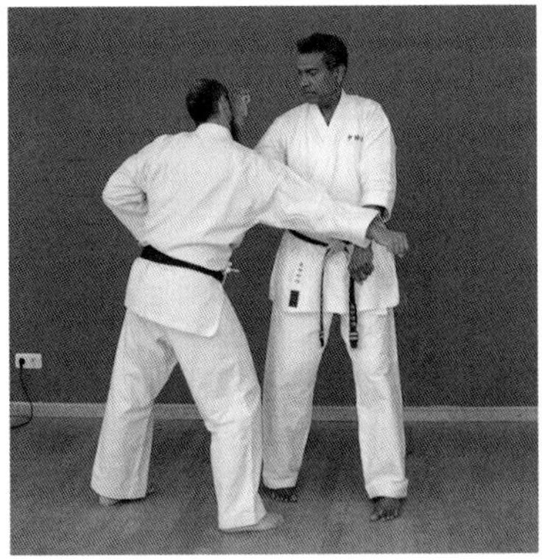
Abb. 127

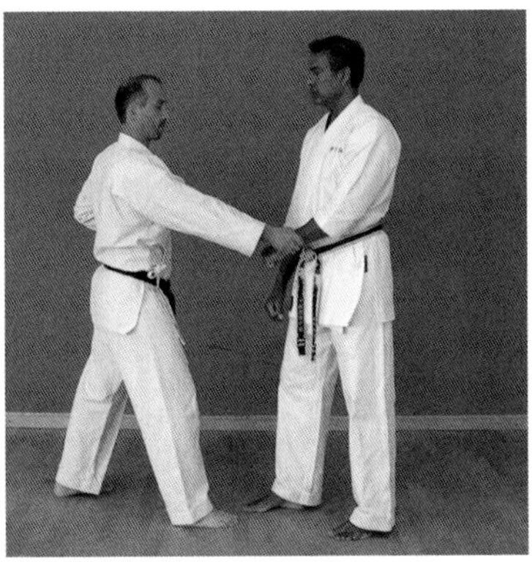
Abb. 128

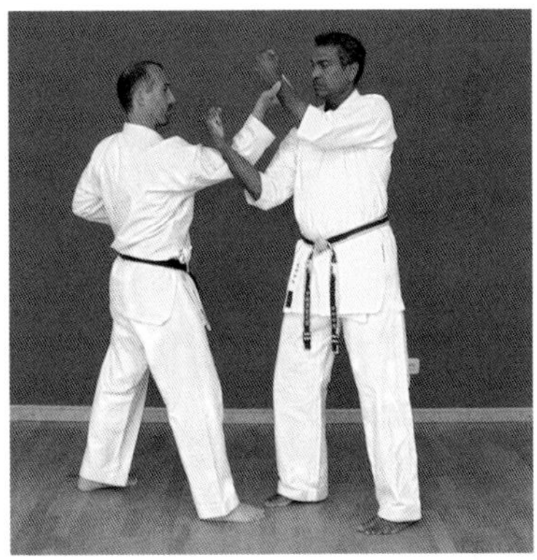
Abb. 129

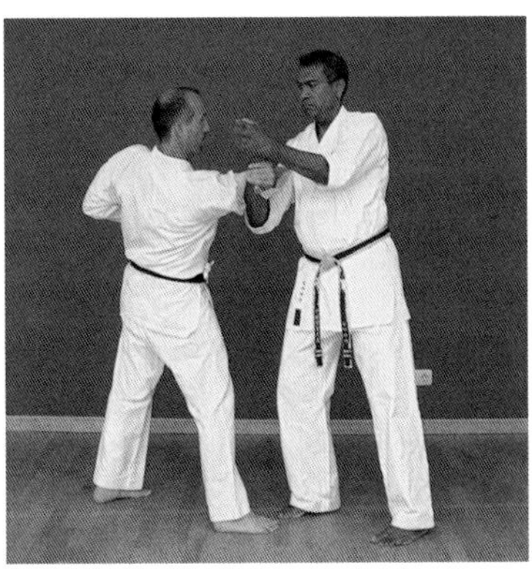
Abb. 130

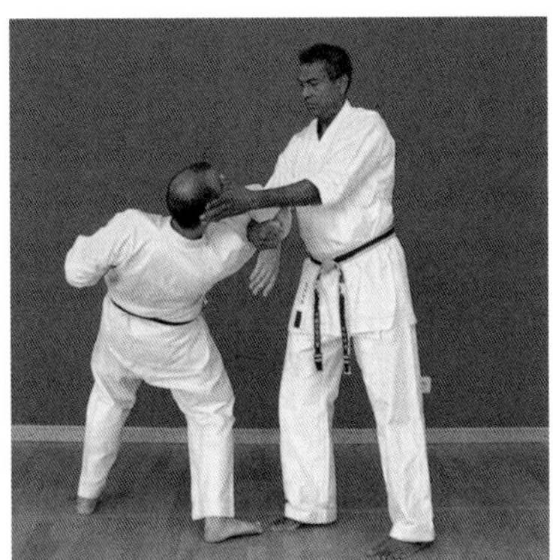
Abb. 131

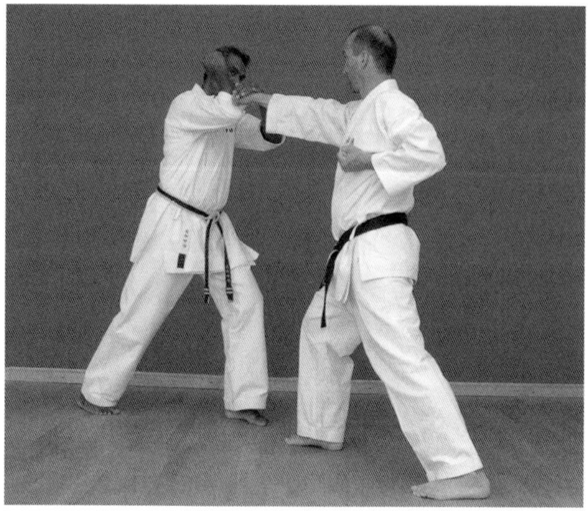

Abb. 132

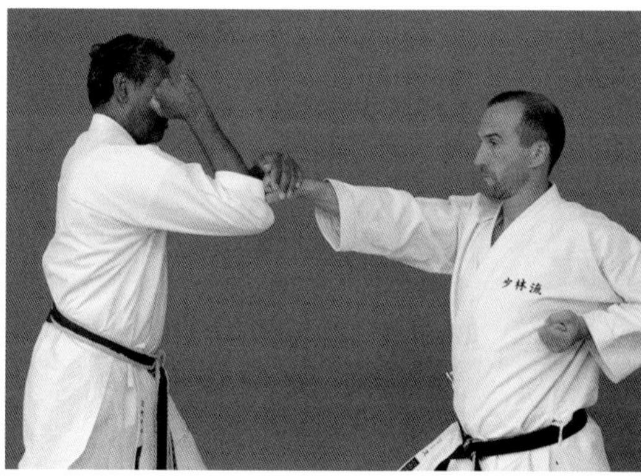

Abb. 133

Neben *Ikkyodō*, gleichzeitig Abwehren und Angreifen, kann eine Angriffstechnik auch direkt zum Zweck der Abwehr genutzt werden. Sowohl *Ikkyodō*-Techniken als auch Verteidigungstechniken, die unmittelbar zum Angriff eingesetzt werden, findet man auch oft in den chinesischen und indischen Kampfkünsten. Ein Beispiel hierfür ist ein Ellenbogenschlag (*Hiji uchi*) auf die Knöchel der angreifenden Faust, wie dies in den Abbildungen 132 und 133 zu sehen ist. Wird die Technik richtig ausgeführt, so werden die Knöchel des Angreifers gebrochen, und dieser wird die Faust im Kampf wahrscheinlich nicht mehr einsetzen können.

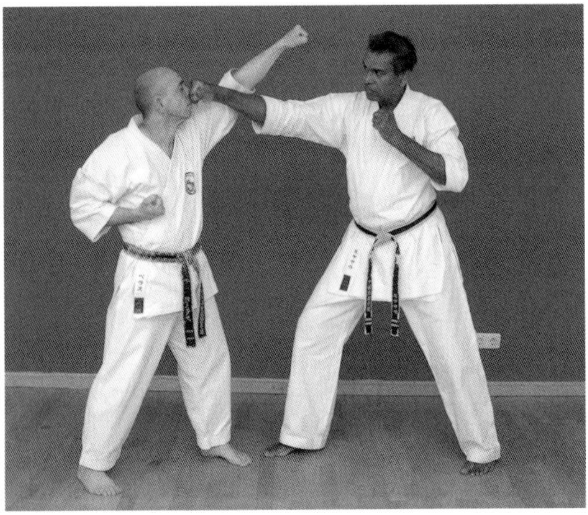

Abb. 134

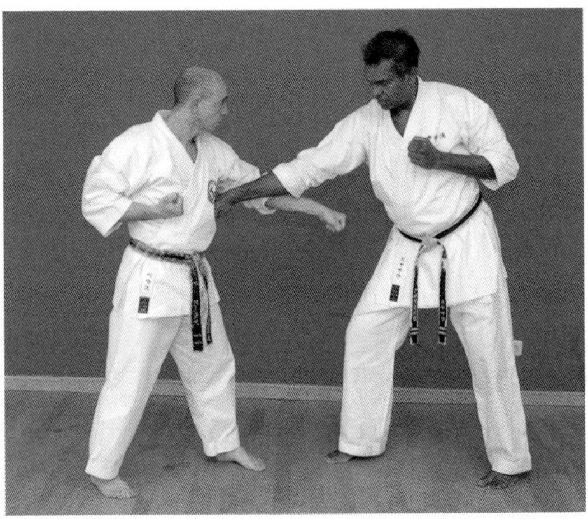

Abb. 135

Es ist ebenfalls möglich, mit Fauststößen (*Tsuki*) gegnerische Fauststöße direkt abzuwehren und gleichzeitig einen Gegenangriff auszuführen (Abb. 134 und 135). Dabei ist es wichtig, rechtzeitig in den Angriff hineinzugehen, so dass der eigene Angriff den angreifenden Arm des Gegners ablenkt.

Keri waza

Ein weiterer wesentlicher Teil der Karatetechniken sind die Fußtritte, welche im Karate als *Keri waza* bezeichnet werden. Ursprünglich wurden Tritte zumeist zum unteren Teil des Körpers ausgeführt. Auf den Abbildungen 136 bis 139 sind typische Fußtritte zum Knie des Gegners dargestellt.

Oft zielten die Tritte auf besonders empfindliche Stellen, wie zum Beispiel die Gelenke, die Hüfte, die Knie, die Knöchel, die Wirbelsäule und den Spann, oder auf Vitalpunkte. Getreten wurde nicht nur mit dem Ballen, sondern auch mit den Zehen (Abb. 140 bis 145), mit der Ferse, dem Spann oder dem Schienbein.

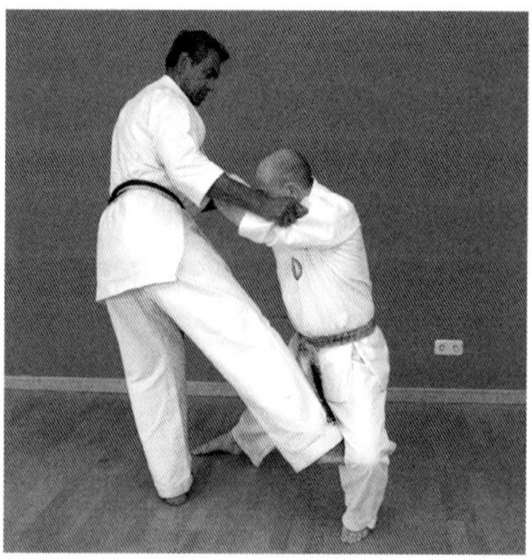

Abb. 136

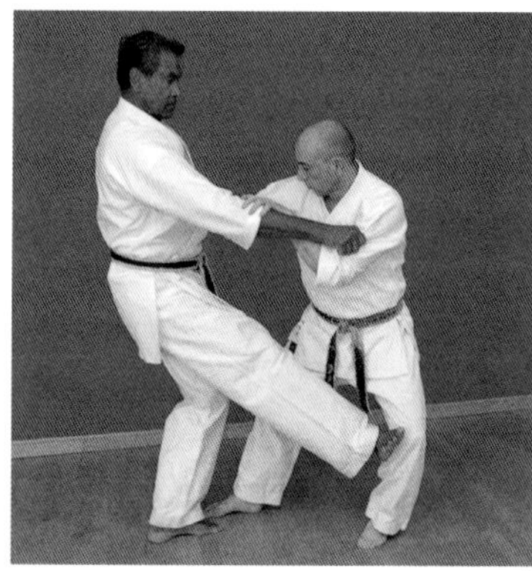

Abb. 137

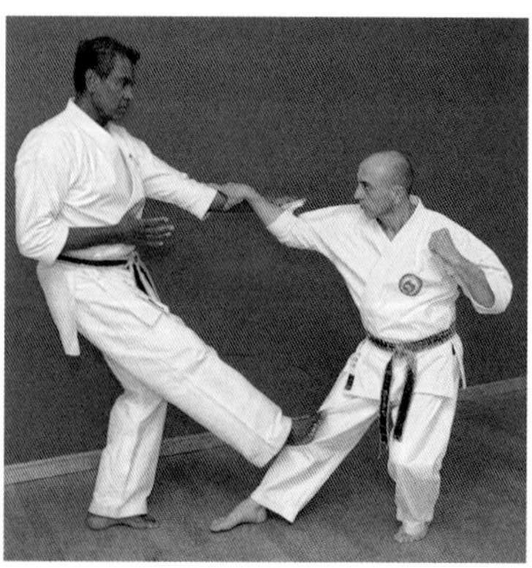

Abb. 138

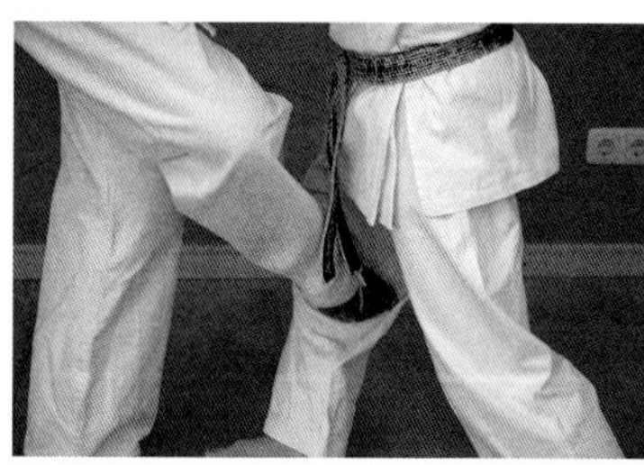

Abb. 139

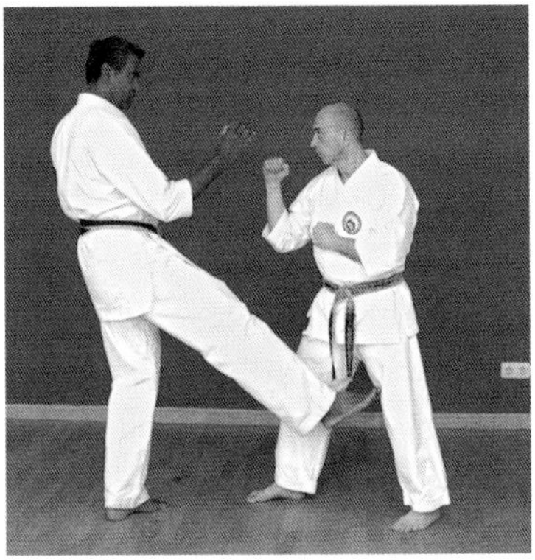

Abb. 140

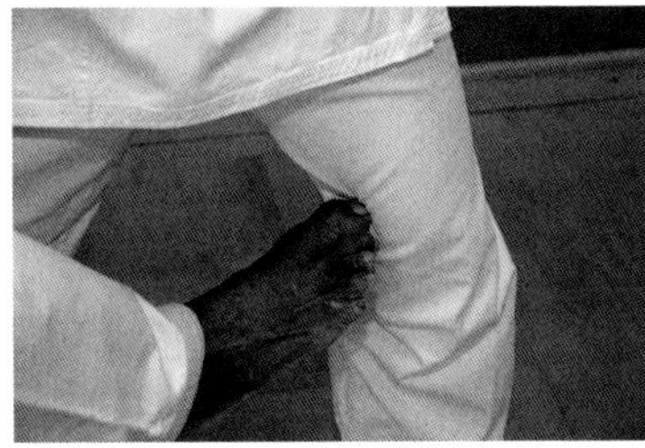

Abb. 141

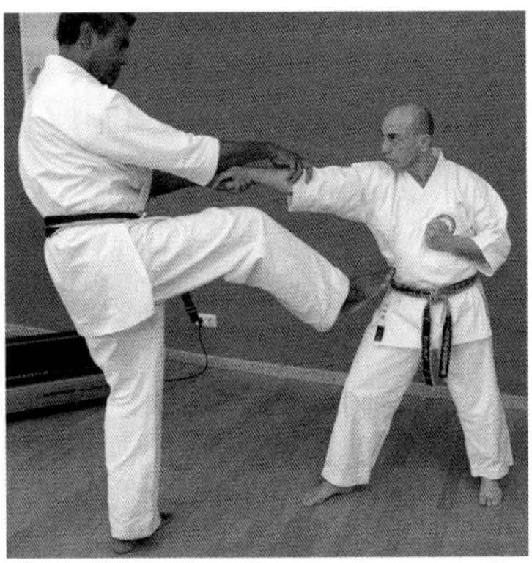

Abb. 142

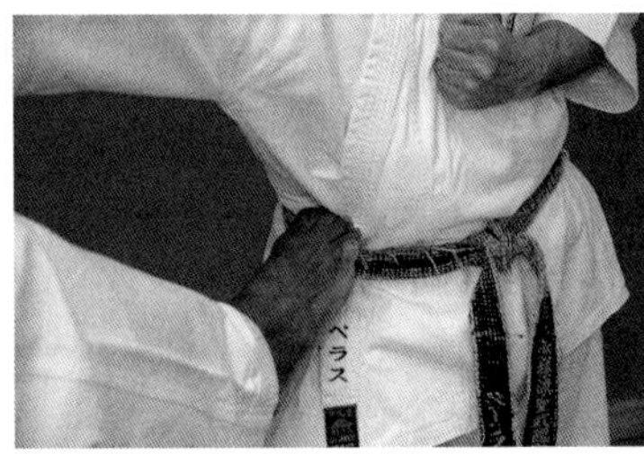

Abb. 143

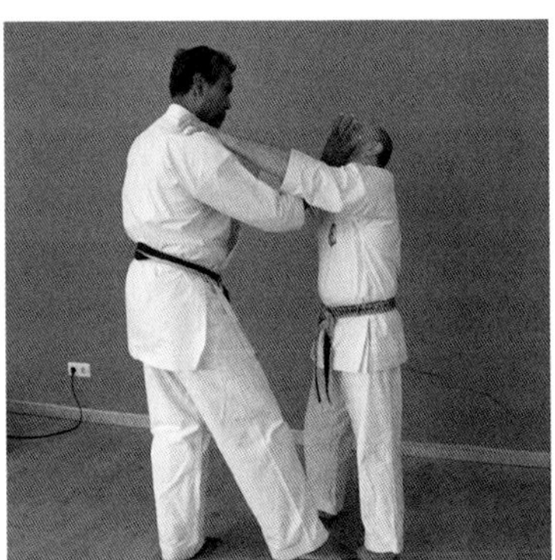

Abb. 144

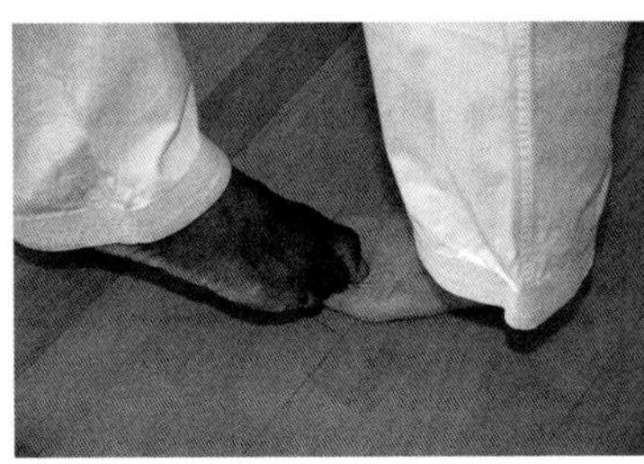

Abb. 145

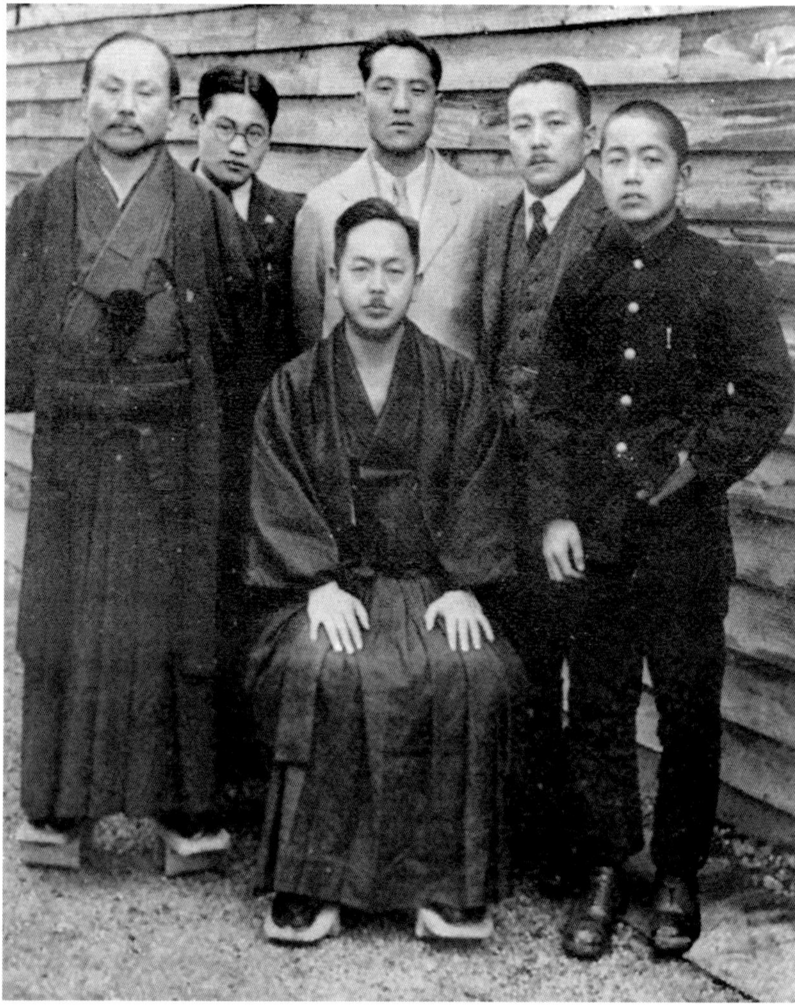

Abb.146: Pioniere des modernen Karate mit den zu jener Zeit üblichen Holzschuhen *(Geta)*. Von links nach rechts: Funakoshi Gichin, Nakasone Genwa, Mabuni Kenwa (sitzend), unbekannt, Konishi Yasuhiro und Mabuni Kenei. Die Fotografie stammt aus dem Jahr 1930.

In früheren Zeiten trug man auf Okinawa, wie generell in Asien, üblicherweise Holzschuhe (Abb. 146). Damals bestand eine nicht selten praktizierte Technik darin, mittels eines Tritts einen Schuh in das Gesicht des Gegners zu schleudern. Auch Sand wurde, wenn die Möglichkeit bestand, dem Gegner mit Hilfe des bloßen Fußes ins Gesicht geschleudert. Dafür konnte sowohl die Fußinnenseite als auch der Spann eingesetzt werden. War es gelungen, den Gegner durch den Schuh oder den Sand zu irritieren, wurden unverzüglich andere Techniken gegen ihn eingesetzt, um ihn endgültig außer Gefecht zu setzen. Besonders gegen stärkere Gegner waren dies beliebte Mittel.

Im Folgenden möchte ich kurz einige Unterschiede zwischen den Techniken des *Keri waza* im traditionellen und modernen Karate aufzeigen.

Der *Mawashi geri*, ein Halbkreisfußtritt, wurde traditionell in der Nahdistanz verwendet. Im modernen Wettkampf wird er auch für Tritte aus größerer Entfernung angewendet. Es gibt das Gerücht, dass Nakayama Masatoshi den *Mawashi geri* entwickelt habe. Dies entspricht nicht der Wahrheit. Bereits im frühen Karate gab es den *Mawashi geri*, und die entsprechende Fußtechnik existierte auch in Kampfkünsten aus China, Indien, Thailand oder Frankreich. Tatsächlich wird sie bereits seit Jahrhunderten angewendet. Im japanischen Karate wurde sie lediglich in die Kata eingeführt, wie zum Beispiel in die Kata *Unsu*. Hier wird am Boden ein *Mawashi geri* ausgeführt, während in der okinawanischen Form an der entsprechenden Stelle ein *Ushiro geri* zum Einsatz kommt.

Mikatsuki geri, ein Kreistritt mit der Fußinnenseite, wurde früher eher dazu genutzt, um Schienbein, Knie und Gelenke zu treffen. Aber auch als Blocktechnik, zum Beispiel gegen einen Messerangriff oder um den Ellenbogen des Angreifers zu brechen, konnte der Tritt eingesetzt werden.

Der Kniestoß, *Hiza uchi*, erfolgte hauptsächlich in der Nahdistanz in den Unterleib oder auf den Oberschenkel. *Hiza uchi* kann aber auch als Blocktechnik gegen Fußtechniken eingesetzt werden sowie zum Brechen von Gelenken.

Yoko geri, der seitliche Fußtritt, wird bis heute im okinawanischen Karate wie ein *Mae geri*, also ein gerader Fußtritt, der zur Seite gerichtet ist, ausgeführt. In den meisten Karatestilen ist es aber heute üblich, die Hüfte einzudrehen. Dieser Unterschied entwickelte sich ursprünglich durch weniger gelenkige Schüler, die die Hüfte nicht eindrehen konnten. Die gelenkigeren Schüler konnten hingegen die Hüfte eindrehen. Beide Techniken sind nach meiner Erfahrung gleichwertig.

Tachi gata

Nicht nur die Schläge und Tritte, sondern auch die Stellungen haben sich im Laufe der Zeit verändert. Die wohl auffälligste Änderung ist, dass die Stellungen immer ausgeprägter wurden. Beim Uechi-ryū, einem recht jungen Karatestil auf Okinawa, konnte ich vor etwas mehr als 20 Jahren beobachten, dass es kaum klar festgelegte Stellungen gab. Heutzutage ist das völlig anders. Im Uechi-ryū gibt es, wie in allen anderen Stilrichtungen, sehr gute und wohldefinierte Stellungen. Auch im Shōrin-ryū Seibukan war der erste, der klar festgelegte Stellungen einführte, Shimabukuro Zenryō, der Vater meines Lehrers. Durch dieses Festlegen der Stände wurde größerer Wert auf die tiefen Stände in der Grundschule und in den Kata gelegt. Diese tiefen Stände dienen hauptsächlich dem Aufbau der Muskulatur.

Als Karate auf die japanische Hauptinsel gelangte, wurden die Stellungen zum Teil noch tiefer. Deutlich kann man diese Entwicklung zum Beispiel an Funakoshi Gichin und seinem Sohn Yoshitaka (Abb. 147/148) erkennen.

Im Sportkarate haben die tiefen Stellungen unter anderem den Zweck, die Kata ästhetischer wirken zu lassen. Allzu tiefe Stellungen, die einen hohen Kraftaufwand erfordern, können aber gesundheitliche Schäden zur Folge haben. Viele Karateka, die an Sportwettkämpfen teilnehmen, müssen sich nicht zuletzt aus diesem Grund früher oder später am Knie operieren lassen.

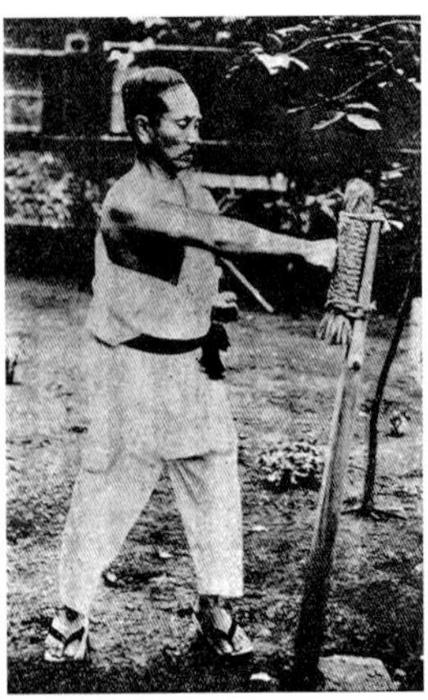

Abb. 147

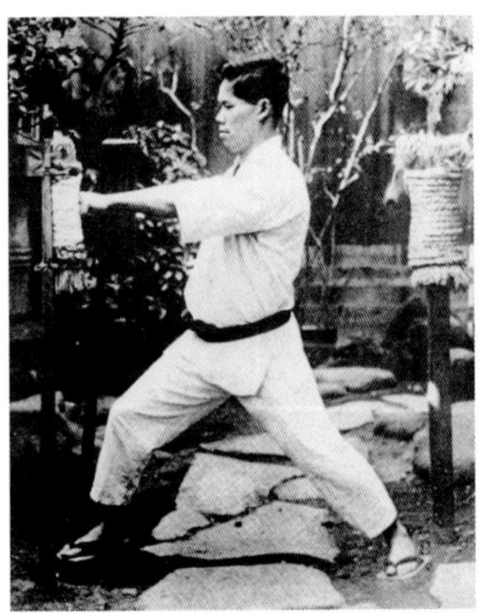

Abb. 148

Funakoshi Gichin (links) und Funakoshi Yoshitaka (1906-1945) am *Makiwara.*

Ne waza

Mit *Ne waza* werden alle Techniken am Boden bezeichnet. Bodenkampf wird heutzutage allerdings im Karate kaum noch trainiert. Dies ist unter anderem der Tatsache geschuldet, dass Karateka in unserer Zeit immer seltener in reale Selbstverteidigungssituationen geraten. In einer solchen ist es sehr wahrscheinlich, dass es auch zu einem Kampf am Boden kommt.

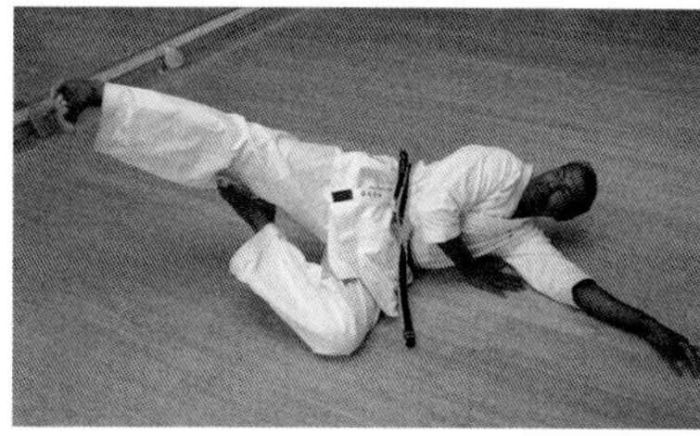

Abb. 149

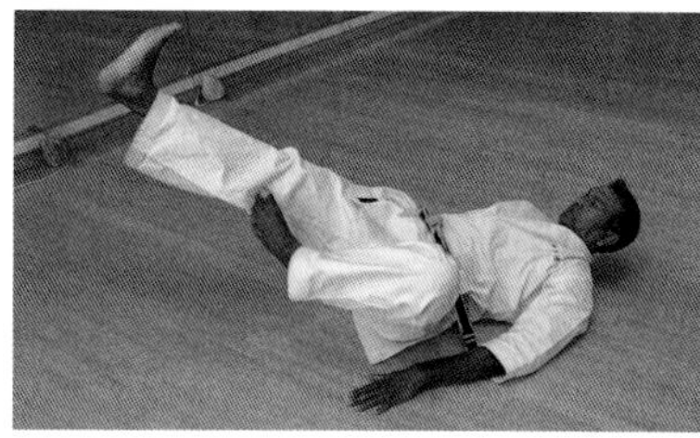

Abb. 150

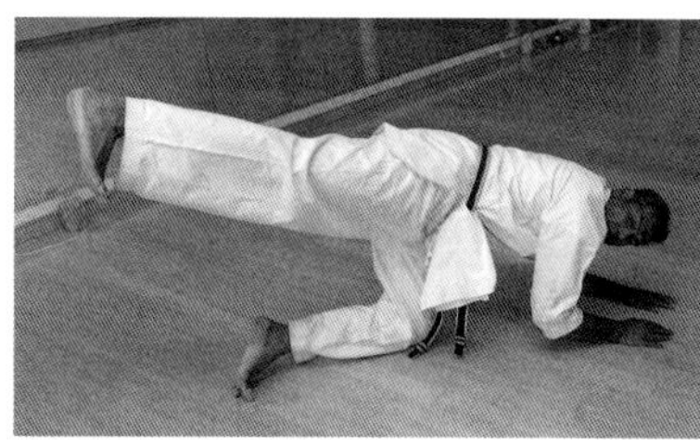

Abb. 151

Die *Ne waza*, die im heutigen Karate noch am häufigsten trainiert wird, sind die Würfe. Aber jeder, der Wurftechniken übt, muss auch fallen können. Allerdings wissen viele nicht, dass es im Karate eine spezielle Fallschule gibt, die sich in ihren Details von der des Jūdō oder des Aikidō unterscheidet. Fällt man im Karate, so sollte von Anfang an trainiert werden, immer in einer Stellung zu landen, aus der man sich weiter verteidigen kann, zum Beispiel mit einem Tritt zum Gegner, gleichgültig, ob man dabei zur Seite, auf den Rücken oder nach vorn fällt (Abb. 149 bis 151).

Es gibt eine Geschichte über einen Kampf, den Motobu Chōki und Yabu Kentsū einst im Schloss der Motobu-Familie ausgetragen haben. Dieser Kampf dauerte sehr lange, und es wird berichtet, sie seien oft zu Boden gegangen und haben dort weitergekämpft.

Es gibt im Karate auch Techniken aus einer sitzenden Position heraus. Diese zählen ebenfalls zum *Ne waza*. Man muss letztlich in der Lage sein, sich aus allen Positionen heraus verteidigen zu können.

Tegumi und Kumite (Tuite)

Übe die Kata korrekt. Der echte Kampf ist eine andere Angelegenheit. – Funakoshi Gichin

Tegumi heißt »greifende Hand« und ist ein Ausdruck für die Partnerübungen im Karate. Heute ist *Tegumi* besser bekannt unter dem Name *Kumite*. Das tatsächliche Greifen bleibt hierbei allerdings eher die Ausnahme. Mit dem Sportkarate ist nicht nur das Greifen, sondern sind auch das Würgen, der Nahkampf und der Bodenkampf (*Ne waza*) verloren gegangen. Die Kunst des *Tegumi* zum Üben von Nahkampftechniken wird nur noch in wenigen Schulen praktiziert. In vielen Karate-Systemen ist dies gänzlich unbekannt.

Nahkampf wird in allen asiatischen Kampfkünsten trainiert, wie zum Beispiel in den indischen Künsten Vajramushti (»Diamantenfaust«) und Silambam, im chinesischen Wushu sowie im thailändischen Muay Thai. Das letztere kennt allerdings keinen Bodenkampf.

Die folgenden Bilder zeigen exemplarisch eine Übungsform des *Tegumi*. Auf den Abbildungen 152 bis 155 ist die Grundübung zu sehen. Die Partner drücken jeweils wechselseitig den Arm des anderen nach unten, wobei ein Partner den Angreifer und der andere Partner den Verteidiger repräsentiert. Die Arme bleiben ständig in Kontakt. Führt man die Übung mit viel Kraft aus und baut eine große Spannung auf, wird dabei auch der Muskelaufbau gefördert. Wichtig für die Grundübung ist, dass beide Partner ihren vorderen Arm in der Bewegung drehen. Für die weiteren Anwendungen sollte die Spannung nicht zu hoch sein. Nachdem die Grundübung fließend einige Male wiederholt wurde, bricht ein Partner aus dem Bewegungsmuster aus. Dann bestehen folgende Möglichkeiten.

Anwendung 1: Der Verteidigende lenkt die vordere Hand des Angreifers mit seiner hinteren ab (Abb. 156) und schlägt mit der Faustrückseite seiner vorderen Hand (*Uraken*) (Abb. 157).

Anwendung 2: Der Angreifer setzt in der Vorwärtsbewegung einen Hebel am Ellenbogen des Verteidigers an (Abb. 158 bis 162).

Anwendung 3: Nicht nur die Hände, sondern auch die Beine können eingesetzt werden. Der Angreifer setzt sein vorderes Bein um, um den Verteidiger zu Fall zu bringen (Abb. 163 bis 165).

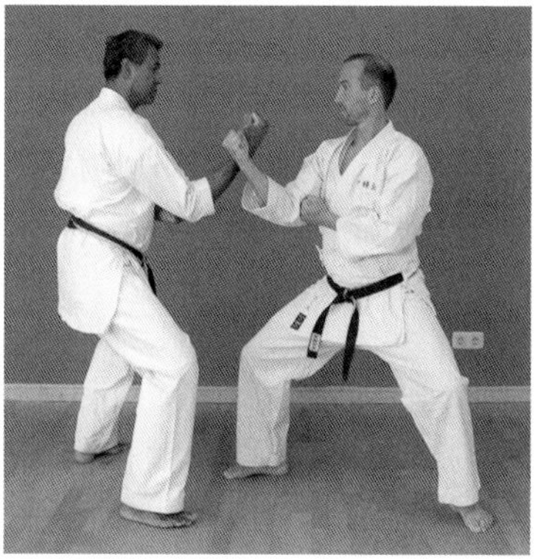
Abb. 152

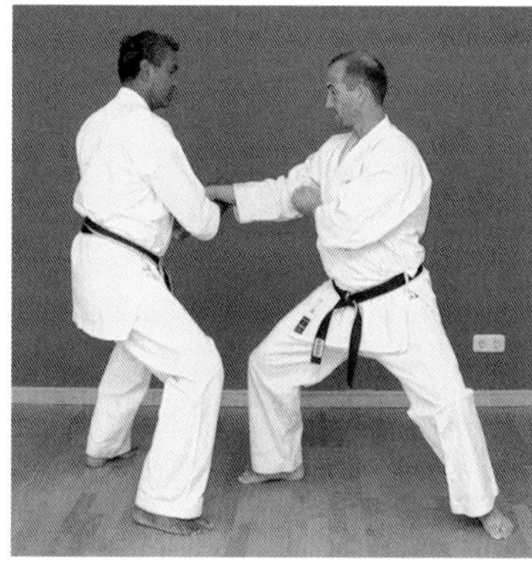
Abb. 153

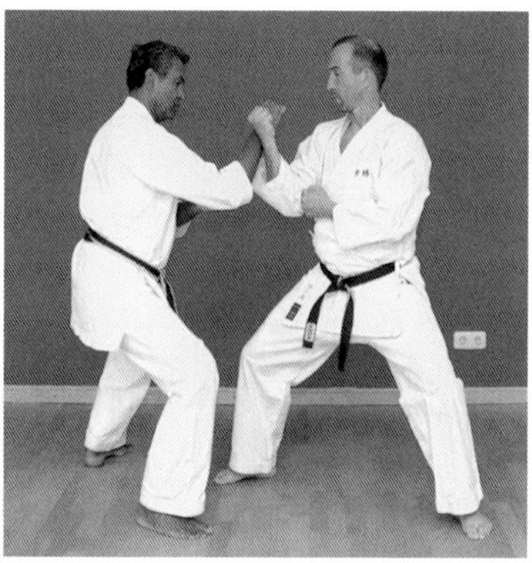
Abb. 154

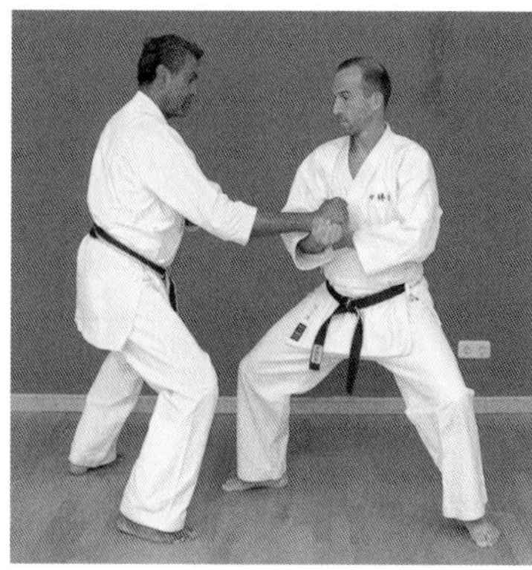
Abb. 155

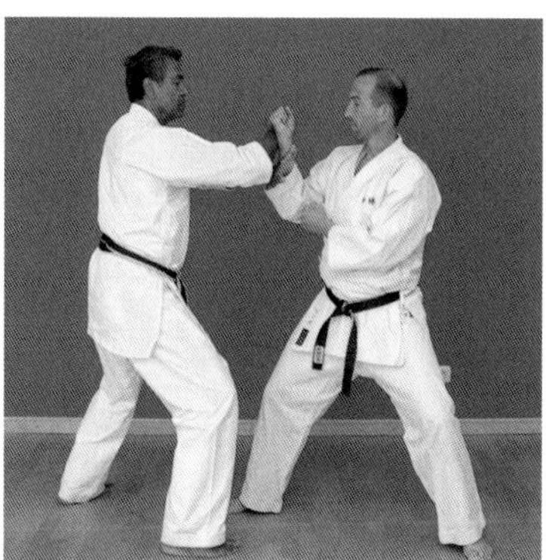
Abb. 156

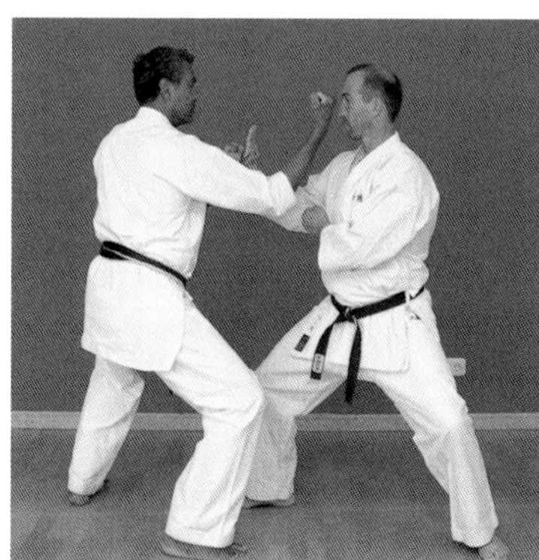
Abb. 157

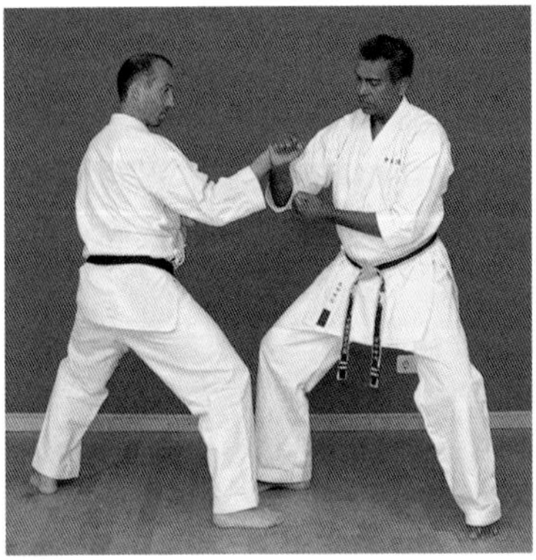

Abb. 158

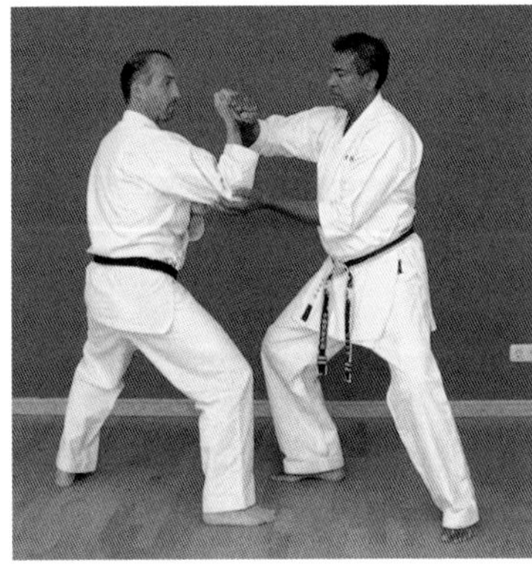

Abb. 159

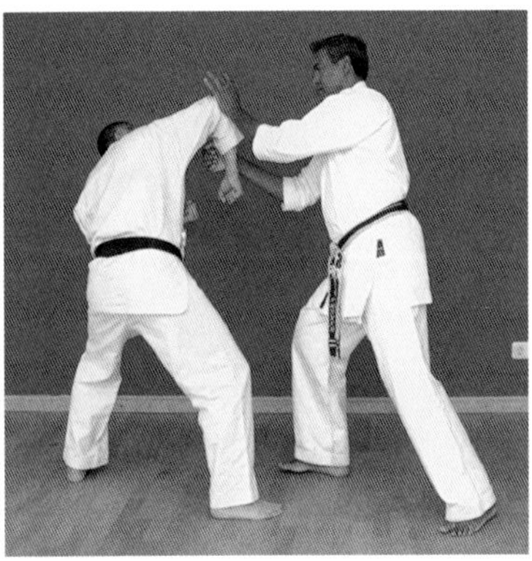

Abb. 160

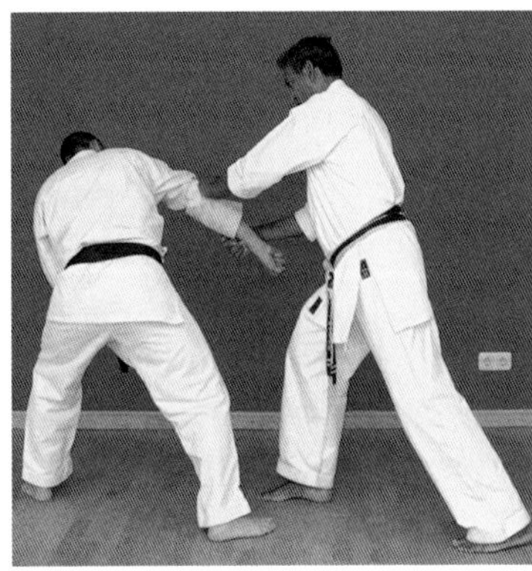

Abb. 161

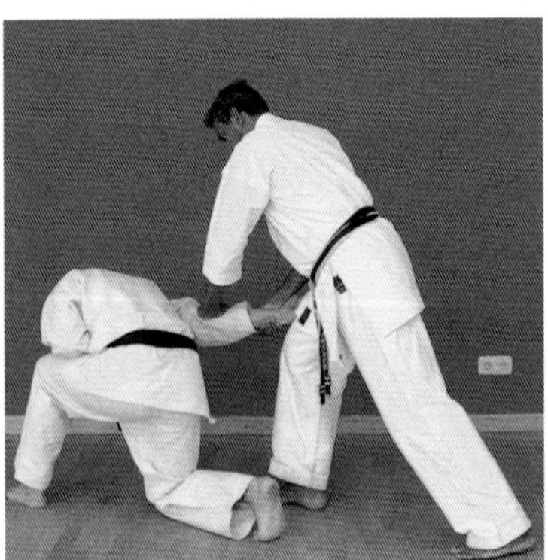

Abb. 162

Anwendung 4: Der Verteidiger blockiert den Ellenbogen des Angreifers (Abb. 166 und 167), gefolgt von einem Kniestoß (Abb. 168) und einem Tritt gegen das vordere Knie (Abb. 169), um den Partner dann kontrolliert über einen Ellenbogenhebel zu Boden zu bringen (Abb. 170 und 171).

Die Techniken der Anwendungen kommen aus den Kata, und

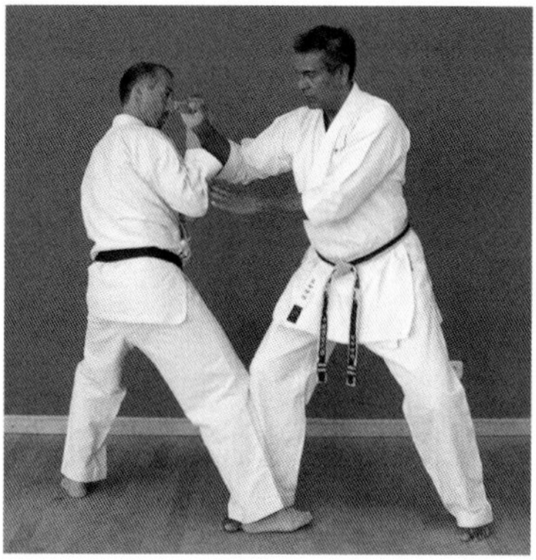

Abb. 163

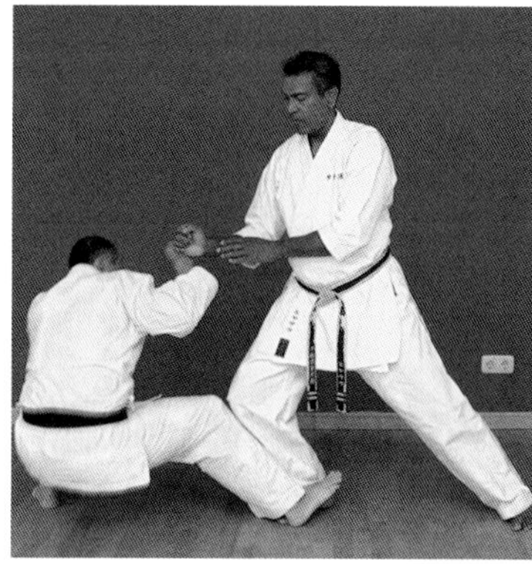

Abb. 164

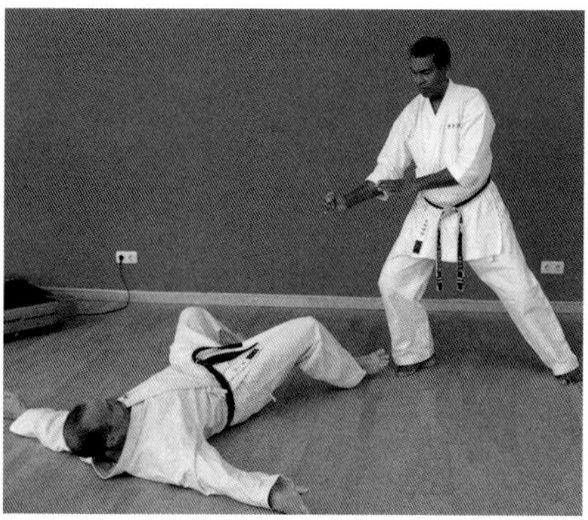

Abb. 165

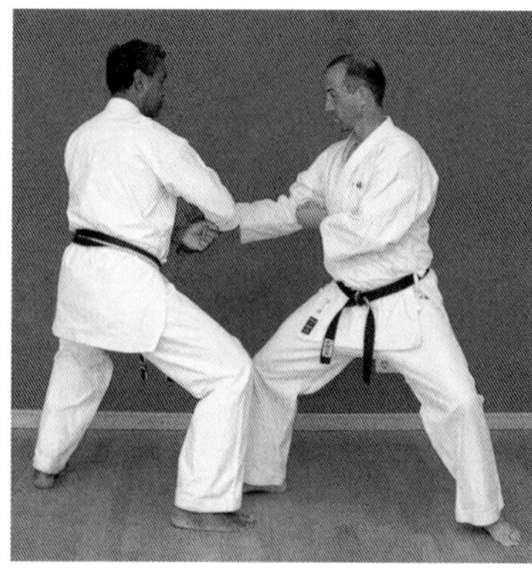

Abb. 166

eine Übung besteht traditionell darin, Techniken aus ein und derselben Kata miteinander zu verknüpfen.

Eine weitere Art, Anwendungen aus einer Kata in einer wiederholenden Form mit Partner zu üben, wird als *Renshuho* bezeichnet. Folgende Form aus der Kata *Pinan Shodan* bzw. *Heian Nidan* kann fließend wiederholt werden:

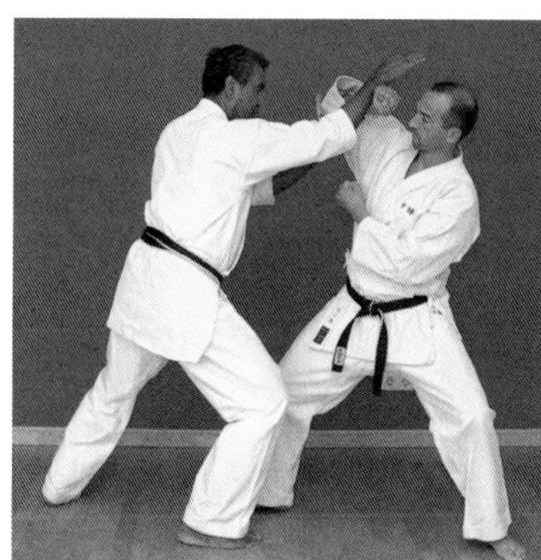

Abb. 167

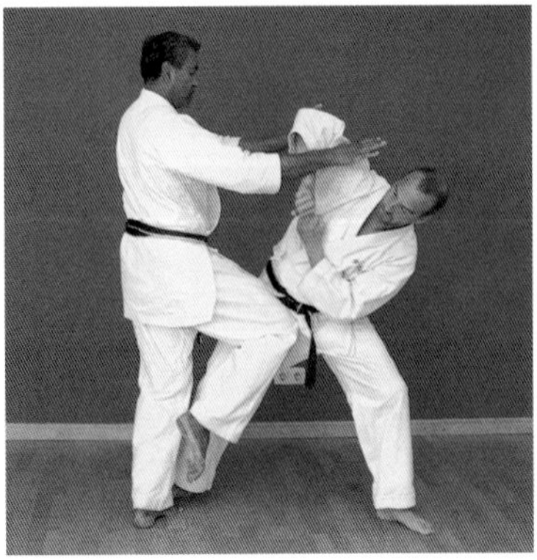

Abb. 168

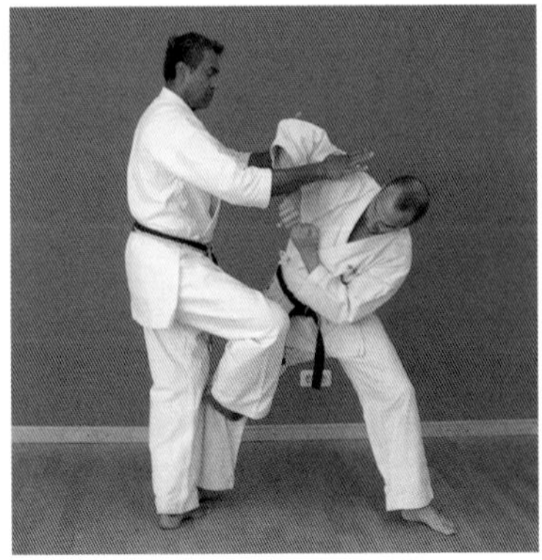

Abb. 169

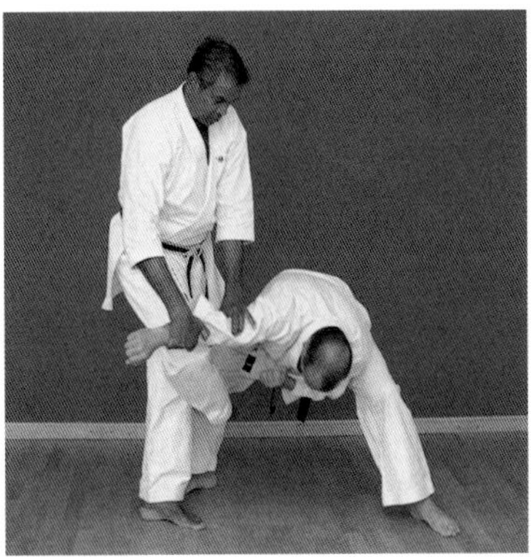

Abb. 170

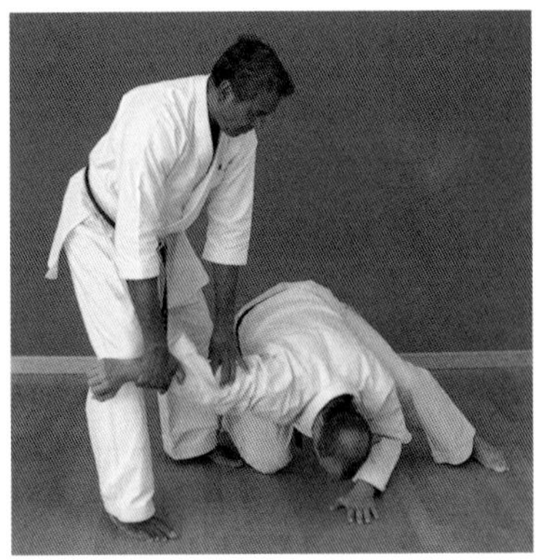

Abb. 171

Hier werden die ersten drei Bewegungen der Kata gezeigt (Abb. 172 bis 178). Beide Partner können sie fließend und ohne lange Pausen wiederholen. Auch aus dieser Bewegungsfolge kann man nach einiger Übung, genau wie bei der Grundübung für das *Tegumi*, ausbrechen und eine andere Anwendung einfügen. Hierfür muss die fließende Form allerdings erst beherrscht werden.

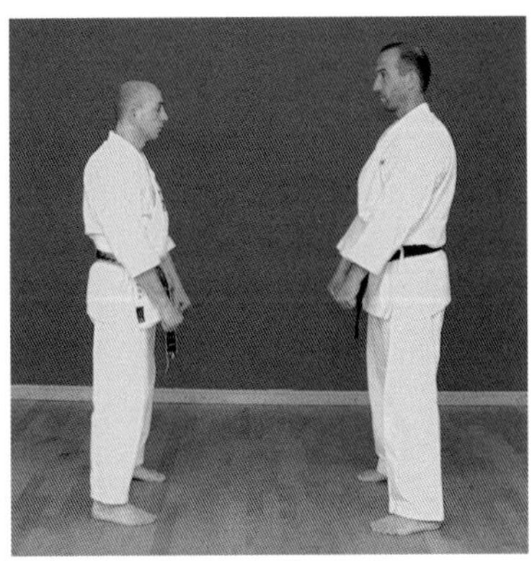

Abb. 172

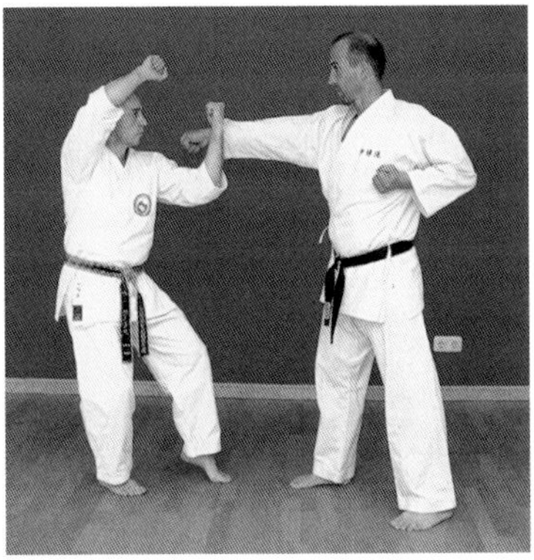
Abb. 173

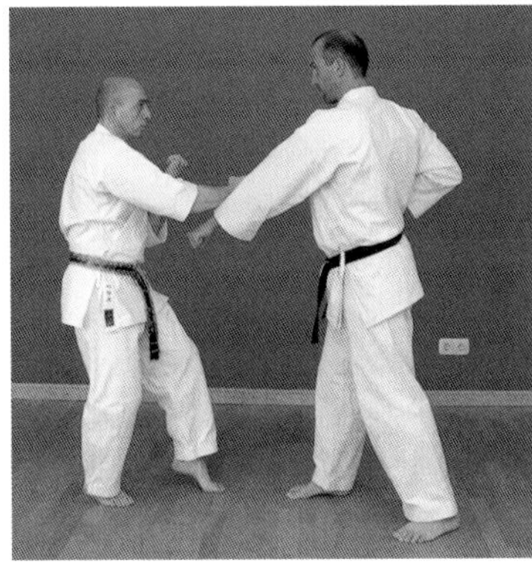
Abb. 174

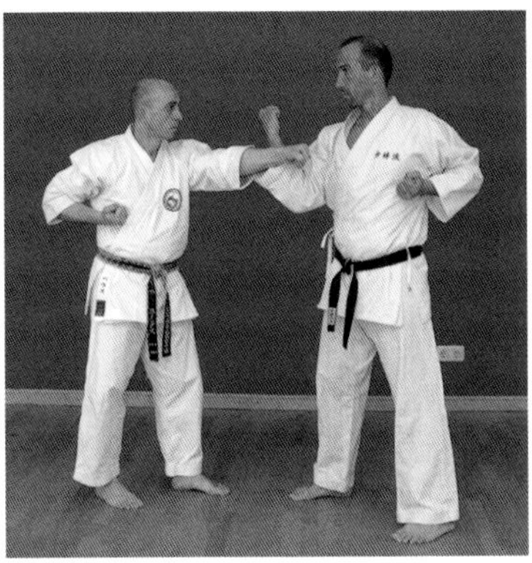
Abb. 175

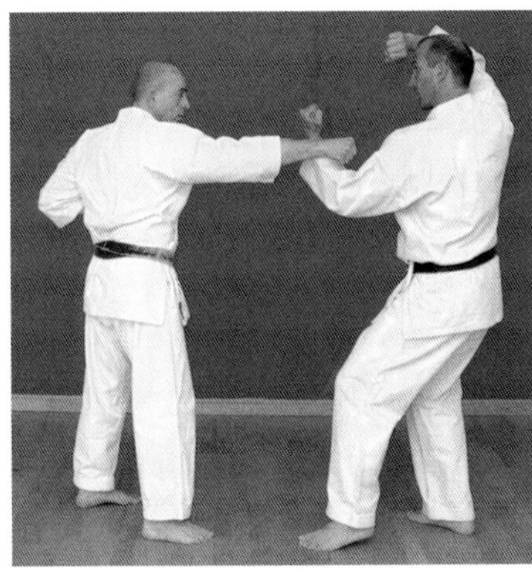
Abb. 176

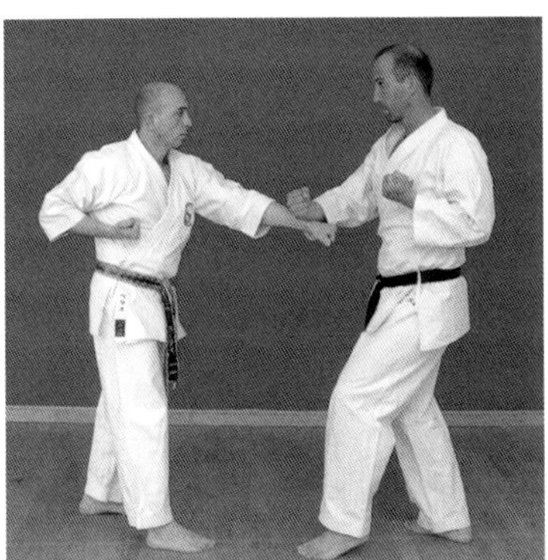
Abb. 177

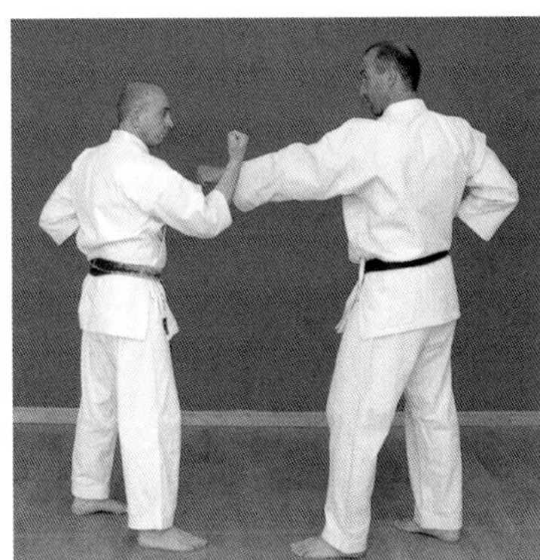
Abb. 178

Mittels *Tegumi*-Übungen erhält man ein Gefühl für den Arm- und Beinkontakt, so dass man lernt zu reagieren, ohne zu denken oder gar ohne zu sehen. Der bloße Körperkontakt reicht dann aus, um zu spüren, was der Gegner tut.

Tegumi beinhaltet nicht nur das Schlagen und das Treten sondern auch das Greifen, das Brechen des Gleichgewichts des Partners und Techniken, um ihn zu fixieren. Interessanterweise haben die Inder und die Okinawaner sehr ähnliche Übungsformen. Was auf Okinawa *Tegumi* ist, wird in Indien als *Korvai* bezeichnet. Selbst die Stände ähneln sich. Die indische Form ist weicher und die okinawanische explosiver. Das *Tegumi* sollte ein wichtiger Bestandteil des Karatetrainings sein und unter keinen Umständen vernachlässigt werden.

Auch die Distanz zum Partner (Ausgangsstellung: Abb. 179) ist ein wesentlicher Bestandteil der Übungen. Im Karate wird für gewöhnlich zwischen fünf Distanzen unterschieden: Trittdistanz (Abb. 180), Stoßdistanz (Abb. 181), Schlagdistanz (Abb. 182), Nahkampfdistanz (Abb. 183) und Bodendistanz (Abb. 184). Ein guter Kämpfer muss die Distanz zu einem Gegner augenblicklich richtig einschätzen können und seine Techniken entsprechend anpassen bzw. dazu in der Lage sein, die Distanz im Kampf zu seinem Vorteil verändern zu können.

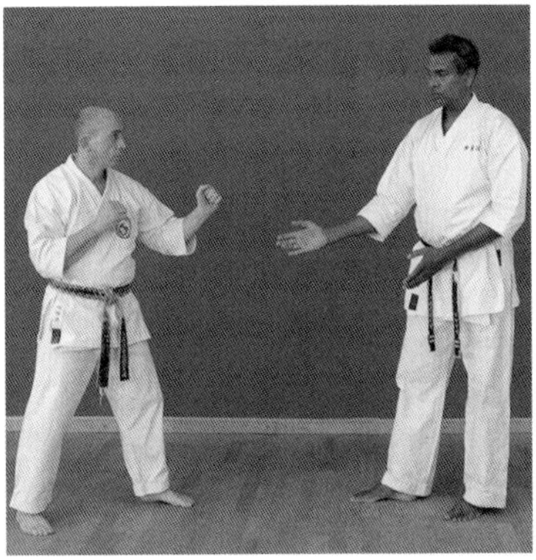
Abb. 179

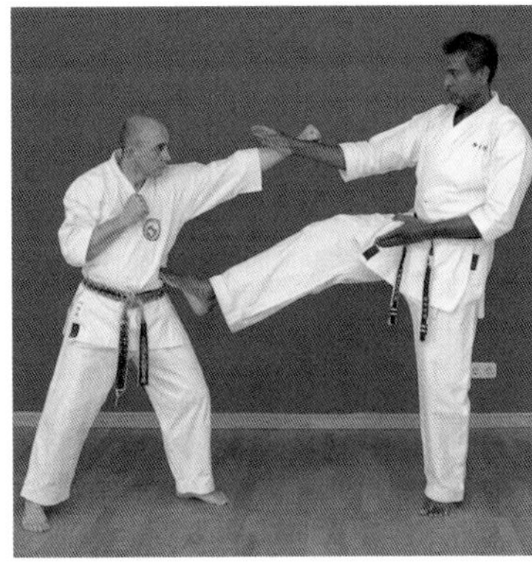
Abb. 180

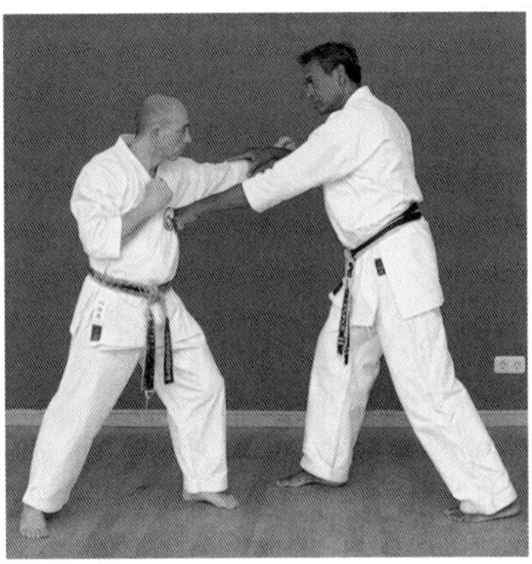
Abb. 181

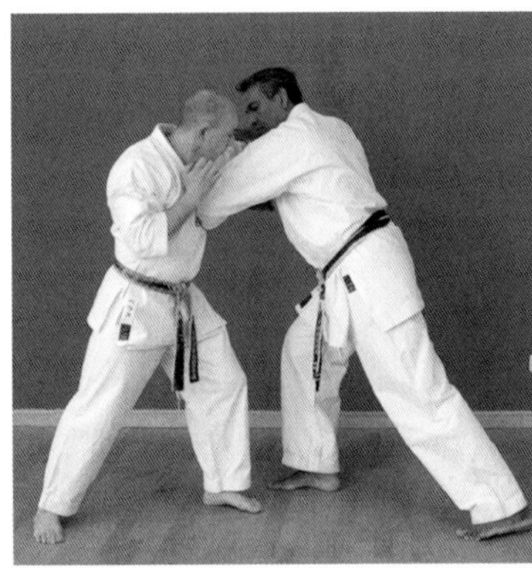
Abb. 182

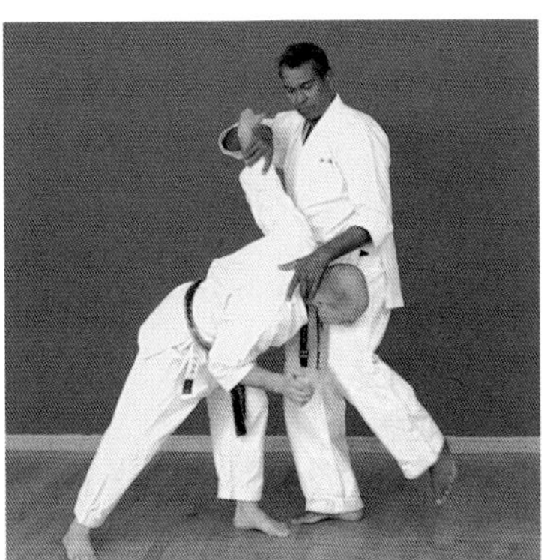
Abb. 183

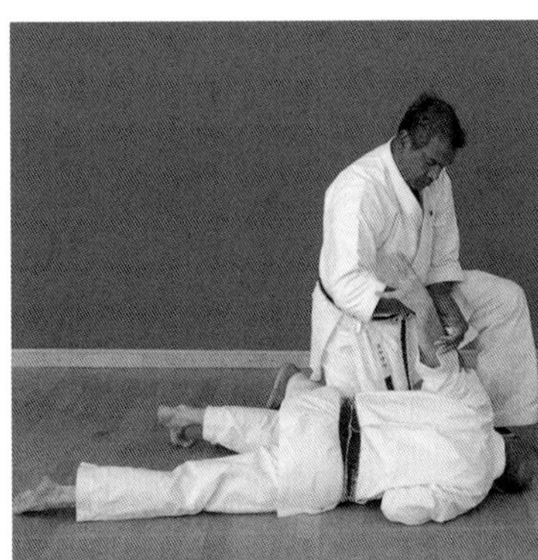
Abb. 184

Wie oben erwähnt, ist auch das Greifen ein wesentlicher Bestandteil der ursprünglichen Karatetechniken. Diese Techniken werden heute auch als *Tuite* bezeichnet, was ebenfalls »greifende Hand« bedeutet. Hierzu gehört nicht nur das einfache Festhalten, sondern auch das Greifen zu den Vitalpunkten (siehe Kapitel »Kyūsho«, S. 122).

Ein weiterer wichtiger Bestandteil des ursprünglichen Karatetrainings ist gleichzeitig erfolgendes Greifen und Schlagen. Zum Greifen werden hauptsächlich die ersten drei Finger genutzt, das heißt Daumen, Zeigefinger und Mittelfinger. Besonders wirkungsvoll sind die Greiftechniken, wenn die Finger zuvor abgehärtet wurden, wie dies im Kapitel »Muskelaufbau und Abhärtung« (S. 64) geschildert wird. Die Greiftechniken sind sehr wichtig für den Nahkampf. Sie werden unter anderem benutzt, um Sehnen und Muskeln des Gegners zu zerstören. Hierzu ist eine außerordentlich große Kraft in den Fingern notwendig.

Es folgen einige Beispiele für Greiftechniken im Karate:

Die Abbildungen 185 bis 190 zeigen eine Greiftechnik nach einer Abwehr mit offener Hand. Dabei wird sowohl das Handgelenk als auch das Ellenbogengelenk an empfindlichen Stellen gegriffen und der Partner mittels eines Hebels festgesetzt.

Die Abbildungen 191 bis 196 zeigen ebenfalls ein Greifen nach einem Block mit offenen Händen. Hierbei ist es wichtig, dass beim Greifen die Daumen auf die Vitalpunkte am Handgelenk gedrückt werden. Auch diese Technik endet wieder in einem Hebel.

Die Abbildungen 197 bis 199 und 200 bis 202 zeigen, wie eine Greiftechnik gegen Greifen eingesetzt werden kann.

Die Abbildungen 203 bis 212 zeigen, wie die Ellenbogen gegriffen werden müssen, um den Partner in die richtige Distanz für einen Kniestoß zu bringen, mit anschließendem Wurf.

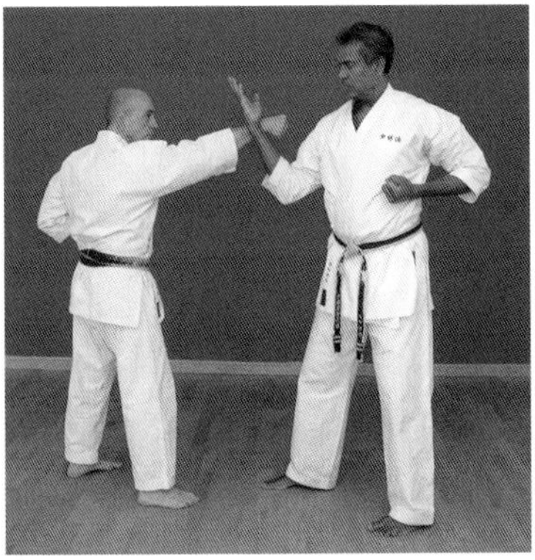

Abb. 185

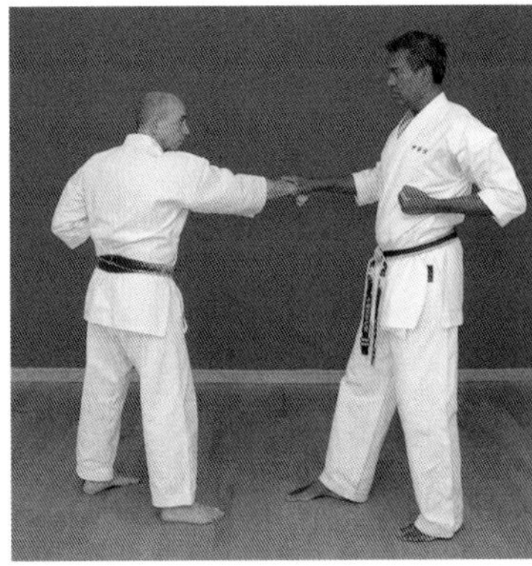

Abb. 186

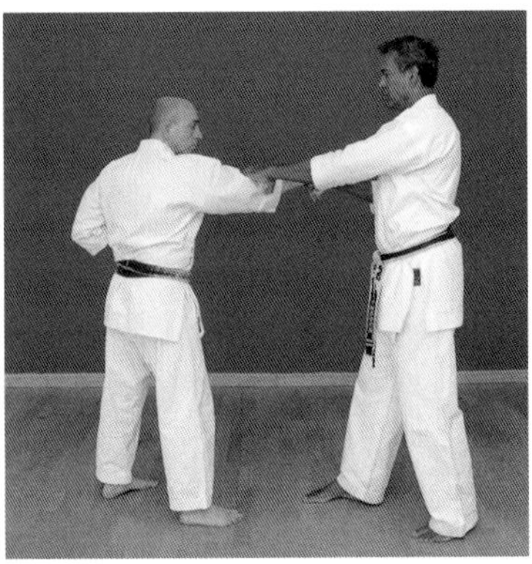

Abb. 187

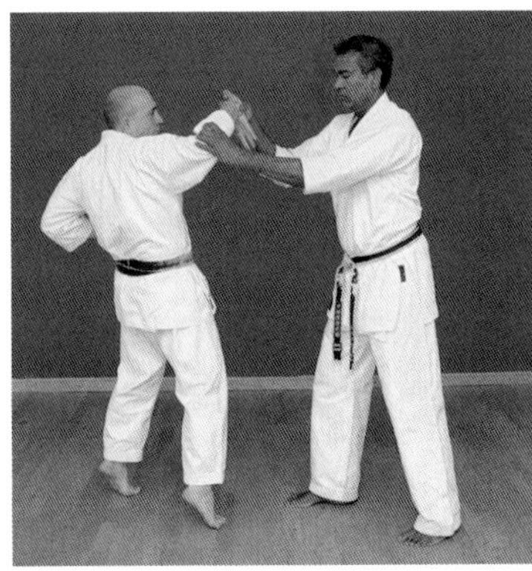

Abb. 188

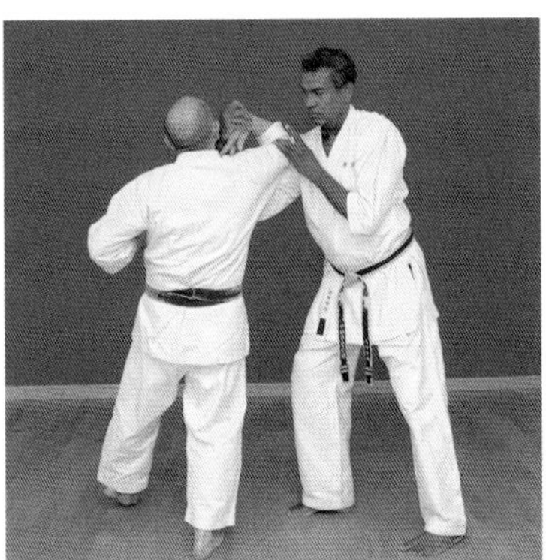

Abb. 189

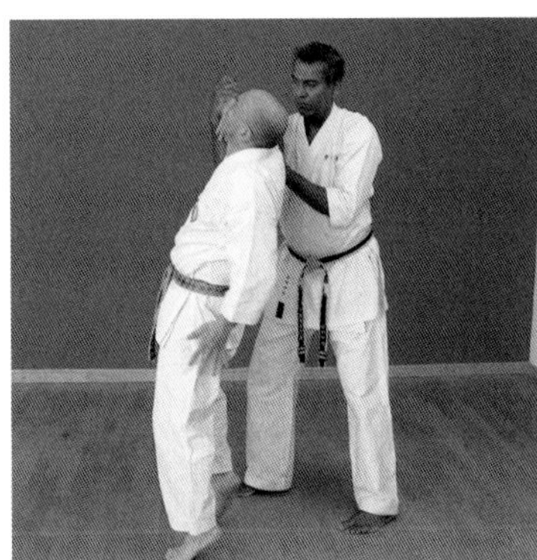

Abb. 190

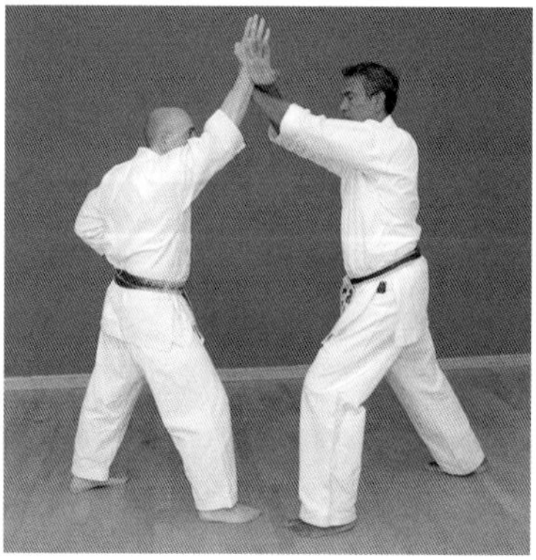

Abb. 191

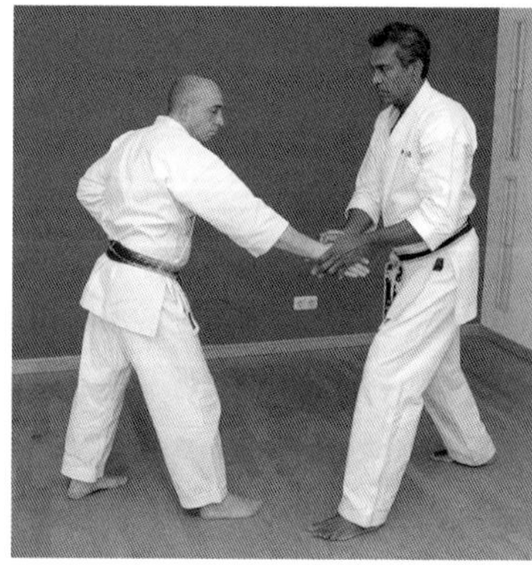

Abb. 192

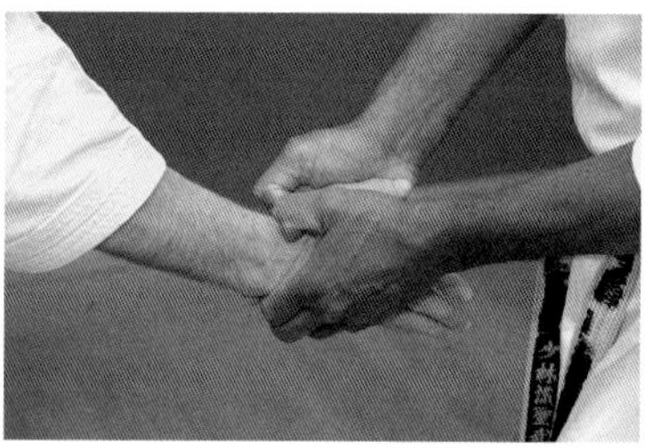

Abb. 193

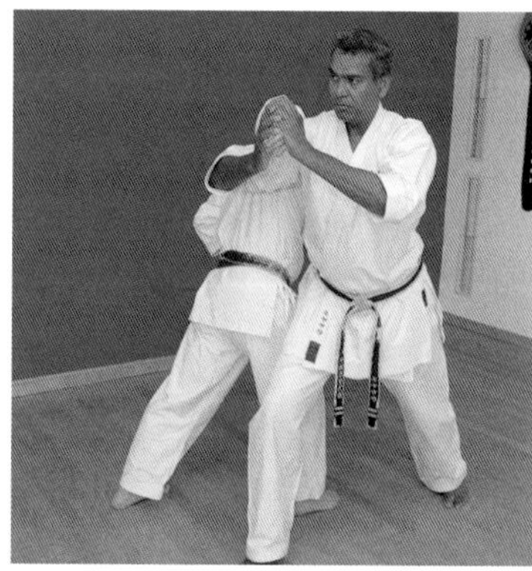

Abb. 194

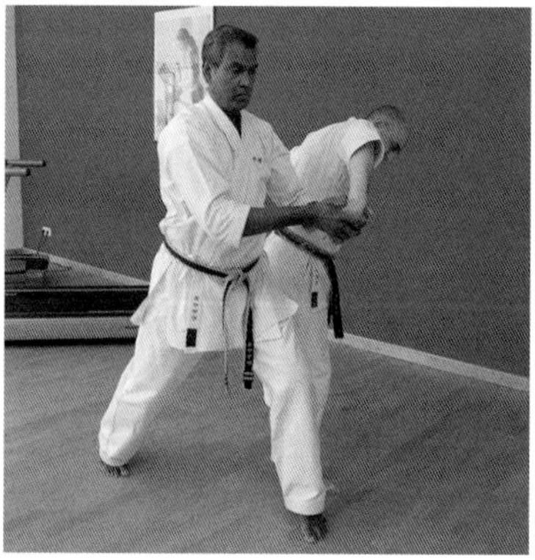

Abb. 195

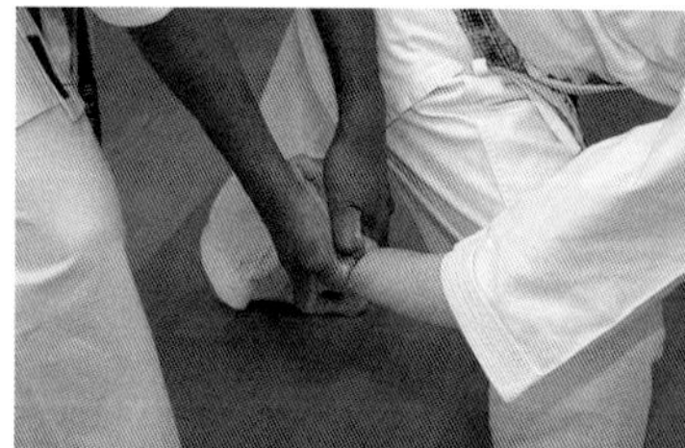

Abb. 196

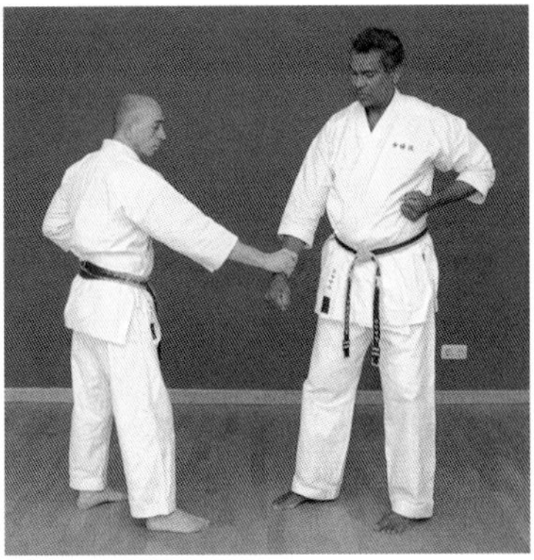
Abb. 197

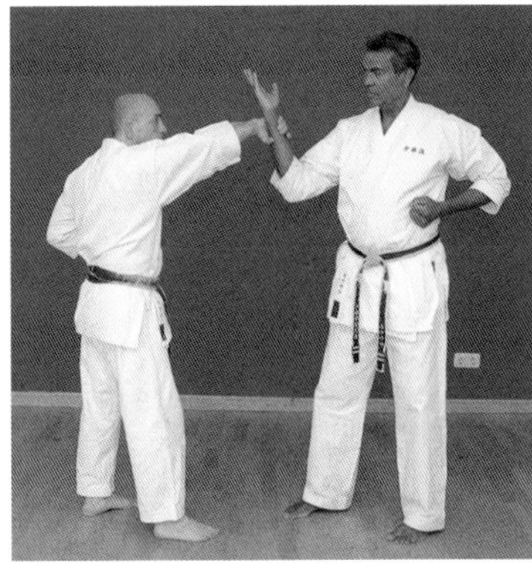
Abb. 198

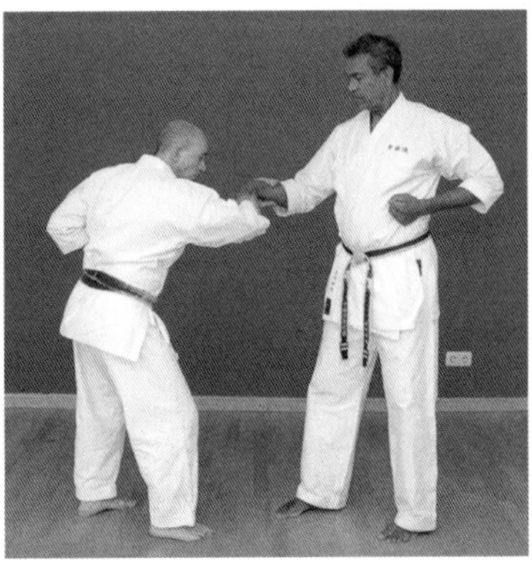
Abb. 199

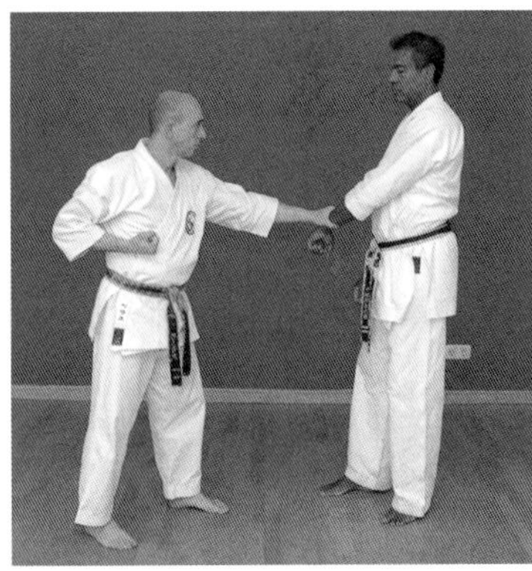
Abb. 200

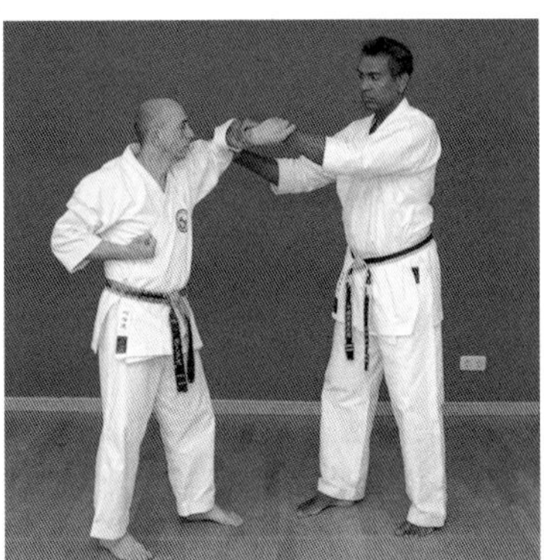
Abb. 201

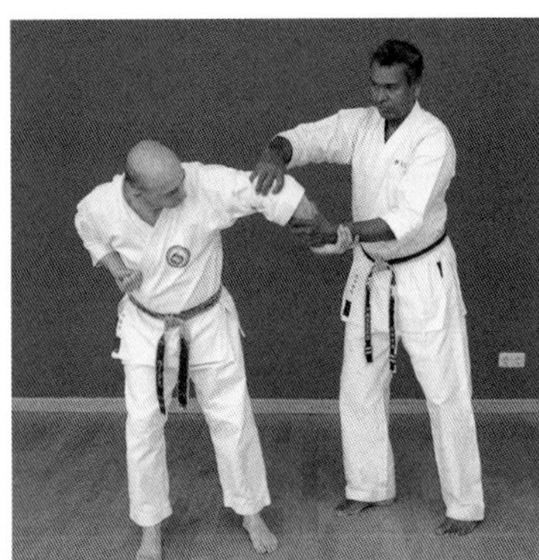
Abb. 202

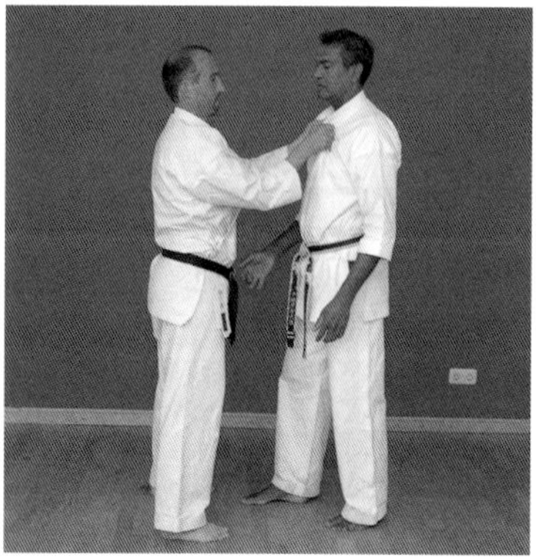

Abb. 203

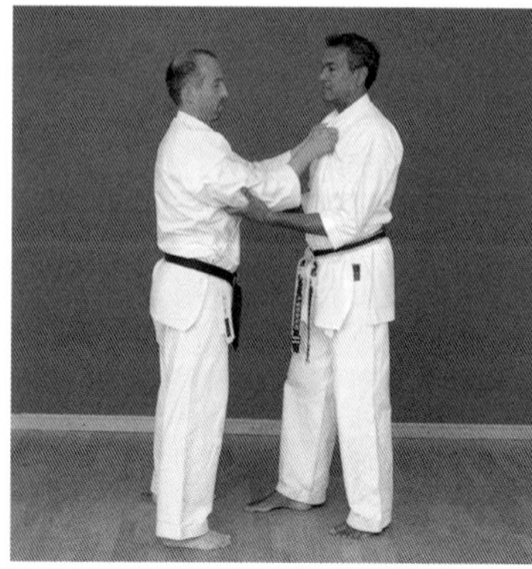

Abb. 204

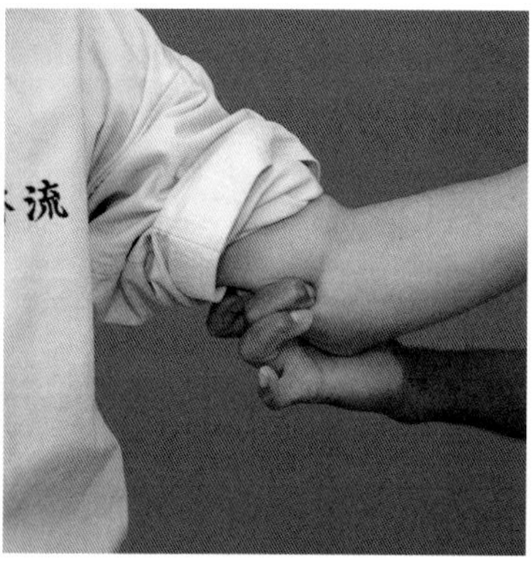

Abb. 205

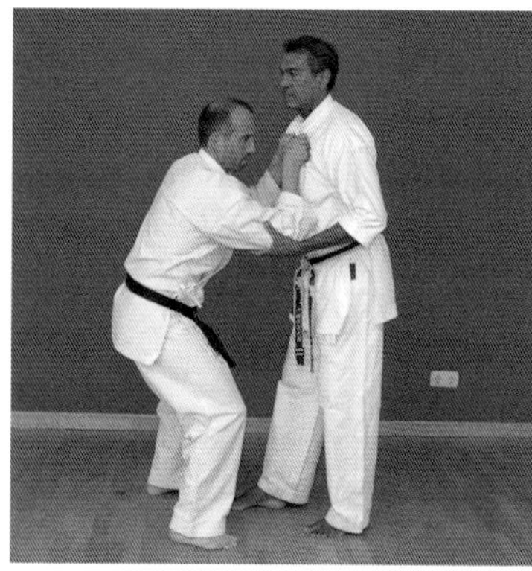

Abb. 206

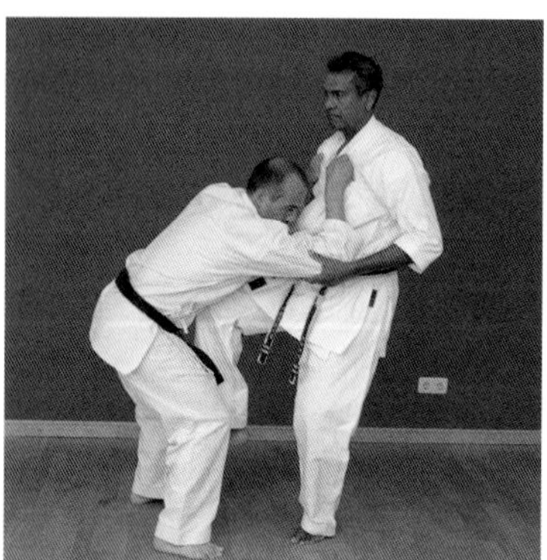

Abb. 207

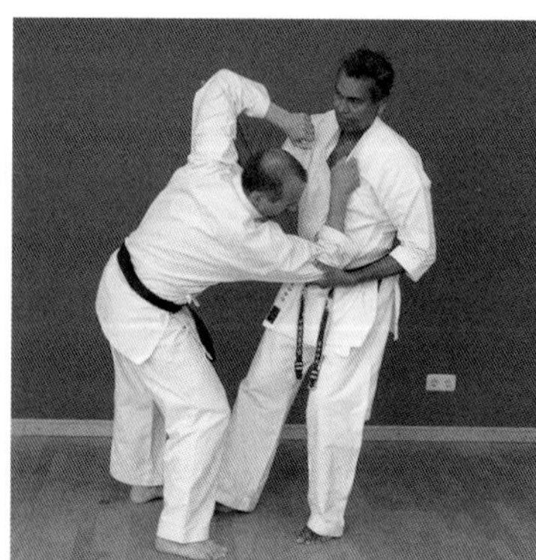

Abb. 208

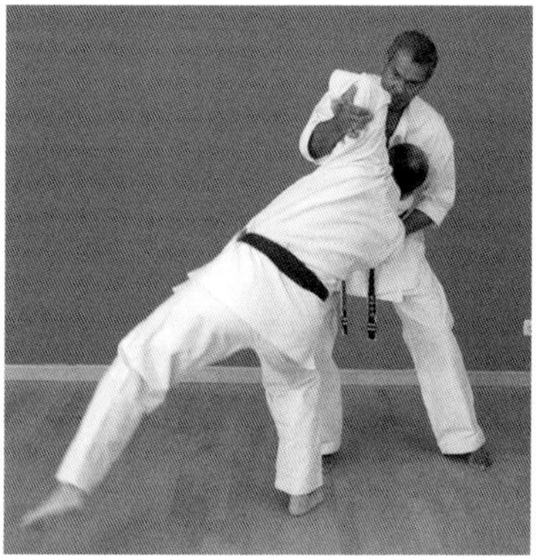
Abb. 209

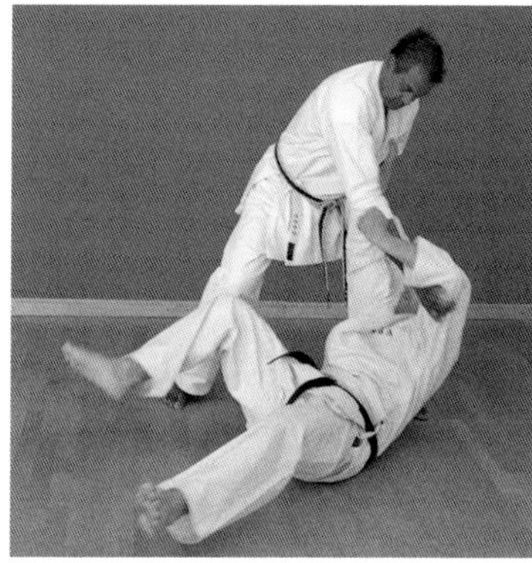
Abb. 210

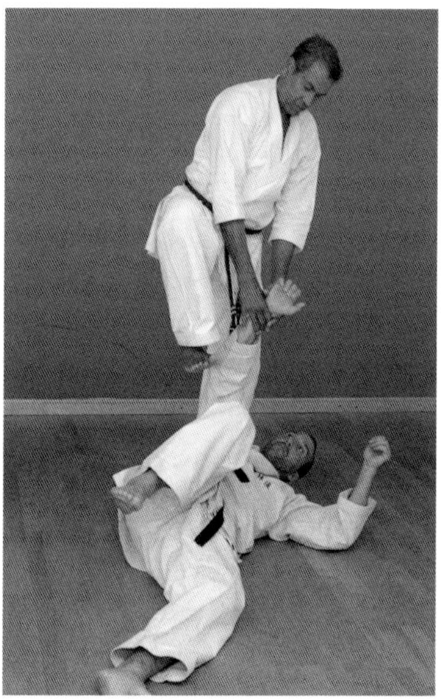
Abb. 211

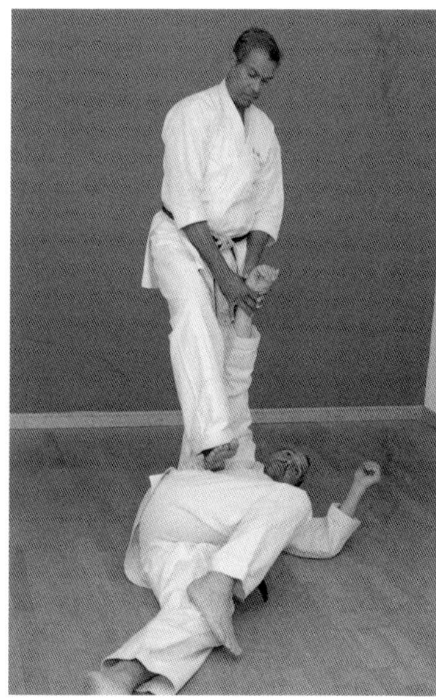
Abb. 212

Kyūsho

Nur einer von Tausend ist in der Lage, Karate bis in all seine Tiefen zu verstehen. – Spruch aus dem Budō

Der Begriff *Kyūsho* bezeichnet im Karate die Kunst, Vitalpunkte zu treffen. Vitalpunkte sind Stellen am Körper, die besonders empfindlich sind. Die Stimulation dieser Punkte, zum Beispiel durch Massage, kann so manches Leiden lindern oder sogar heilen. Dies setzt allerdings detaillierte Kenntnisse der Punkte und des menschlichen Körpers voraus. Wird ein solcher Punkt aber hart getroffen, zum Beispiel von einem Schlag oder Stoß, so kann dies ernsthafte Schädigungen zur Folge haben.

Kyūsho ist weder eine neue noch eine eigenständige Kampfkunst. Wie alle in diesem Buch beschriebenen Gebiete ist auch *Kyūsho* Teil des Karate und vieler anderer Kampfkünste. Leider wird es heute nicht mehr in das Training des Karate integriert. Dies geschieht, weil die Trainer nicht genügend Zeit haben und sich auf andere Dinge konzentrieren, oder einfach aus mangelndem Interesse bzw. Wissen.

Es gibt heute Trainer, die *Kyūsho* als separate Kunst unterrichten. Zum Teil wird dies getan, um damit viel Geld zu verdienen oder auch um Ruhm und Anerkennung zu gewinnen, so zum Beispiel als selbsternannte Großmeister ihres jeweiligen Systems.

Kyūsho wurde hauptsächlich in den indischen und chinesischen sowie in den okinawanischen Kampfkünsten praktiziert. In Indien bezeichnet man es als Varma Kalai (Vitalpunkt-Kunst), und es war einst fester Bestandteil der indischen Kampfkünste. Heute allerdings wird es ebenfalls separat praktiziert. Es gibt sogar eine eigene Organisation dafür. In Indien gibt es das Sprichwort: »Varmam orou perai marmam«, was soviel bedeutet wie: »Die Kunst, Vitalpunkte zu treffen, ist ein großes Geheimnis.« Manche Lehrer nehmen diesen Spruch wörtlich und unterrichten diese Kunst nicht, weil sie es nicht für rechtmäßig halten, das Geheimnis weiterzugeben. Andere wiederum reden gern darüber, unterrichten die Kunst aber nicht, weil sie sie nicht beherrschen. Sehr wenige indische Kampfkünstler beherrschen Varma Kalai. Allerdings gibt es viele Gerüchte über Meister dieser Kunst. Auf meinen vielen Reisen durch das Land habe ich bisher nur neun Meister getroffen, die sie wirklich beherrschen. Die ande-

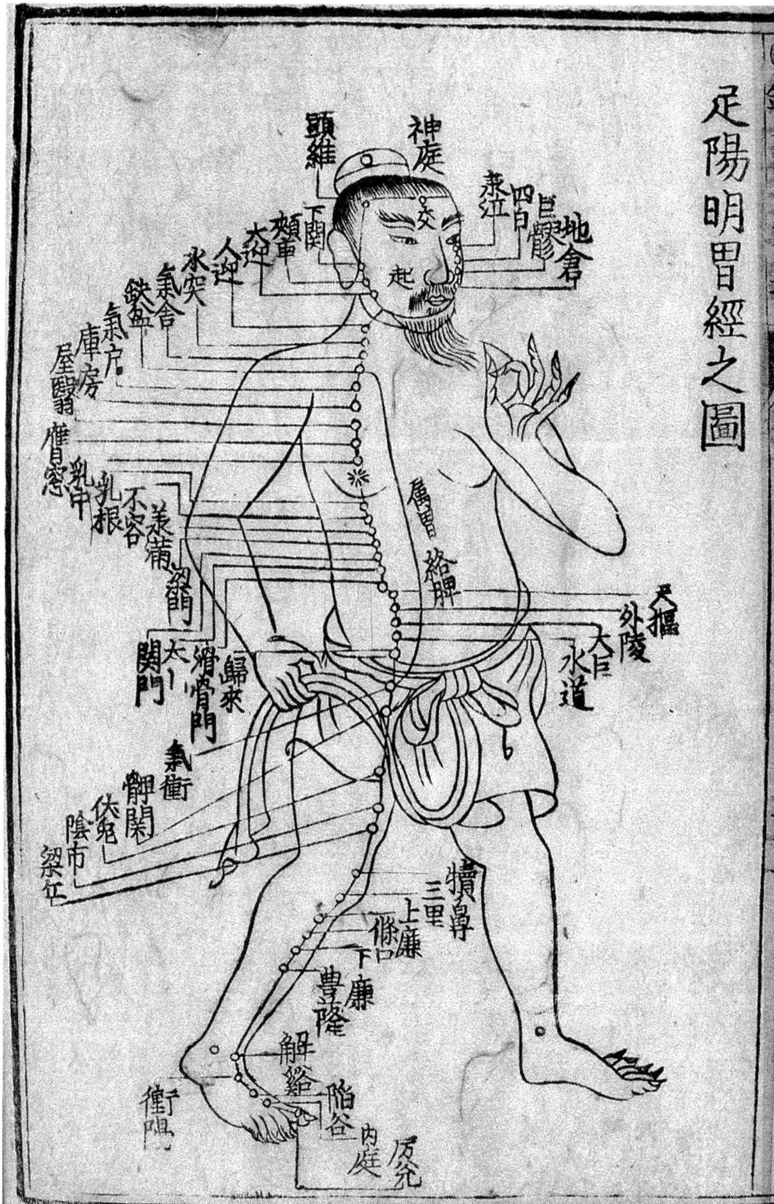

Abb. 213: Verschiedene Akupunkturpunkte, dargestellt im Shi si jing fa hou, einem Werk des chinesischen Mediziners Hua Shou aus dem Jahr 1341

ren waren Hochstapler. Entweder war das, was sie zeigten, sehr schlecht, oder aber es kamen Ausreden wie: »Ich kann es nicht vorführen, ich will doch niemanden verletzen« oder »Ich habe meinem Meister versprochen, es niemandem zu zeigen«.

Auch in China ist *Kyūsho* ein wesentlicher Bestandteil der Kampfkünste. Wie in Indien wird es teils innerhalb einer bestimmten Kampfkunst gelehrt und teils separat. Die chinesische Kunst, Vitalpunkte zu treffen, kann auf die Kunst der Akupunktur und damit auf die chinesische Medizin zurückgeführt werden. Durch Akupunktur ist es zum Beispiel möglich, eine Operation ohne Narkose durchzuführen. Mittels gezielter Einstiche von Nadeln werden bestimmte Teile des Körpers betäubt, so dass der Patient keine Schmerzen verspürt. Ebenso können verschiedene Krankheiten mit Hilfe von Akupunktur geheilt werden. Allerdings besitzen nur wenige Menschen die Fähigkeit, die Akupunkturpunkte ohne Nadel, mit der bloßen Hand, zu treffen.

Auch auf Okinawa gibt es nur noch eine Handvoll Meister, die *Kyūsho* beherrschen. Viele *Kyūsho*-Techniken können in den höheren Kata gefunden werden, manchmal aber auch schon in den Anfängerkata. Nicht jede Kata beinhaltet *Kyūsho*, manche sind nur für reine Kampftechniken gedacht, andere wiederum vorrangig zur mentalen und körperlichen Abhärtung, wie zum Beispiel *Sanchin*. Man sollte die Unterschiede kennen. Wenn man eine Kata mit *Kyūsho* abändert, und seien es nur die Stände oder andere Details, so beeinflusst das die Effektivität der *Kyūsho*-Techniken, oder es führt sogar soweit, dass sie gar nicht mehr funktionieren.

Kyūsho sollte nur bei guten Lehrern gelernt werden. Es ist allerdings wirklich schwierig, auf diesem Gebiet einen guten Lehrer zu finden. Man sollte den Hintergrund des Lehrers überprüfen, damit man nicht auf einen Schwindler hereinfällt. Doch gleichgültig, wie diese Kunst genannt wird, und ob sie aus Indien, China oder Okinawa stammt, ihre Wirksamkeit lässt sich nicht bestreiten. – Generell sollte auf diesem Gebiet nicht nur das, was man machen kann, gelehrt werden, sondern auch das, was man besser unterlassen sollte. So ist zum Beispiel die Anwendung von übermäßiger Kraft nicht der richtige Weg, um *Kyūsho* auszuführen. Und man sollte sich der Gefährlichkeit dessen, was man lernt, unbedingt zu jeder Zeit bewusst sein.

Kyūsho kann man in drei Kategorien unterteilen: Techniken, die den sofortigen Tod, Bewusstlosigkeit und Lähmung hervorrufen.

Sofortiger Tod kann auf zwei Arten herbeigeführt werden. Zum einen kann ein Punkt wie zum Beispiel Hals, Kehle, Solarplexus oder Hoden mit massiver Kraft getroffen werden. Zum anderen kann man Vitalpunkte über Kreuz angreifen, zum Beispiel zugleich einen Vitalpunkt an der linken Hand und einen auf der rechten Seite der Brust. Dabei ist nicht einmal besonderes große Kraft erforderlich.

Wenn man *Kyūsho* studiert, ist es sehr wichtig, nicht nur zu lernen, wie man jemanden verletzt, sondern auch, wie man Treffer behandeln kann (siehe Kapitel »Kampfkunst und Heilkunde«, S. 41). Ein guter Lehrer kann Bewusstlosigkeit sofort behandeln und damit unter Umständen das Leben des Betroffenen retten. Es gibt zwei Arten von Bewusstlosigkeit. Bei der einen benötigt man unbedingt Hilfe, sonst können bleibende Schäden und sogar der Tod eintreten. Bei der anderen erholt man sich von allein. Dies ist abhängig von der angegriffenen Stelle und der eingesetzten Kraft.

Eine Lähmung sollte von demjenigen, der sie zugefügt hat, auch wieder behoben werden können. Je früher dies geschieht, desto besser. Eine längere Lähmung kann zu dauerhaften motorischen Schäden führen. Einige Meister können auch Lähmungen heilen, deren Ursache länger zurückliegt. Aber auch hier gilt, je eher, desto besser.

Auch die Tageszeit ist in der Kunst, die Vitalpunkte zu treffen, und ebenfalls in der Heilkunst von Bedeutung. Am Vormittag ist der Körper noch frisch und ausgeruht. Zu jener Zeit werden andere Vitalpunkte anvisiert als am Nachmittag oder am Abend, wenn der Körper erschöpft ist von der Arbeit des Tages.

Eine weitere, selten geübte Art von *Kyūsho* sind Angriffe auf Vitalpunkte an den Innenseiten von Armen und Beinen und an den Körperseiten. Diese Methode verursacht Schmerzen, die längere Zeit anhalten, und kann Nerven und Organe schädigen. Ohne Behandlung kann dies nach einer gewissen Zeit zum Tod führen. Früher kam diese Methode zum Einsatz, wenn man nicht wollte, dass der Tod einer Person zurückverfolgt werden kann. Auch heutzutage ist es wichtig, diese Methoden und Punkte zu kennen, allerdings eher zu dem Zweck, Unfälle durch unbeabsichtigte Treffer zu vermeiden. Dies ist zu vergleichen mit einer Schusswaffe. Wenn ich weiß, ich töte meinen Gegner, indem ich abdrücke, werde ich das Abdrücken vermeiden. Weiß ich jedoch nicht, welche Gefahr von einer Schusswaffe ausgeht, kann ein Unglück geschehen.

Viele Kampfkunstlehrer belächeln solche Geschichten. Aber vergessen wir nicht: Anfang der 1970er Jahre hielt man im Westen die Akupunktur für lächerlich und wirkungslos. Heute arbeiten zahlreiche westliche Ärzte nach einer oft nur kurzen Ausbildung selbst damit. Und wenn man jemanden durch Stimulation bestimmter Punkte heilen kann, dann liegt es nahe, dass man diese Punkte auch nutzen kann, um jemandem Schaden zuzufügen.

Auf den nächsten Seiten folgen einige unkommentierte Beispiele für Angriffe auf Vitalpunkte. Ich möchte an dieser Stelle noch einmal wiederholen, dass die entscheidenden Details der *Kyūsho*-Techniken, wie zum Beispiel der Kraftaufwand, die optimale Tageszeit und die Wirkungen, nur bei einem erfahrenen Meister erlernt werden können.

Auf den Seiten 127 und 128 sind Abläufe zu sehen, die Befreiungen und eine Abwehr darstellen. Die letzte Sequenz, die auf den Abbildungen 223 und 224 zu sehen ist, unterscheidet sich von den anderen. Hier wird durch einen Stoß mit dem Gesäß eine größere empfindliche Region – der Bereich des Solarplexus und des Bauches – getroffen und nicht nur ein einzelner Punkt.

Die weiteren Abbildungen stellen keine Sequenzen, sondern lediglich einzelne Punkte dar, die aufgrund ihrer Empfindlichkeit für wirksame Angriffe besonders geeignet sind. Auf den Seiten 129 und 130 werden Vitalpunkte am Kopf gezeigt, auf Seite 131 Vitalpunkte am Arm und an der Hand und auf den Seiten 132 und 133 Vitalpunkte am Oberkörper, wobei auf Seite 133 Techniken gezeigt werden, mit denen zwei Vitalpunkte gleichzeitig angegriffen werden. Letztere sind besonders gefährlich und dürfen auf keinen Fall »ausprobiert« werden, ohne dass man zuvor entsprechend durch einen Meister ausgebildet wurde.

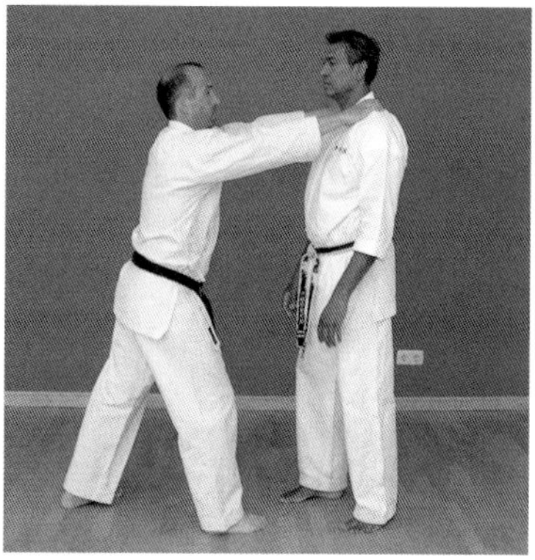
Abb. 214

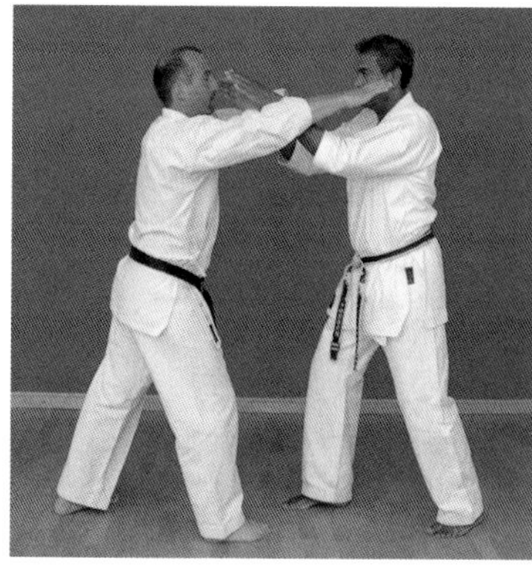
Abb. 215

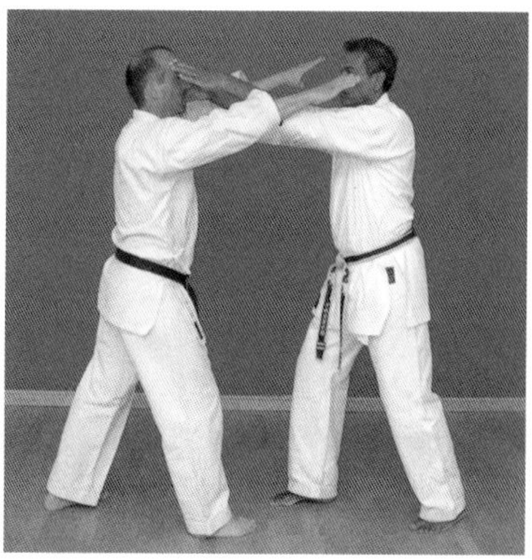
Abb. 216

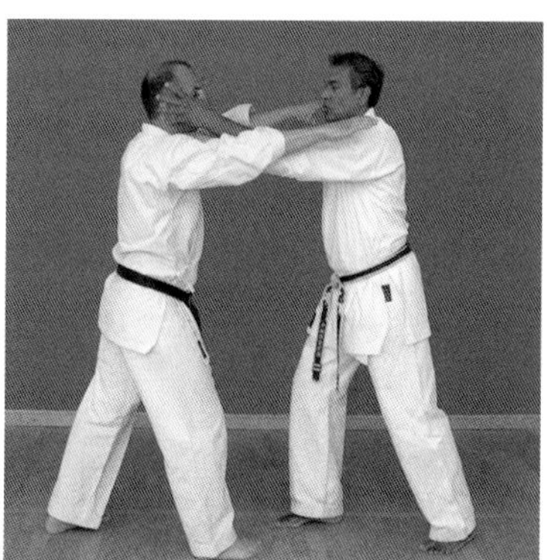
Abb. 217

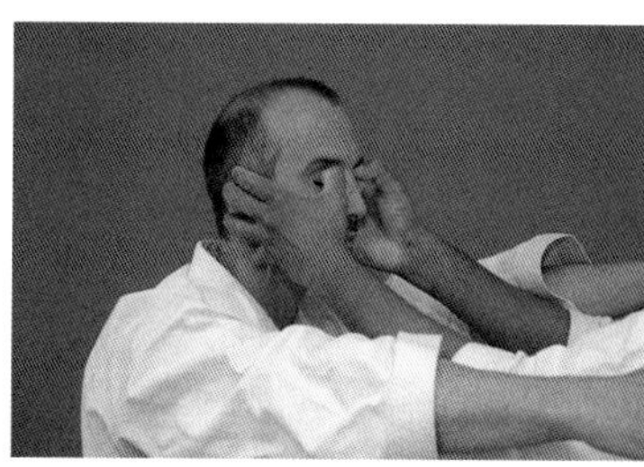
Abb. 218

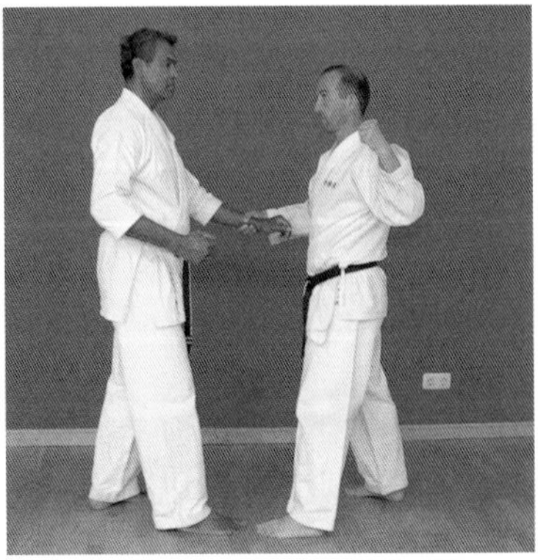
Abb. 219

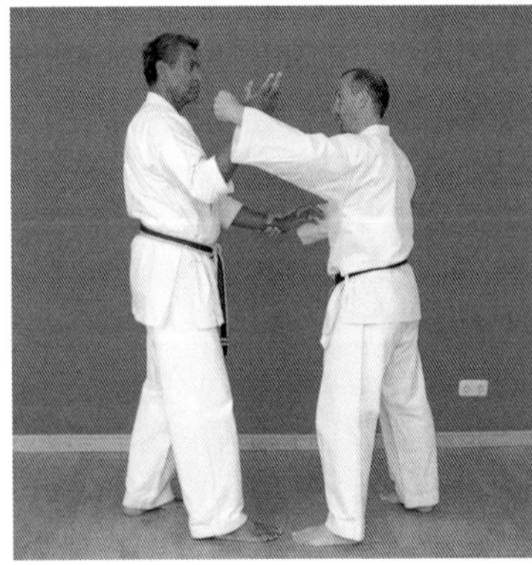
Abb. 220

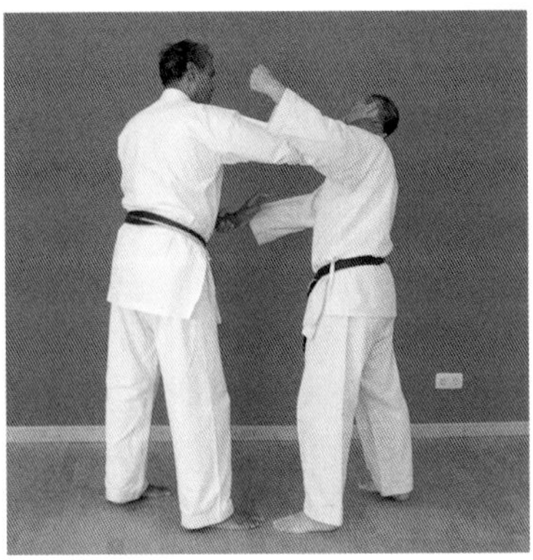
Abb. 221

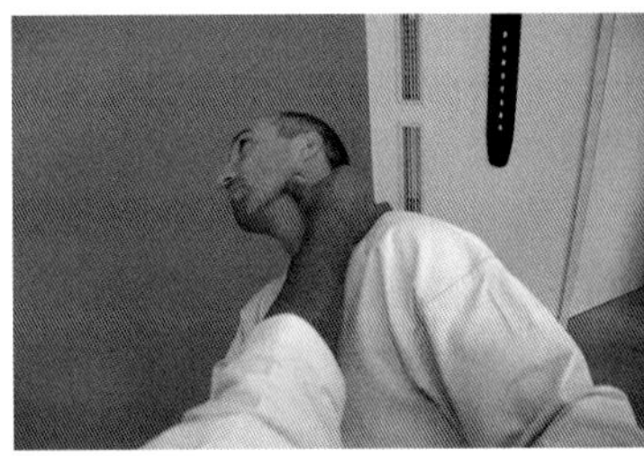
Abb. 222

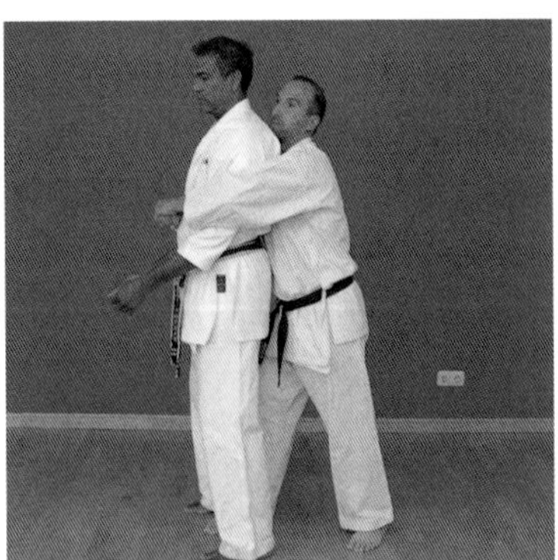
Abb. 223

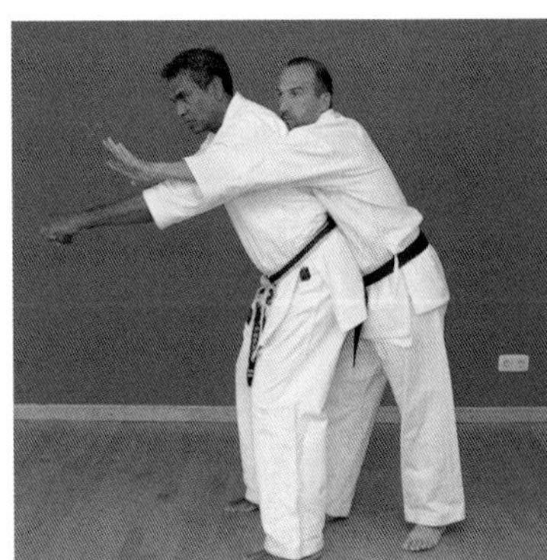
Abb. 224

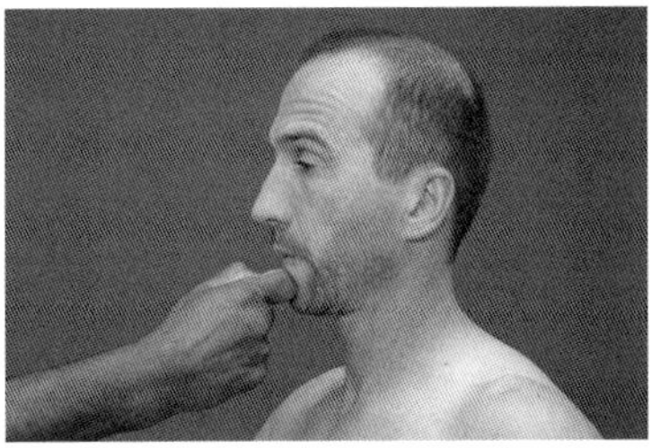
Abb. 225

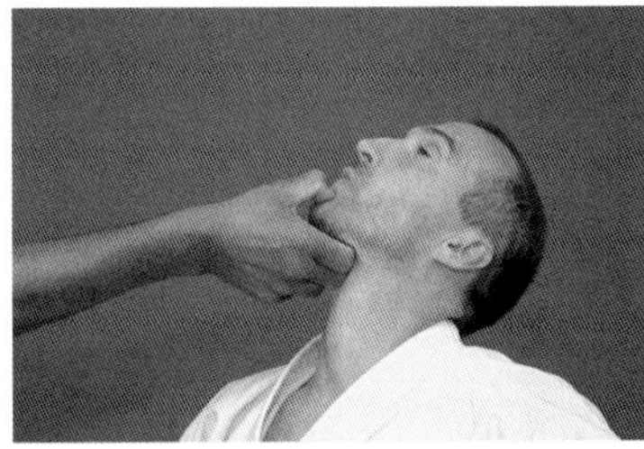
Abb. 226

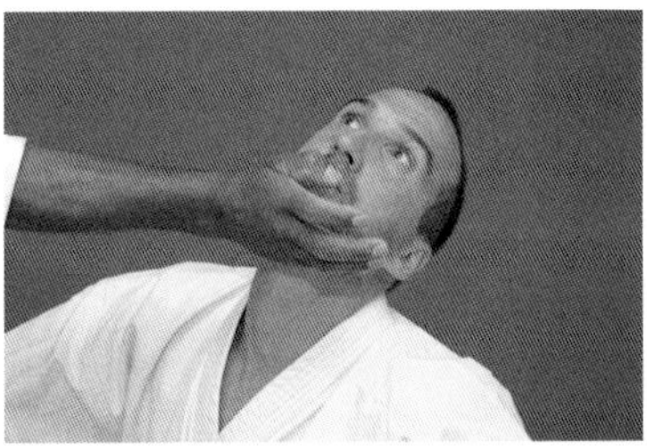
Abb. 227

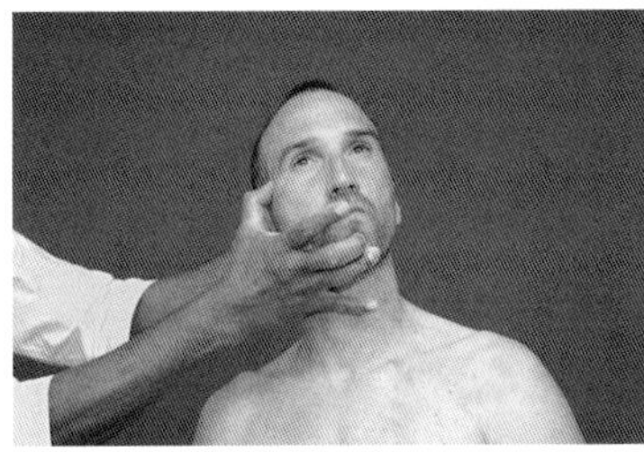
Abb. 228

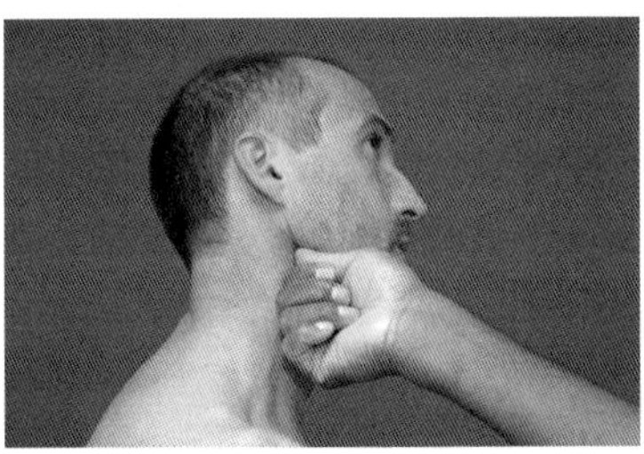
Abb. 229

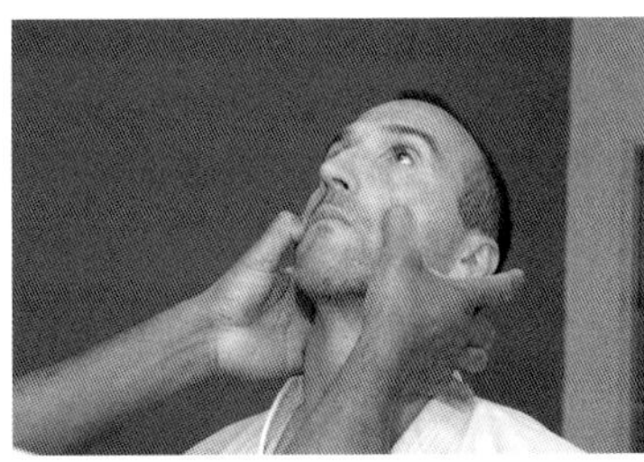
Abb. 230

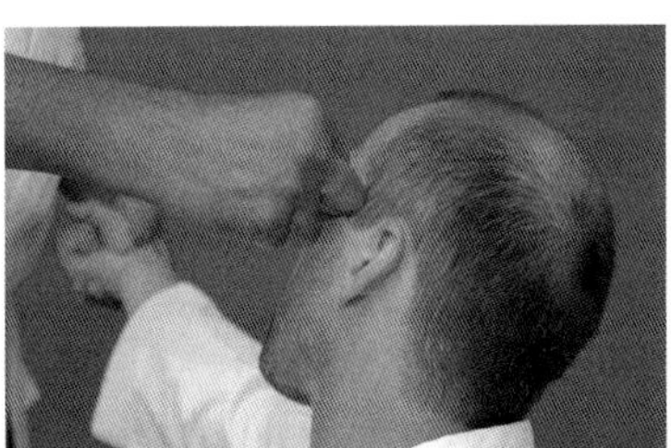
Abb. 231

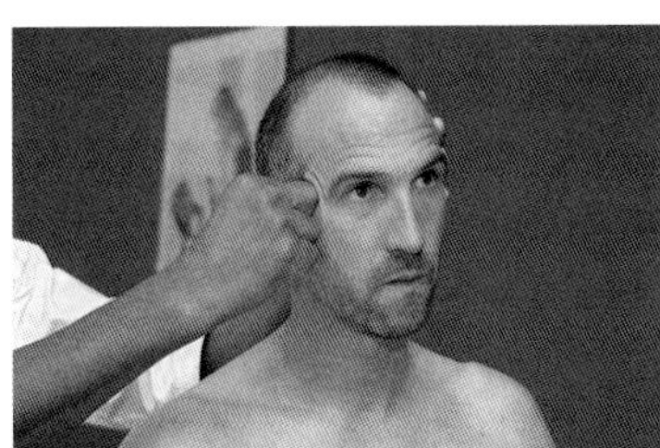
Abb. 232

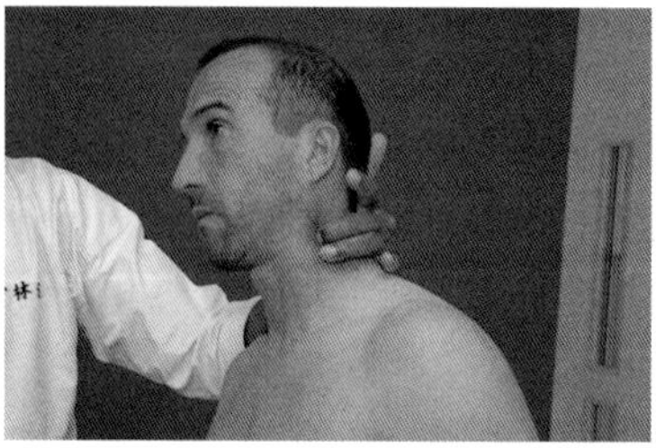
Abb. 233

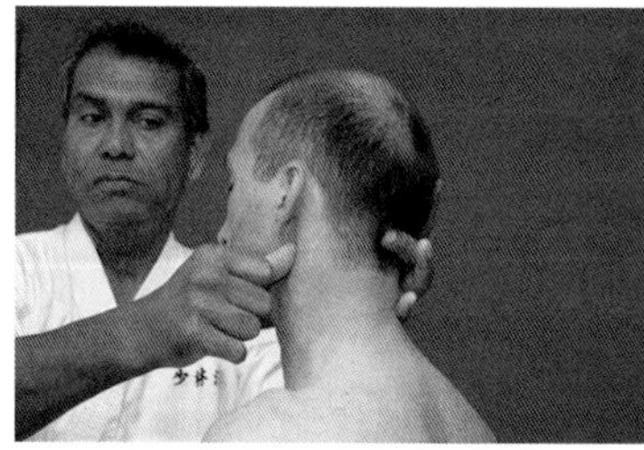
Abb. 234

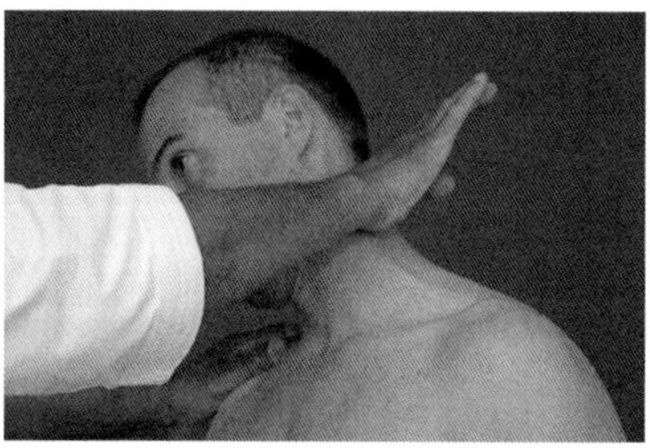
Abb. 235

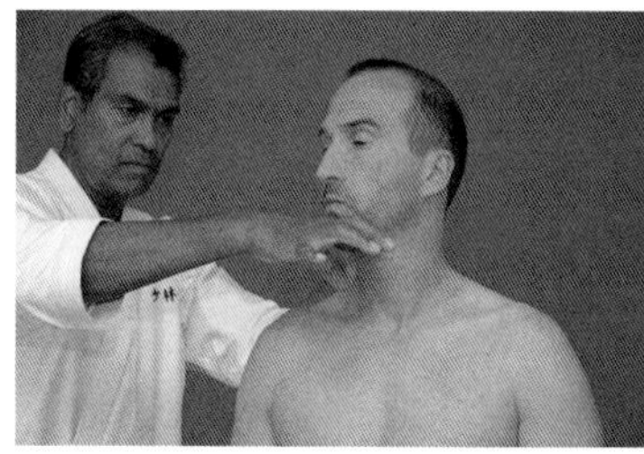
Abb. 236

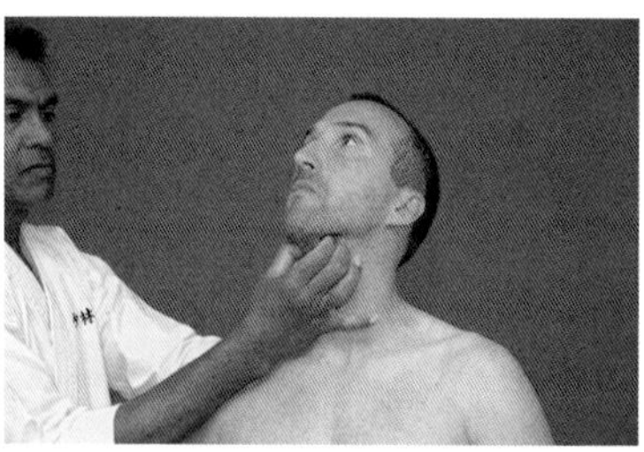
Abb. 237

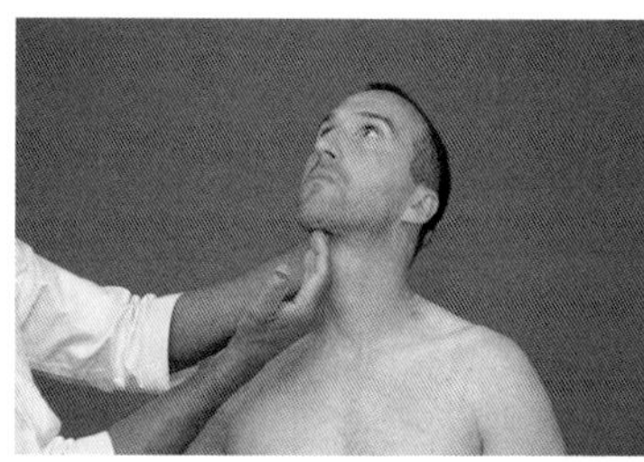
Abb. 238

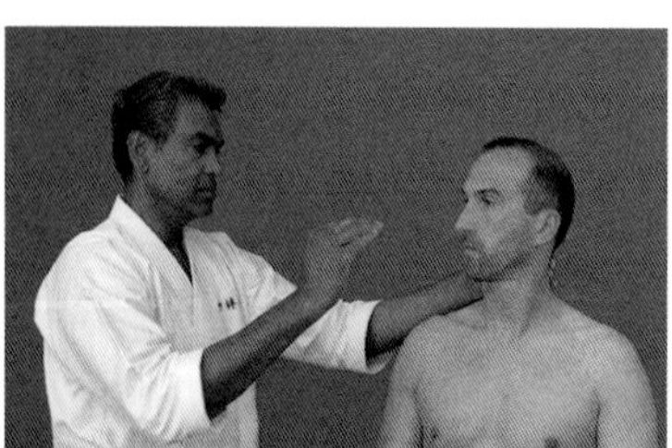
Abb. 239

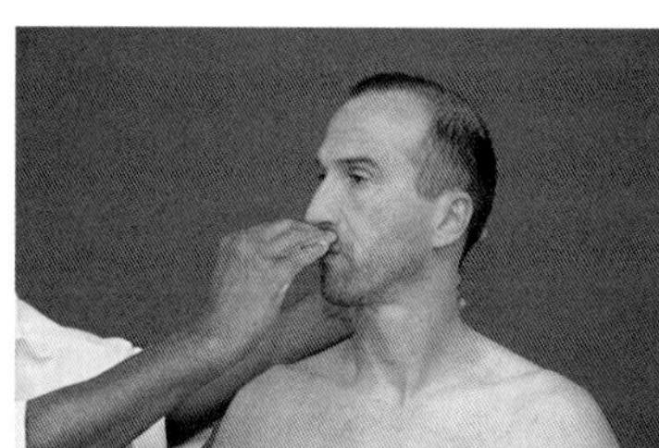
Abb. 240

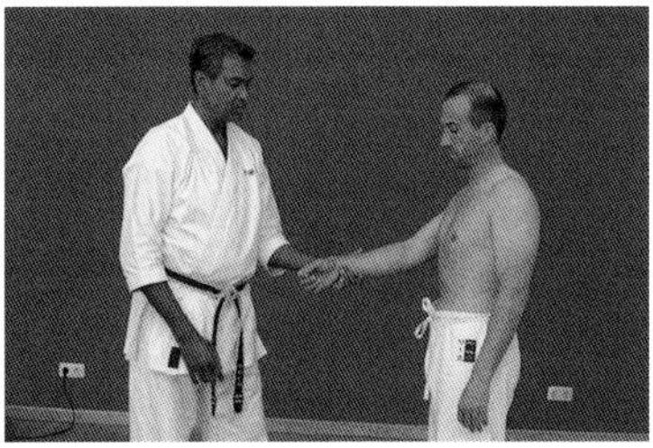

Abb. 241

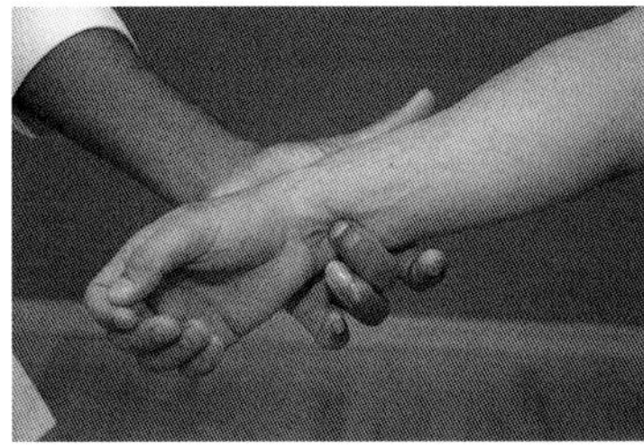

Abb. 242

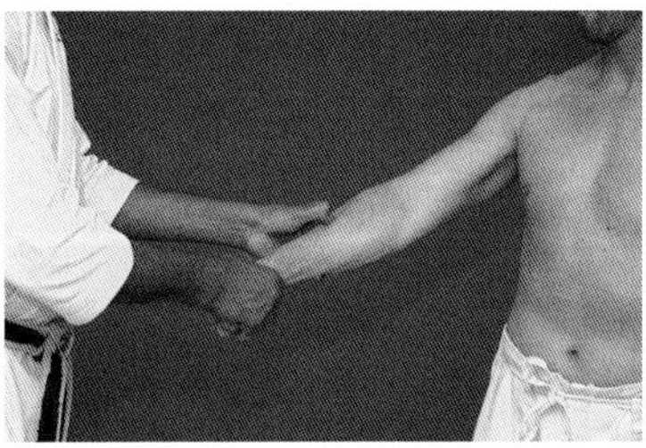

Abb. 243

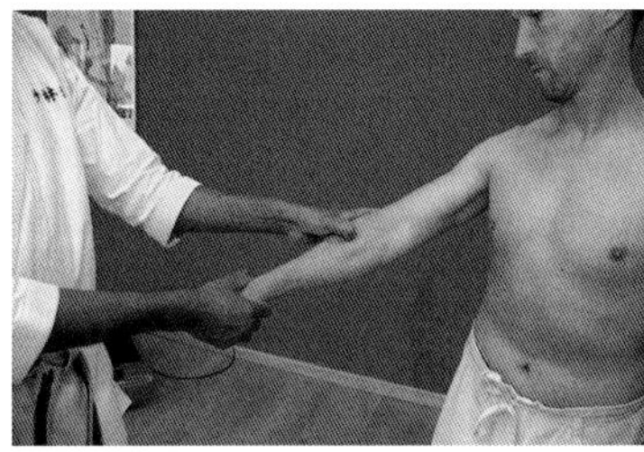

Abb. 244

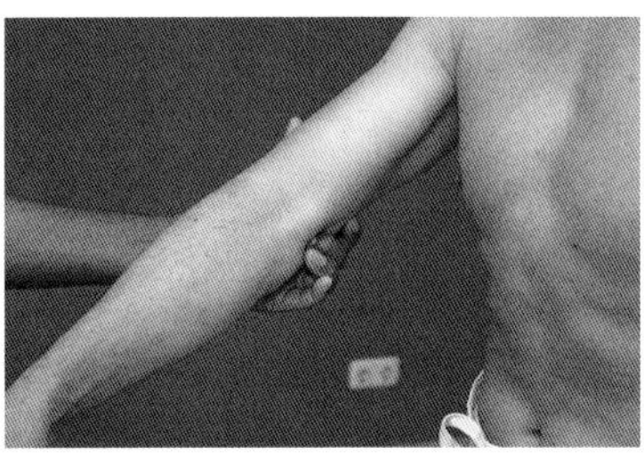

Abb. 245

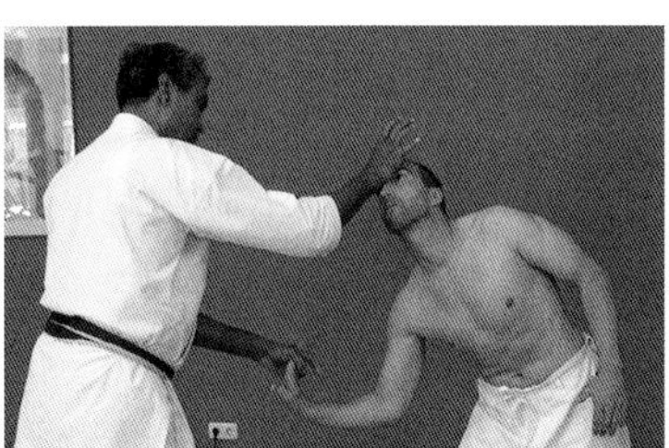

Abb. 246

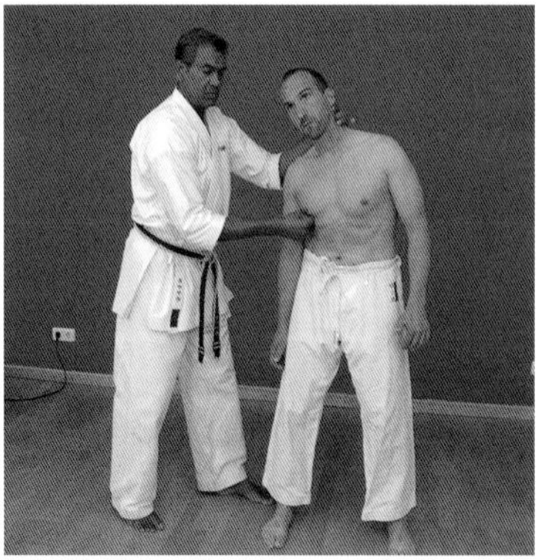
Abb. 247

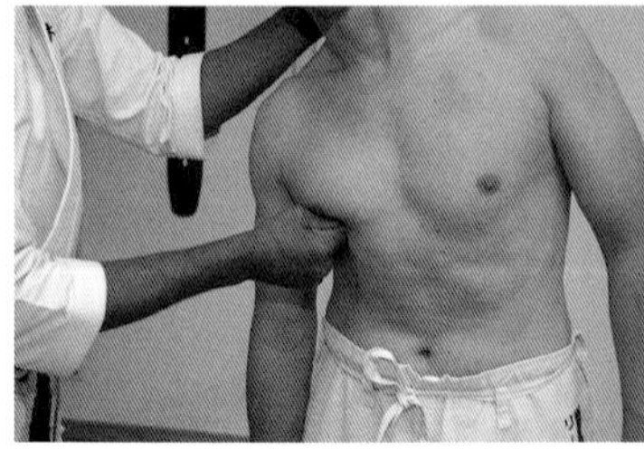
Abb. 248

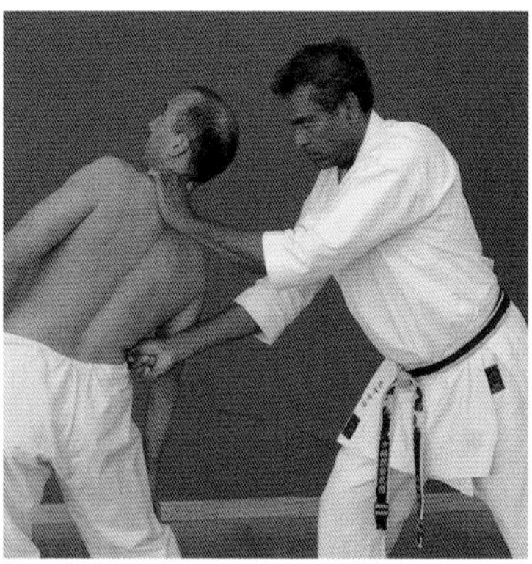
Abb. 249

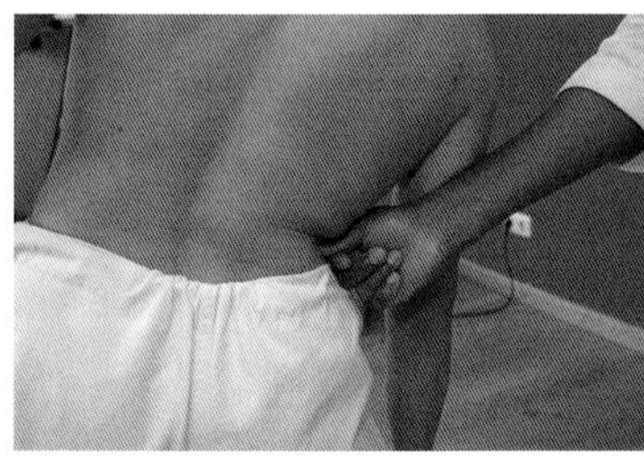
Abb. 250

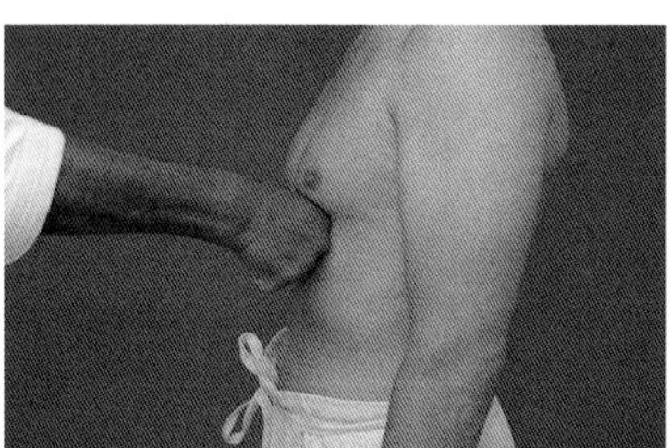
Abb. 251

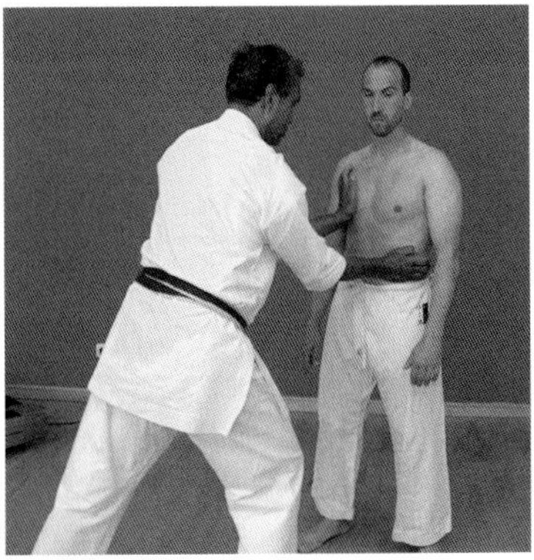

Abb. 252

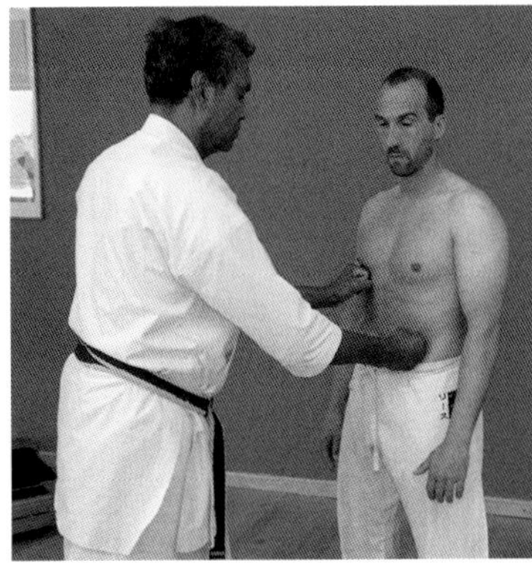

Abb. 253

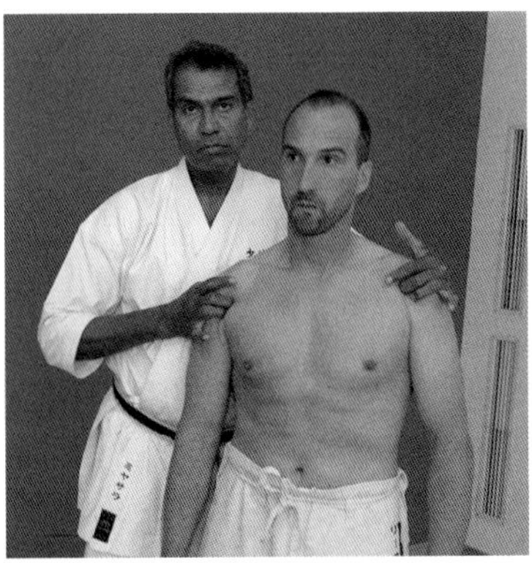

Abb. 254

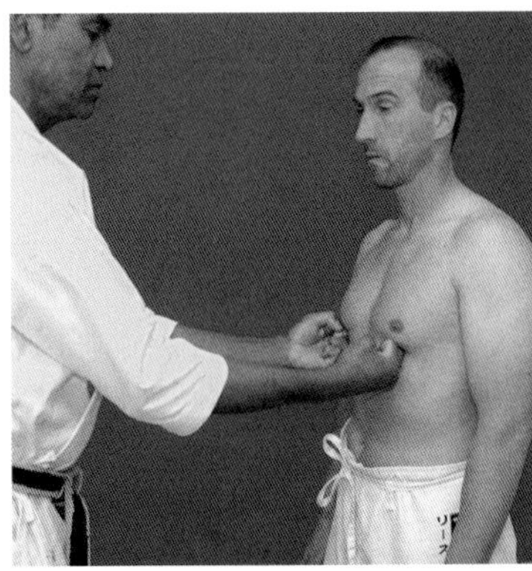

Abb. 255

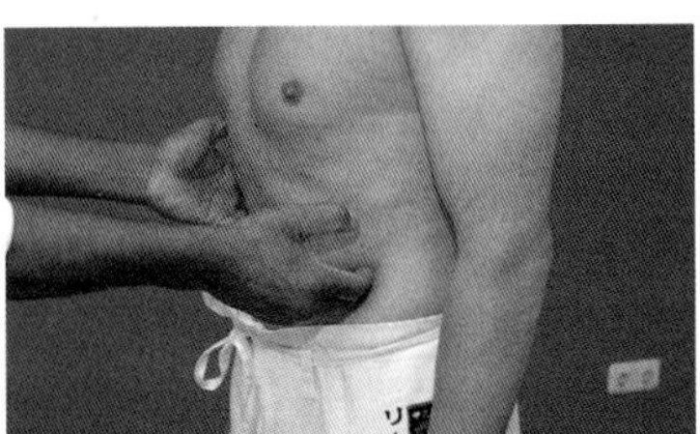

Abb. 256

Die Taktiken des Kampfes

An der Kampfkunst ist nichts Geheimnisvolles. Nimm die Dinge, wie sie sind: Schlage, wenn du schlagen musst, tritt, wenn du treten musst. – Bruce Lee

Kampfkunst besteht nicht allein aus Technik und Muskelaufbau. Wer im realen Kampf bestehen will, benötigt auch Wissen und Erfahrung in Strategie und Taktik. Traditionell wurden nur ausgewählte Schüler in diesen Künsten unterrichtet. Die richtige Taktik ist es, die selbst den Sieg über einen überlegenen Gegner ermöglicht. Strategie und Taktik sind auch ein wesentlicher Bestandteil der Kriegskunst, und sogar im modernen Sportwettkampf spielen taktische und strategische Entscheidungen eine große Rolle.

Auf Okinawa bestand ein wichtiger Aspekt des taktischen Kämpfens darin, die natürliche Umgebung mit einzubeziehen, da Kämpfe fast ausschließlich im Freien ausgetragen wurden. Der Ausgang eines Kampfes konnte somit vom Wetter, von der Tageszeit, der Bodenbeschaffenheit sowie von der Umgebung generell abhängig sein. Wenn zum Beispiel ein Zweikampf aufgrund einer Herausforderung vor Sonnenaufgang stattfand, so ist der kluge Kämpfer schon früher am Ort des Geschehens, um die Umgebung kennenzulernen. Er wird genau darauf achten, ob der Boden weich ist, sandig oder felsig, ob es Bäume, Felsen und Berge gibt usw. Er wird auch deshalb beizeiten kommen, um eine optimale Position für den Kampf finden zu können. Er wird sich beispielsweise so hinstellen, dass er die Sonne im Rücken hat, wenn sie aufgeht, auch wenn die Begegnung schon in der Dämmerung beginnt. Geht die Sonne dann auf, wird der Gegner geblendet, und der Kämpfer hat einen Vorteil.

Besonders die Bodenbeschaffenheit ist bei einem Kampf im Freien von Bedeutung. Ist der Boden sandig, besteht die Möglichkeit, mit dem Fuß oder der Hand den Sand in die Augen des Gegners zu schleudern. Dies verschafft dem Kämpfer wieder einen Vorteil, da der Gegner für einen kurzen Moment abgelenkt sein wird. Steht kein Sand zur Verfügung, bestünde eine weitere Möglichkeit, den Gegner abzulenken, darin, ihm ins Gesicht zu spucken. Der natürliche Reflex auf so einen »Angriff« ist, sich mit der Hand das Gesicht abzuwischen. Sobald der Gegner dies tut, ist seine Sicht eingeschränkt, und genau in diesem Augenblick muss der Angriff erfolgen. Eine weitere Taktik besteht darin, bei einer Herausforderung etwas später als vereinbart zu kommen, um den Gegner nervös zu machen und zu reizen, denn jemand, der gereizt ist, handelt schnell unüberlegt. Und unüberlegtes Handeln führt zu Fehlern.

Heutzutage werden diese Methoden von vielen als schmutzige Tricks angesehen, aber wenn es um Leben und Tod geht, ist die Kunst der Taktik oft das einzige Mittel, um zu überleben. Die alten Meister wussten, dass sie ohne taktisches Wissen nicht gegen einen jungen starken Schläger bestehen konnten. Dank ihrer Erfahrungen vermochten sie oft, selbst aussichtslos erscheinende Kämpfe zu gewinnen.

Ein berühmter Karatemeister wurde einst in einem Gasthaus von einem Gangster herausgefordert, der behauptete, der beste Messerkämpfer weit und breit zu sein. Der Gangster sagte: »Ich hörte, du seist der beste Karatekämpfer? Aber gegen mich mit meinem Messer hast du keine Chance!« Da Schüler des Meisters und viele andere Leute anwesend waren, hatte er keine andere Wahl, als die Herausforderung anzunehmen. »Einverstanden«, sagte der Meister, »aber bevor wir die Einrichtung kurz und klein schlagen, lass uns lieber nach draußen gehen.« Der Gangster war sich sicher, dass er den Kampf gewinnen würde und willigte ein. »Bitte, nach Ihnen«, sagte der Meister. Als sie die Treppe hinabgingen, brach der Meister dem Gangster mit einem unverhofften Tritt die Wirbelsäule. Dieser stürzte die Treppe hinunter und blieb gelähmt liegen. So war der Kampf in einem einzigen Augenblick vorüber. Der Meister wusste sehr gut, dass er in diesem Messerkampf wenig Chancen gehabt hätte. So nutzte er diese Taktik, um sein Leben zu retten. Der Name des Meisters war Motobu Chōki.

Eine weitere sehr bekannte Geschichte darüber, wie ein Karatemeister eine gefährliche Situation unbeschadet überstehen konnte, ist die Geschichte vom Kampf Matsumura Sōkons gegen einen Stier. Ich habe sie von vielen Meistern auf Okinawa erzählt bekommen, und jeder hat sie ein klein wenig anders erzählt, aber im Kern war es immer die gleiche Erzählung.

Matsumura Sōkon war der Leibwächter des Königs und auch dessen Kampfkunstlehrer. Zu dieser Zeit war Matsumura wohl zwischen 50 und 60 Jahre alt. Er war auch verantwortlich für die Arbeit der Steuereintreiber.

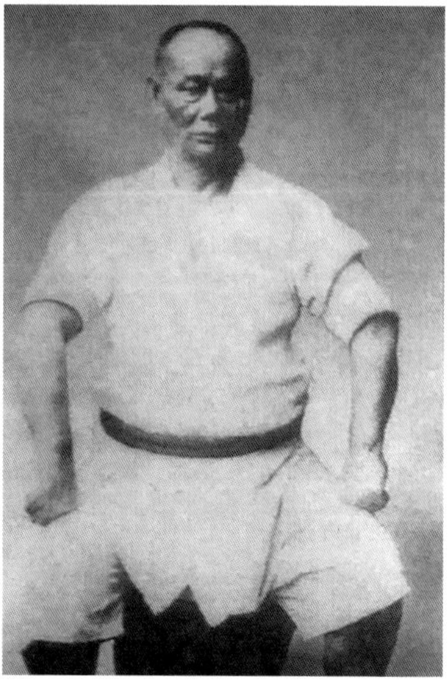

Abb. 257: Motobu Chōki.

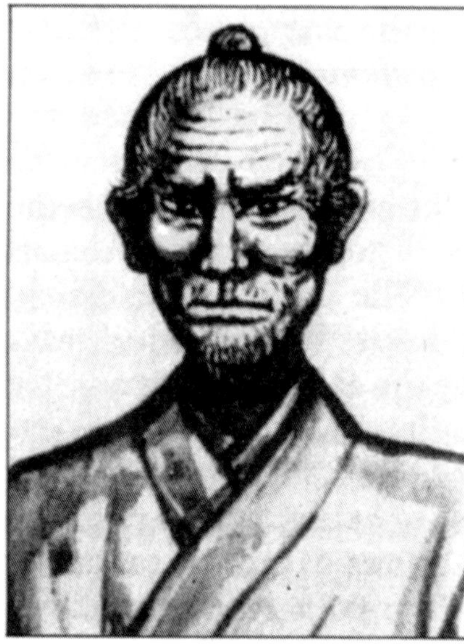

Abb. 258: Bushi Matsumura.

Eines Tages war der König unzufrieden mit der Höhe der Steuereinnahmen und machte Matsumura dafür verantwortlich. Auf solch eine Verfehlung hätte eigentlich die Todesstrafe gestanden. Der König gab ihm aber eine Chance. Er ließ ihn gegen einen großen Stier kämpfen. Eine andere Version der Geschichte besagt, dass der Befehl des Königs nichts mit Steuereinnahmen zu tun hatte, sondern dass der König einfach wissen wollte, ob Matsumura seinem Ruf als Kämpfer gerecht werden und gegen einen Stier gewinnen könnte.

Matsumura konnte solch eine Herausforderung natürlich nicht ablehnen. Einige Zeit vor dem Kampf erfuhr er jedoch, gegen welchen Stier er antreten sollte. So ging er Tag für Tag in den Stall des Stiers, packte diesen an seinem Nasenring und schlug ihm auf die Nase. Es dauerte nicht lange, und der Stier wurde schon panisch, wenn er Matsumura nur für einen Schlag ausholen sah. Eine andere Version besagt, der Meister habe den Stier mit der Haarnadel, mit der er sein Haar zusammenzuhalten pflegte, gepeinigt.

Der Tag des Kampfes war gekommen. Matsumura stand bereits in der Mitte des Platzes, als der Stier in die Arena gelassen wurde. Unverzüglich nahm Matsumura die gleiche Position ein, in der er den Stier all die Tage gequält hatte. Den Stier befiehl panische Angst, und er galoppierte zurück. So sehr sie es auch versuchten, es gelang den Dienern des Königs nicht, den Stier dazu zu bringen zu kämpfen, so groß war seine Angst. Alle waren erstaunt über die Wirkung, die Matsumura auf den Stier hatte. Am nächsten Tag fragte der König Matsumura, wie er es angestellt habe, dass der Stier solch eine Furcht vor ihm bekam. Matsumura sagte daraufhin, man brauche nicht nur Technik und Kraft, sondern auch Taktik und Intelligenz. Dann erzählte er ihm die ganze Geschichte. Der König war sehr beeindruckt, und er verlieh Matsumura den Ehrentitel Bushi (Krieger).

Anhang

Die Geschichte Okinawas

Die folgende Legende über die Entstehung des Volkes von Okinawa bzw. des Ryūkyū-Archipels steht sinnbildlich für die Herausbildung der drei wichtigsten gesellschaftlichen Säulen des Inselreiches, der Herrschaft bzw. Verwaltung, der Religion und der Wirtschaft:

> *Zu Anbeginn der Zeit existierten zwei Gottheiten – eine männliche, die Shinerikyu hieß, und eine weibliche mit Namen Amamikyu. Sie bauten benachbarte Hütten, und bald darauf schenkte der Wind Amamikyu und Shinerikyu drei Kinder, zwei Knaben und ein Mädchen. Der ältere Sohn wurde der erste Herrscher der Inseln, das Mädchen die erste Priesterin (Noro) und der jüngere Sohn der erste Mann des einfachen Volkes. Schließlich wurde den drei Kindern Feuer geschenkt, das aus dem Drachenpalast am Grunde des Meeres stammte.*

Okinawa ist die Hauptinsel des Ryūkyū-Archipels, das sich über eine Länge von 1 100 Kilometern zwischen den japanischen Hauptinseln und China erstreckt. Wörtlich übersetzt bedeutet der Name Okinawa »Tau im offenen Meer«, da das Erscheinungsbild der Inselgruppe einem ins Meer geworfenen Seil gleicht.[4]

Über das frühe Okinawa ist sehr wenig bekannt. Im Jahre 1968 fanden Forscher in der kleinen Kalksteinhöhle Yamashita-cho, die sich auf dem Gebiet von Naha befindet, ein versteinertes Schlüsselbein und einen versteinerten Oberschenkelknochen, die von einem siebenjährigen Jungen stammten, der, wie die weiteren Analysen ergaben, ca. 32 000 v. Chr. auf der Insel gelebt hat. Knochenfunde im Steinbruch von Mitagawa belegten die Existenz von weiteren Pleistozän-Menschen auf Okinawa um 18 000 v. Chr.[5]

Während der Jōmon-Zeit (10 000-300 v. Chr.) und der Yayoi-Zeit (300 v. Chr. - 300 n. Chr.) gelangten Ainu (die Ureinwohner Nordja-

[4] Die Informationen in diesem Kapitel beruhen im Wesentlichen auf Kerr, George H.: Okinawa. The History of an Island People. Boston: Tuttle Publishing 2000.

[5] Suzuki, H. : L'homme de Yamashita-cho. Un homme fossile du Pléistocène de l'île d'Okinawa (en anglais). In: Bulletins et Mémoires de la Société d'anthropologie de Paris, XIII. Reihe, Band 10 Heft 1, 1983. S. 81-87.

pans), Malaien und Mongolen auf die Insel. Jede dieser Volksgruppen brachte ihre Haushaltsgeräte, Haustiere, Werkzeuge und kulturellen Gegenstände mit und natürlich ihre Vorstellungen von Diesseits und Jenseits. Hinzu kamen immer wieder Schiffbrüchige unterschiedlicher Herkunft. Auf diese Weise wurde Okinawa zu einem wahren Schmelztiegel der Kulturen, und in einem langen Prozess bildete sich das okinawanische Volk mit seiner eigenständigen Kultur heraus.

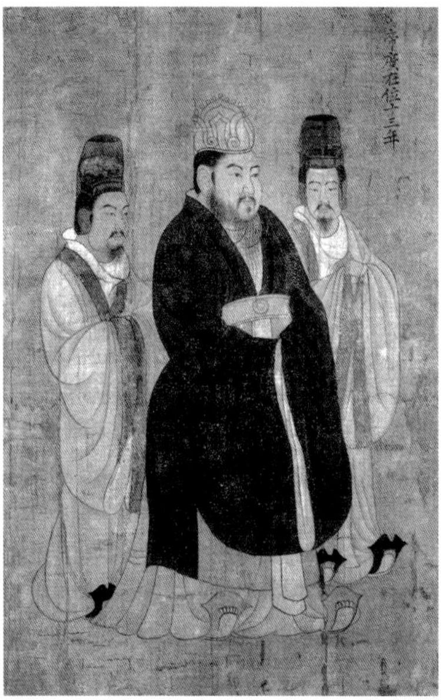

Abb. 259: Kaiser Yangdi.

Während der Qin-Dynastie Chinas (221 v. Chr. - 207 v. Chr.) kam Kaiser Yíng Zhèng (259 v. Chr. - 210 v. Chr.), der auch Qin Shihuangdi (»erster erhabener Gottkaiser von Qin«) genannt wurde, eine Geschichte über die »Inseln der Unsterblichen« zu Ohren. Demnach sollten die Bewohner dieser Inseln einfache Metalle in Gold verwandeln können und zudem ein Elixier für die Unsterblichkeit gefunden haben. Da er, auf den bereits etliche Mordanschläge verübt worden waren, gute Gründe hatte, den Tod zu fürchten, schickte er 3 000 Männer und Frauen mit Geschenken, darunter auch Sämereien, zu den »glücklichen Unsterblichen«, um deren Wohlwollen zu erlangen. Doch die Expedition kehrte nie zurück.

Auf Anraten von taoistischen Priestern folgte im Jahre 607 n. Chr. Yang Guang (569-618), der ebenso tatkräftige wie tyrannische zweite Kaiser der Sui-Dynastie, der als Kaiser den Namen Yangdi trug und von 604 bis 618 regierte, dem Beispiel Yíng Zhèngs und entsandte eine Expedition auf die Suche nach Gold und Unsterblichkeit. 208 Inseln soll die Expedition angelaufen haben, aber auf keiner davon stießen die Abgesandten des Kaisers auf das verheißene Gold oder gar auf Unsterbliche. Nichtsdestotrotz verlangten sie, dass sich die aus ihrer Sicht primitiven Einwohner der größten dieser Inseln der Sui-Herrschaft unterwarfen und den Kaiser als obersten Herrn anerkannten. Die Bewohner der Insel verweigerten sich diesem Ansinnen, woraufhin es zu einer blutigen Schlacht kam, in der zahlreiche Insulaner gefangen genommen und anschließend nach China verschleppt wurden. Da die Chinesen die zwischen Japan und den Philippinen gelegenen Inseln, die sie im Verlauf ihrer Expedition besucht hatten, als Liu Ch'iu bezeichneten, was japanisch Ryūkyū ausgesprochen wird, ist es sehr wahrscheinlich, dass es sich bei besagter Insel um Okinawa handelt.

Im Jahre 698 trat das Japanische Kaiserreich erstmals in offiziellen Kontakt mit den Ryūkyū-Inseln. Im Ergebnis dessen wurden in den folgenden Jahren Tribute an Japan gezahlt, und es entwickelte sich ein reger Handelsverkehr. Während dieser Zeit wurden immer wieder Schiffe als vermisst gemeldet, doch waren nicht alle den unruhigen Gewässern zum Opfer gefallen. Vielmehr strandeten viele, darunter auch Priester, Soldaten, Beamte und politisch Verfolgte, freiwillig, um sich dem Einfluss der japanischen Staatsmacht zu entziehen.

Durch die engen Beziehungen zu Japan und den zunehmenden Strom an Einwanderern entwickelte sich um das 10. Jahrhundert auf den Ryūkyū-Inseln ein hierarchisch gegliedertes soziales System.

Auch der Konflikt zwischen den Klans der Taira und der Minamoto, in dessen Ergebnis die faktische Macht in Japan vom Kaiser auf den Anführer des jeweils mächtigsten Samurai-Klans überging,[6] blieb nicht ohne Folgen für Okinawa. Gemäß einer Legende ging Minamoto-no-Tametomo nach einer Niederlage ins Exil auf Okinawa und heiratete dort die Tochter des lokalen Stammesfürsten. Aus dieser Ehe ging sein Sohn Shunten (1166-1237) hervor. Dessen bereits früh entwickelte Fähigkeiten trugen ihm den Respekt und die Bewunderung der Insulaner ein, die ihn mit nur 15 Jahren zum neuen Herren von Urasoe bestimmten. Das Dorf Urasoe war zu jener Zeit eine der bedeutenderen Ortschaften Okinawas. Im 13. Jahrhundert sollte nahe dem Ort eine Burg errichtet werden, die bis ins frühe 15. Jahrhundert die größte der Insel sein würde, und Urasoe würde in jener Zeit die Hauptstadt des Fürstentums Chūzan sein.

---

[6] Siehe Habersetzer, R.: Die Krieger des alten Japan. Berühmte Samurai, Rōnin und Ninja. Chemnitz: Palisander Verlag. Neuausgabe 2020, S. 25 ff.

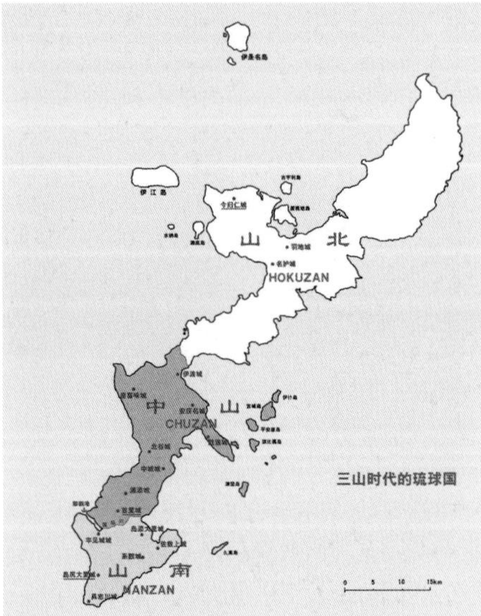

Abb. 260: Okinawa im 14. Jahrhundert.

Im Jahre 1186, mit gerade einmal 20 Jahren, führte er einen Volksaufstand an, aus dem er als Oberherrscher Okinawas hervorging. Unter seiner 51 Jahre währenden Herrschaft entwickelte sich das politische, ökonomische und soziale Leben der Insel bedeutend weiter. Sein Sohn, der ihm auf dem Thron folgte, führte die japanische Schrift und damit erstmals die Kunst des Schreibens auf der Insel ein. Doch die folgenden Jahrzehnte waren geprägt durch Taifune, Sturmfluten, Hungersnöte und politische Wirren.

Erst im 14. Jahrhundert setzte unter der Herrschaft von Satto (1321-1395), dem König von Chūzan, wieder eine stabilere Entwicklung ein. Okinawa war zu jener Zeit in drei Fürstentümer bzw. Königreiche geteilt: Im Norden lag Hokuzan, im mittleren Inselbereich Chūzan und im Süden Nanzan. Satto etablierte während dieser Zeit eine auf Tributzahlungen basierende Handelsbeziehung mit China, die über 500 Jahre andauern sollte. Im Gegenzug veranlasste Hóngwū (1328-1398), der Kaiser von China, im Jahre 1392 die Übersiedlung der sogenannten »36 Familien« nach Okinawa, wo sie sich in der Gemeinde Kumemura auf dem Gebiet der Hafenstadt Naha ansiedelten. Dies war eine Geste kaiserlichen Wohlwollens, denn diese Familien – der Überlieferung zufolge Beamte und Handwerker – verfügten über bedeutende Fertigkeiten und Kenntnisse auf vielen Gebieten. So gelangte Wissen über verschiedene Handwerkskünste, Wissenschaften, Staats- und Militärwesen sowie Kunst und Religion nach Okinawa. Es ist sehr wahrscheinlich, dass einige dieser Gesandten des Kaisers auch Kenntnisse im chinesischen Boxen (Quanfa) besaßen, aber über eine systematische Weitergabe dieses Wissens an die Einheimischen ist nichts bekannt.

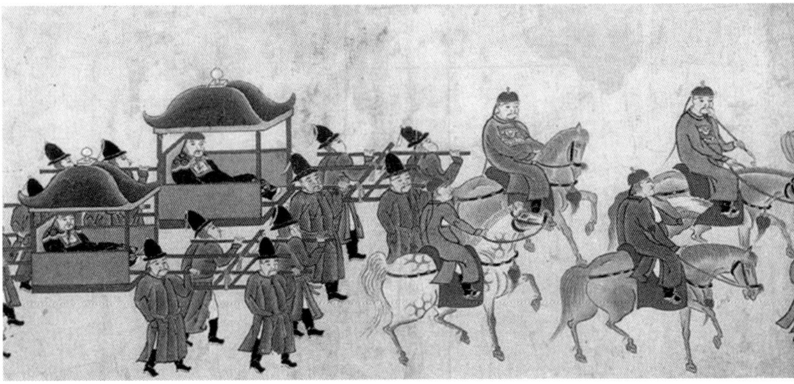

Abb. 261: Chinesische Delegation auf Okinawa.

Die fruchtbaren Beziehungen zu China führten 1406 dazu, dass Sattos Nachfolger Bunei von chinesischer Seite offiziell als rechtmäßiger König Okinawas anerkannt wurde. Allerdings besaß er nicht das nötige Geschick, die Fürsten für sich einzunehmen und sie untereinander zu einen, was ihn 1407 im Ergebnis eines Aufstands den Thron kostete.

Hashi (1372-1439), der die Rebellion gegen Bunei angeführt hatte, brachte seinen Vater auf den Thron. 1416 konnte er Hokuzan erobern, indem er innere Unruhen in der Provinz ausnutzte. Nach dem Tod seines Vaters bestieg er selbst den Thron. Wenig später wurde ihm von der Ming-Dynastie (1368-1644) der offizielle Name Shō verliehen, das heißt, er wurde von nun an König Shō Hashi genannt. Dies war die Geburtsstunde der ersten Shō-Dynastie. Im Jahre 1429 nahm er Nanzan ein, und damit war ihm die vollständige Einigung des Landes gelungen. Seine Residenz wurde die Burg von Shuri, und Shuri wurde zur Hauptstadt des Inselreiches.

Doch immer wieder kam es zu Kämpfen zwischen rivalisierenden Fürsten, immer wieder brachen Bauernaufstände aus. König Shō Shin (1465-1526) war der dritte König der zweiten Shō-Dynastie, die bis 1879 andauern sollte. Bereits im Jahr seiner Inthronisierung, 1477, versuchte er, diese Probleme durch ein allgemeines Waffenverbot zu lösen. Zudem zwang er die Adligen der Insel, in Shuri zu leben, um sie so besser kontrollieren zu können. Ein stehendes Heer wurde installiert, und der Einfluss Okinawas dehnte sich in der Folge auf die anderen Hauptinselgruppen des

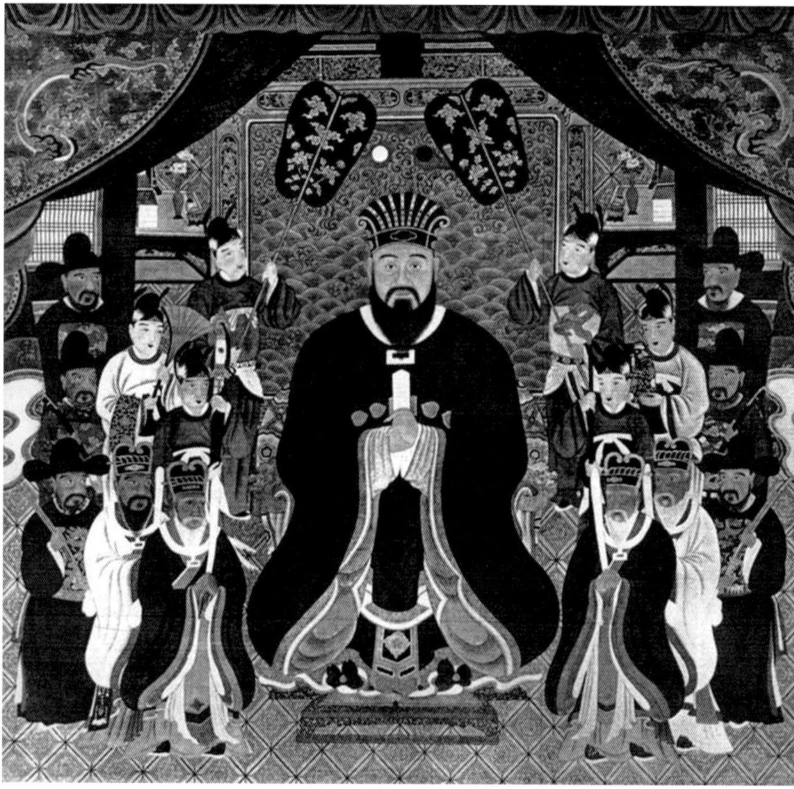

Abb. 262: König Shō Shin.

Ryūkyū-Archipels aus. Der Handel mit den benachbarten Ländern florierte. Diese Zeit der relativen Unabhängigkeit von Japan und China wird auch als das Goldene Zeitalter des Inselreiches bezeichnet. Dennoch lebten in dem hierarchischen Klassensystem, das sich auf Okinawa herausgebildet hatte, große Teile der Bevölkerung in Armut. Es gilt als wahrscheinlich, dass das Verbot, Waffen zu tragen, der Entwicklung der waffenlosen Kampfkünste, aus denen dereinst Karate hervorgehen sollte, und auch der Kampfkünste mit Alltagsgegenständen, aus denen später Kobudō entstehen sollte, einen bedeutenden Schub verliehen hat.

Dem Goldenen Zeitalter wurde mit der Satsuma-Invasion[7] 1609 ein jähes Ende bereitet. Obwohl das Ryūkyū-Königreich zu diesem Zeitpunkt über ein 3000 Mann starkes stehendes Heer verfügte, war es den japani-

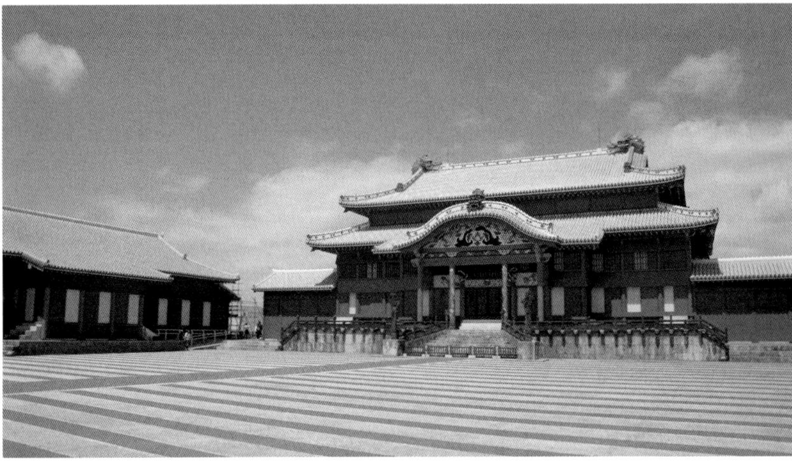

Abb. 263: Die Burg von Shuri, der historische Regierungssitz der Könige von Ryūkyū.

schen Invasoren, die bereits Feuerwaffen – Arkebusen – einsetzten, nicht gewachsen. Am Ende wurde die nördliche Ryūkyū-Inselgruppe Amami unter die direkte Herrschaft des Daimyō[8] der Satsuma-Samurai gestellt, und von den anderen Inseln des Archipels wurden Steuerzahlungen verlangt. Die Satsuma-Samurai erneuerten das Waffenverbot für die einheimische Bevölkerung, was zu einem weiteren Aufschwung der waffenlosen Kampfkünste und des Kobujutsu führte.

Um einen offenen Konflikt mit China zu vermeiden, wurde die Regierung des Ryūkyū-Archipels zum Schein aufrechterhalten. Der zur Zeit der Invasion regierende König Shō Nei (1564–1620), der Enkel von Shō Shin, blieb somit im Amt. Aber Okinawa war nun sowohl gegenüber den Satsuma als auch gegenüber dem chinesischen Kaiser tributpflichtig. Die wirtschaftlichen Folgen waren verheerend.

---

[7] Satsuma: Alte Provinz Japans. Das Territorium entspricht etwa dem der heutigen Präfektur von Kagoshima. Die Satsuma-Samurai waren im Kampf um die Herrschaft in Japan dem Klan der Tokugawa unterlegen. Die Tokugawa gestatteten den Samurai von Satsuma, die Ryūkyū-Inseln zu erobern, die so unter japanische Kontrolle gelangten. Zugleich waren ihre Kräfte auf diese Weise gebunden und konnten nicht zu einer Gefahr für das Tokugawa-Shōgunat werden.

[8] Daimyō: jpn. »großer Name«. Bezeichnung für einen großen Lehnsherrn bzw. Militärgouverneur im japanischen Mittelalter.

Doch in dieser schwierigen Situation ergab eine glückliche Fügung, dass dem Volk von Okinawa das Schlimmste erspart blieb. Noguni Sokan, ein Beamter, der in der Ryūkyū-Handelsstation von Fukien (China) angestellt war, pflegte sich ausgiebig mit Pflanzenkunde zu beschäftigen und auf diesem Gebiet zu experimentieren. Dabei kam ihm der Gedanke, die Süßkartoffel auf Okinawa anzubauen, um das Land vor den drohenden Hungersnöten zu bewahren. Nachdem er in seine okinawanische Heimat zurückgekehrt war, begann er unverzüglich, seine Idee in die Tat umzusetzen. Es dauerte nur 15 Jahre, und die Süßkartoffel war auf ganz Okinawa kultiviert worden. Dies gelang selbst an Orten, deren Boden für andere Feldfrüchte zu karg war. Noch heute wird Noguni Sokan für diese Tat von den Okinawanern verehrt.

Der Nachfolger Shō Neis, König Shō Ho (1590-1640), musste die Erlaubnis Satsumas für seine Thronbesteigung im Jahre 1621 einholen, um dann mit Hilfe wertvoller Geschenke auch die Gunst des Kaisers von China zu erwirken. Shō Ho war der letzte König, der eine wichtige Rolle in der Regierung spielte. Seine Nachfolger besaßen lediglich eine vorrangig repräsentative Funktion. Die Regierungsgewalt übten der *Sessei*, eine Art Ministerpräsident, und der *Sanshikan*, der Rat der Drei, aus.

Unter der Last der Tribute war es schwer, die okinawanische Wirtschaft wieder zum Blühen zu bringen. Shō Shōken (1617-1675), von 1666 bis 1673 *Sessei* von Ryūkyū, drängte den Einfluss der mächtigen Priesterinnen, der Noro, zurück, die konservativ und allem Japanischen gegenüber ablehnend eingestellt waren. Sein Denken war stark konfuzianisch geprägt. Er führte eine Reihe von Reformen durch, die die Wirtschaft stärken und das Ansehen des Ryūkyū-Königreichs in den Augen der Japaner und der Chinesen heben sollten. So veranlasste er mit Hilfe steuerlicher Anreize die Urbarmachung von brachliegendem Land, was zu einem gewissen Anstieg des Lebensstandards der Bevölkerung führte. Darüber hinaus verfasste er die erste Abhandlung über die Geschichte Ryūkyūs. Sein größtes Ansinnen war es, die okinawanische Kultur der japanischen anzugleichen.[9]

[9] Smits, Gregory: Visions of Ryukyu: Identity and Ideology in Early-Modern Thought and Politics. Honolulu: University of Hawai'i Press 1999, S. 51 ff.

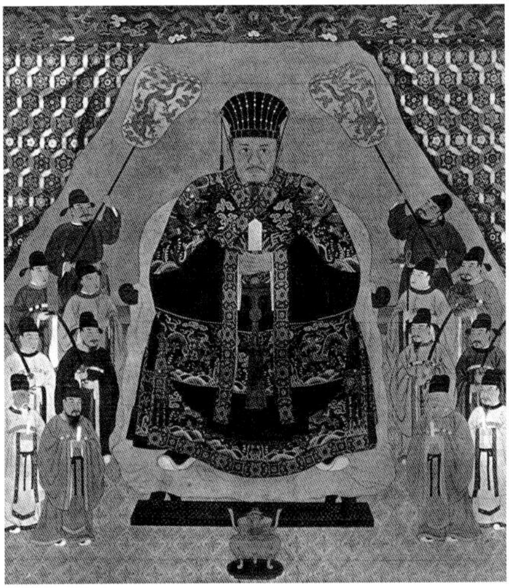
Abb. 264: König Shō Kei.

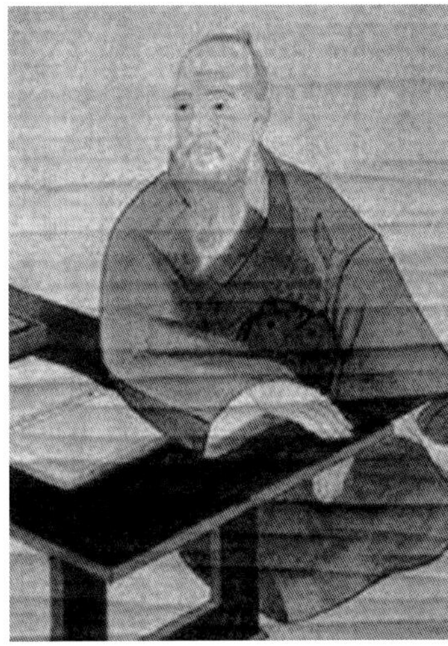
Abb. 265: Sai On.

Es folgte eine Zeit, die durch Brandkatastrophen, Hungersnöte, Erdbeben und Taifune geprägt war. Das Volk verelendete zusehends, da von Seiten Chinas keine Hilfe erfolgte und die Satsuma-Samurai nicht gewillt waren, ihre Tributforderungen zurückzuschrauben. Doch ein Gelehrter namens Sai On (1682-1761) sollte schon bald das Schicksal seines Volkes zum Besseren wenden. Sai On stammte aus Kumemura, dem Zentrum der chinesischen Kultur auf Okinawa. In jungen Jahren bereiste er China und absolvierte dort umfangreiche Studien auf etlichen Gebieten. Nach seiner Rückkehr wurde er zum Erzieher des Kronprinzen berufen, des künftigen Königs Shō Kei (1700-1751). Mit dessen Thronbesteigung 1716 wuchs sein Einfluss zusehends, und 1728 wurde er Mitglied des *Sanshikan*. Sai On veranlasste eine tiefgreifende Landwirtschaftsreform, und er förderte die Entwicklung des Handwerks, vor allem in den Städten Naha und Shuri. Seine Reformen, zu denen Programme der Urbarmachung von Land, der Aufforstung, des Hochwasserschutzes und des Schutzes des Bodens vor Erosion zählten, führten binnen weniger Jahre zu einem nie dagewesenen Aufschwung auf Okinawa und den anderen Inseln des Ryūkyū-Reiches.

Ebenso wie Kaiser Hóngwū aus der Ming-Dynastie, schickte auch der Qing-Kaiser Qiánlóng im Jahre 1756 Gesandte nach Okinawa, damit diese dort ihr Wissen vermitteln konnten. Einer von ihnen war Kūsankū (gestor-

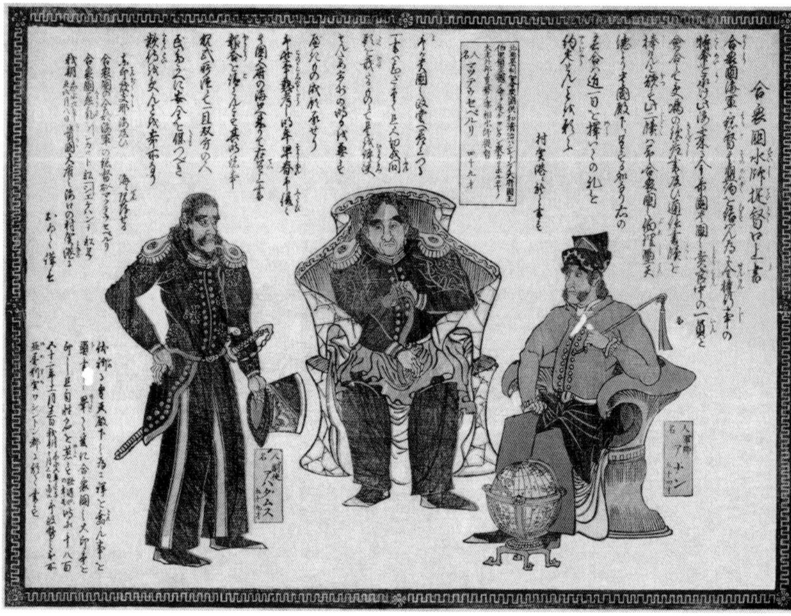

Abb. 266: Commander Perry (Mitte) in einer zeitgenössischen japanischen Darstellung.

ben um 1762), ein Meister der Kampfkünste. Er unterrichtete Chatan Yara (Kitayara) und den Tōde-Meister Sakugawa. Er lehrte sie eine Kata, die ihm zu Ehren Kūsankū benannt wurde, und die noch heute in verschiedenen Karatestilen in mehr oder weniger abgewandelter Form praktiziert wird.

Der US-amerikanische Marineoffizier Commodore Matthew Perry (1794-1858), der es vollbrachte, 1853/54 Japan zur Lockerung seiner Abschottungspolitik gegenüber dem westlichen Ausland zu nötigen, besuchte mehrere Male mit seinen mächtigen Kriegsschiffen Okinawa. Dort gelang es ihm zwar nicht, eine Audienz beim König zu erwirken, aber er verhandelte mit dem Regenten des Inselreiches erfolgreich über eine Öffnung für den Handel mit den USA. Schon bald entstanden daraufhin auch Handelsbeziehungen zu anderen westlichen Ländern.

Mit Beginn der Meiji-Restauration[10] setzten starke Bestrebungen von

[10] Im Jahre 1868 brach in Japan die Meiji-Epoche an. Dieser historische Abschnitt, der begann, als der junge Mutsuhito den Kaiserthron bestieg, stellte einen Bruch mit der feudalen Vergangenheit des Landes dar. Im Ergebnis wurde Japan ein modernes Land, das fortgeschrittenste des Fernen Ostens.

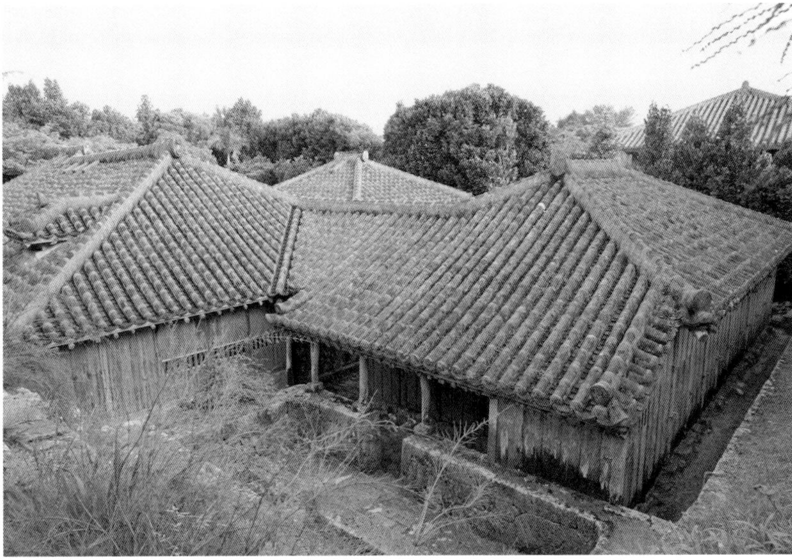

Abb. 267: Das Nakamura-Haus, ein typisches okinawanisches Anwesen aus dem 18. Jh.

Seiten Japans ein, das Ryūkyū-Archipel zu einem Bestandteil des japanischen Kaiserreichs zu machen. Zunächst gliederte man es in die neu gegründete Präfektur Kagoshima ein. 1872 wurde das Archipel zum *Han* Ryūkyū erklärt, eine Art Lehen. Im Ergebnis einer militärischen Expedition Japans in Taiwan im Jahre 1874, die in Zusammenhang mit der Ermordung gestrandeter okinawanischer Seeleute auf der chinesischen Insel stand, wurde die japanische Herrschaft über die Ryūkyū-Inseln offiziell durch die chinesische Qing-Dynastie bestätigt.

1879 wurde das *Han* wieder abgeschafft und durch die Präfektur Okinawa ersetzt. Der letzte König des Ryūkyū-Archipels, Shō Tai (1843-1901), wurde entthront. Okinawa und die anderen Ryūkyū-Inseln gehörten nunmehr vollständig zu Japan. Das hatte unter anderem zur Folge, dass die allgemeine Schulpflicht eingeführt und die Verbreitung der japanischen Kultur und Sprache forciert wurde. Die auf den Inseln gesprochenen, mit dem Japanischen mehr oder weniger eng verwandten Dialekte wurden im Laufe der Zeit zunehmend in den Hintergrund gedrängt. Heute gibt es nur noch wenige Okinawaner, die die ursprünglichen Ryūkyū-Mundarten beherrschen.

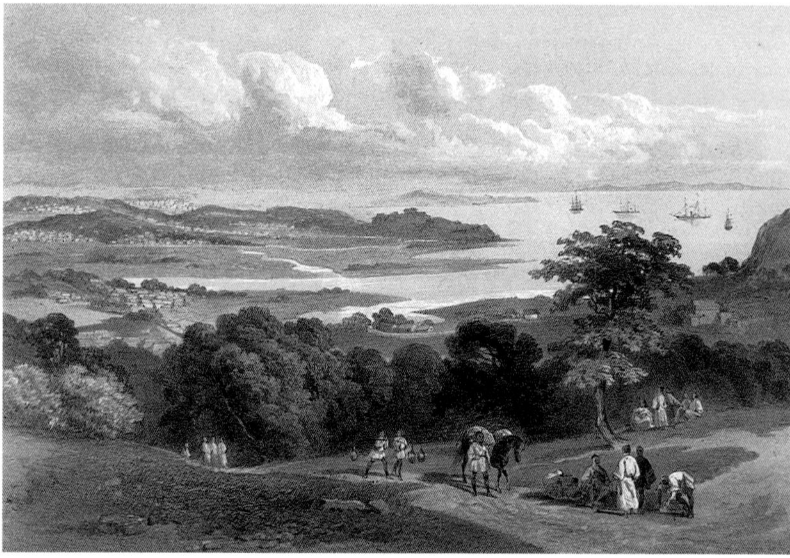

Abb. 268: Der Hafen von Naha in einer europäischen Darstellung (W. Heine) von 1856.

Am Ende des Zweiten Weltkrieges wurde Okinawa zum Schauplatz einer verheerenden Schlacht, die vom 1. April bis zum 30. Juni 1945 dauerte. Die Kämpfe begannen einige Tage nach dem Luftangriff der Amerikaner auf Kyūshū (18. März 1945). Die japanische Armee, die starke Stützpunkte auf Okinawa besaß, versuchte mit allen Mitteln, die US-Streitkräfte bei Okinawa aufzuhalten, weil sie fürchtete, dass Okinawa nach einer Eroberung als Basis für die US-Invasion der japanischen Hauptinseln dienen würde. Um die Kriegsflotte der USA entscheidend zu schwächen, setzte Japan koordinierte Selbstmordattacken ein. Im Verlauf der Kämpfe verloren rund 95 000 japanische Soldaten, mehr als 100 000 Zivilisten und 12 500 US-Soldaten ihr Leben. Am Ende hatten die Streitkräfte der USA die Insel erobert. 90 Prozent aller Häuser waren zerstört, und die einst malerische tropische Landschaft war verwüstet.

Mit dem Friedensvertrag von San Francisco vom 8. September 1951 fiel den USA ein Teil Okinawas zu, auf dem sie einen permanenten Marine- und Luftwaffenstützpunkt errichteten. Die Bevölkerung der Ryūkyū-Inseln fühlte sich von Japan verraten, da sie aus ihrer Sicht für dessen Souveränität »verkauft« worden waren.

1972 wurde die Insel offiziell an Japan zurückgegeben. Für die USA jedoch blieb Okinawa eine unverzichtbare militärische Basis, die unter anderem im Korea- wie auch im Vietnamkrieg eine große Rolle gespielt hat. Bis zum heutigen Tag setzt sich das amerikanische Militär über die Interessen der einheimischen Bevölkerung hinweg, von der ein Großteil den vollständigen Abzug aller ausländischen Truppen wünscht.

Das Binden des Gürtels auf traditionelle Art

Viele Karateka wissen nicht, dass das Binden des Gürtels (*Obi*) traditionell im Karate anders gehandhabt wird als in vielen japanischen Kampfkünsten und dies, obwohl der Anzug wie auch der Gürtel aus dem Jūdō übernommen wurden. Davor gab es den Gürtel in seiner heutiger Form nicht. Auf den Abbildungen 147 (S. 106) und 257 (S. 136) ist beispielsweise gut zu erkennen, dass Karatemeister wie Funakoshi Gichin oder Motobu Chōki nicht von Anfang an solche Gürtel trugen, wie sie heute üblich sind. Meist war es nur ein Stoffstreifen, der an der Seite zusammengebunden wurde.

Der Unterschied des traditionellen Gürtelbindens im Karate im Vergleich zu anderen Kampfkünsten besteht hauptsächlich darin, dass der Gürtel auf dem Rücken über Kreuz gebunden wird. Dieses Kreuz bietet eine größere Auflagefläche des Gürtels am Rücken und stützt somit auch die Wirbelsäule besser.

Man bindet den Gürtel auf folgende Art und Weise: Die Mitte des Gürtels wird vorn an der Körpermitte angelegt (Abb. 269), und zwar auf den Tanden, etwa drei Fingerbreit unter dem Bauchnabel. Dabei ist darauf zu achten, dass die Enden des Gürtels nicht auf dem Boden schleifen und dass seine Naht nach unten zeigt. Dann werden beide Gürtelenden gleichmäßig nach hinten geführt. Auf Höhe der Wirbelsäule wird der Gürtel über Kreuz gelegt. Dabei gilt »links über rechts« (Abb. 270 und 271). Danach werden beide Enden wieder nach vorn gebracht. Auch hier wird in der Mitte des Körpers die linke Hälfte über die rechte gelegt (Abb. 272 bis 274). Das linke Ende wird nun von unten hinter den am Körper anliegenden Teil des Gürtels gesteckt (Abb. 275 und 276). Nun wird der Knoten gebunden. Hierfür werden die beiden Enden über Kreuz gelegt, so dass das linke Ende von oben durch die Schlaufe gesteckt werden kann (Abb. 277 und 278). Zum Abschluss wird der Gürtel zu beiden Seiten festgezogen (Abb. 279). Am Ende sind beide Enden des Gürtels gleich lang (Abb. 280).

Wenn man sich die Regel »links über rechts« merkt, ist das Binden des Gürtels auf traditionelle Art recht einfach. Diesem »links über rechts« begegnet man häufig im Karate. So wird beispielsweise zu Beginn vieler

Kata die linke Hand über die rechte gelegt. Die rechte Hand symbolisiert die Schlaghand, und das Abdecken derselben mit der linken zeigt an, dass man friedliche Absichten hegt und nicht schlagen möchte. Dieses Symbol des friedvollen Geistes findet sich also auch im Binden des Gürtels wieder.

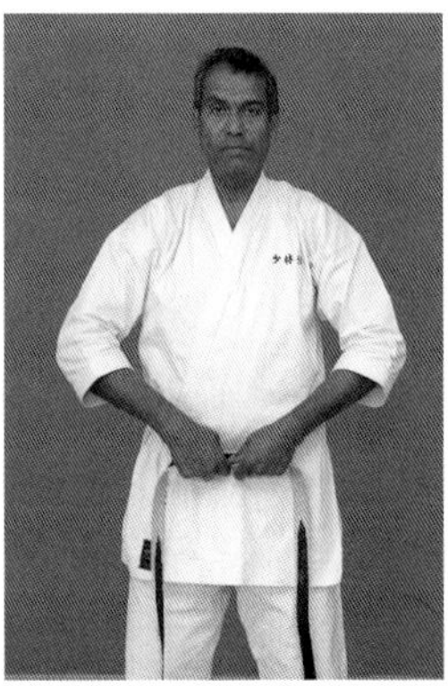

Abb. 269

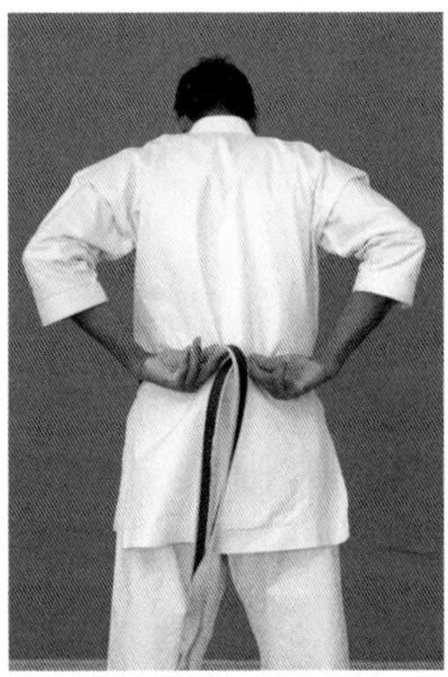

Abb. 270

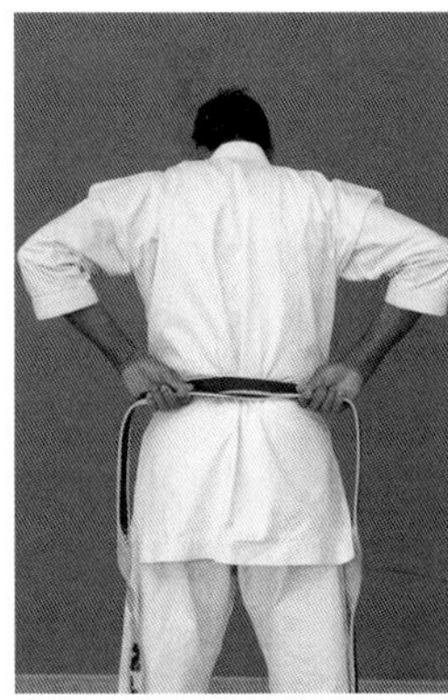

Abb. 271

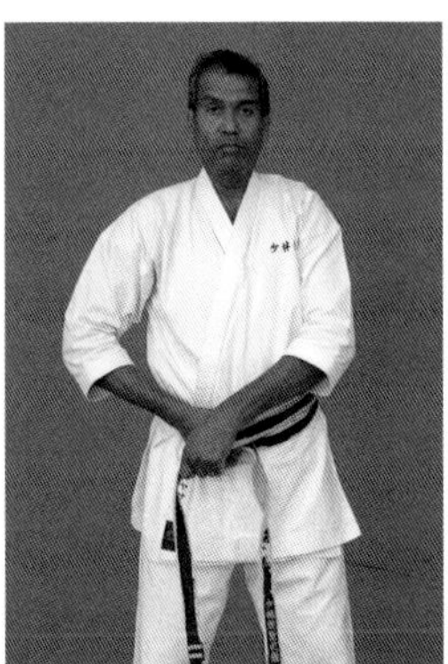

Abb. 272

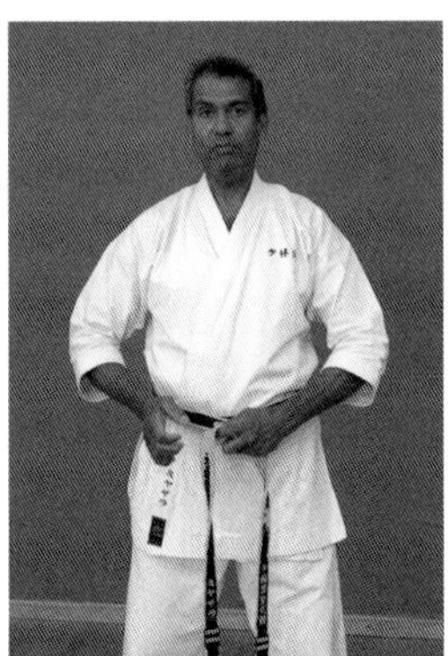

Abb. 273

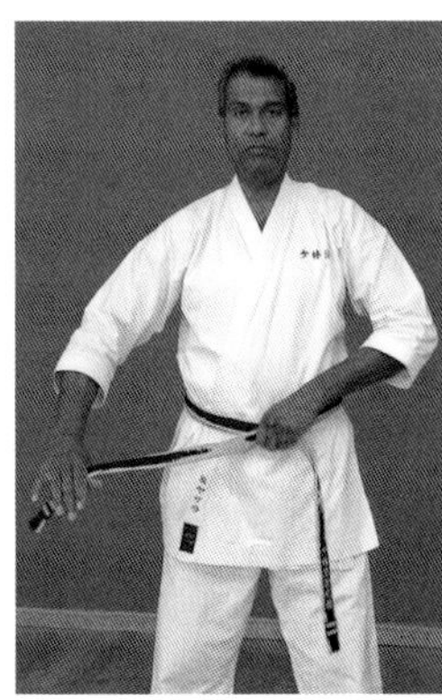

Abb. 274

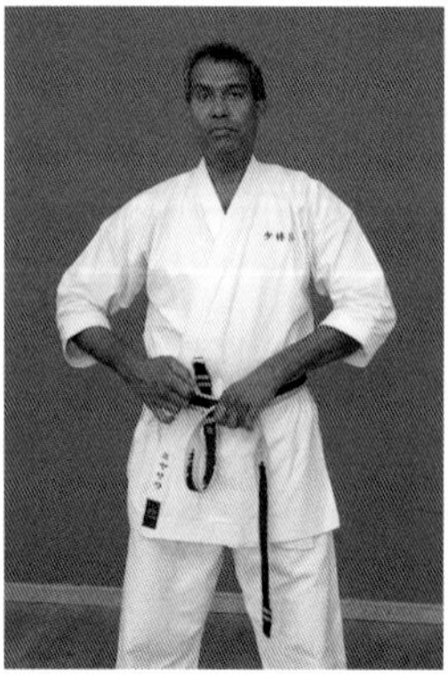
Abb. 275

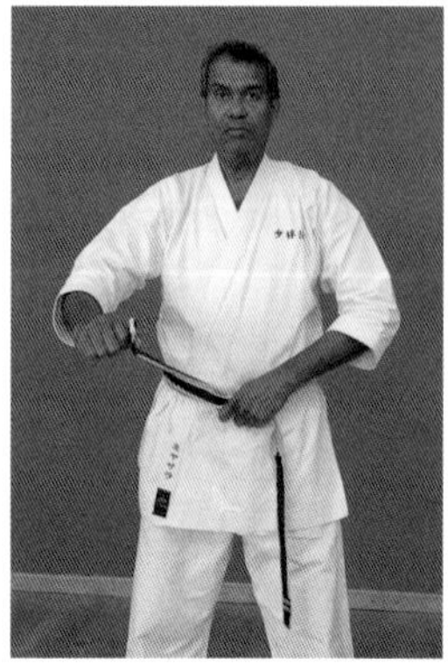
Abb. 276

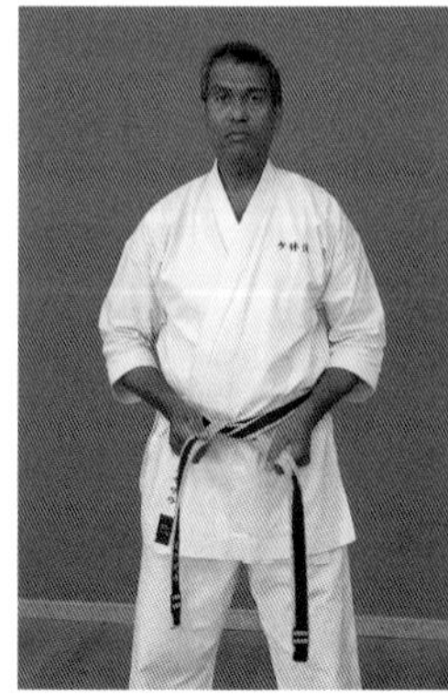
Abb. 277

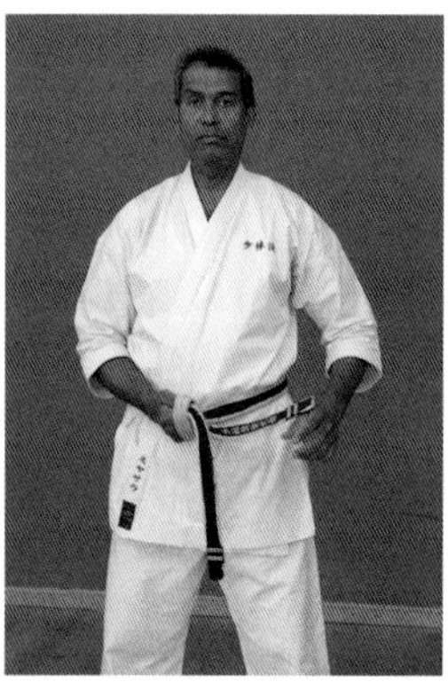
Abb. 278

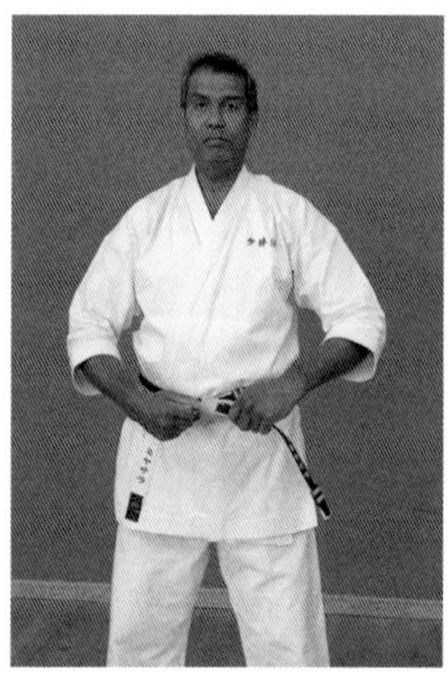
Abb. 279

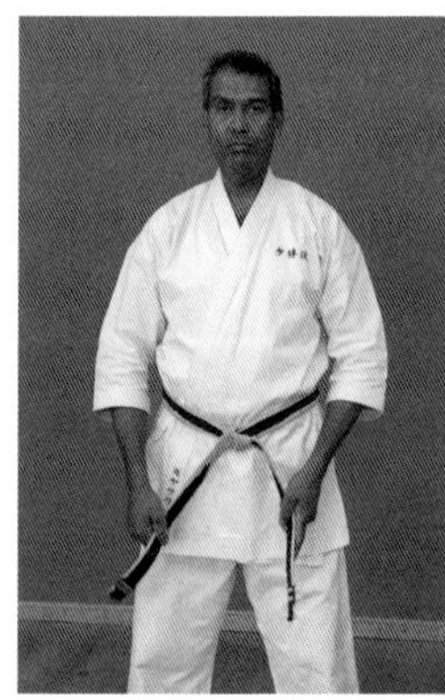
Abb. 280

Okinawa Sai-jutsu

Zweisprachige Ausgabe (Deutsch/Englisch)

Dieses Buch mit seinen über 250 Fotografien ist eine illustrierte Darstellung der Kunst des Okinawa Sai-jutsu. Mit seinen umfangreichen Erläuterungen der Stellungen, Grundtechniken und Bunkai ist dieses Werk ein unentbehrlicher Weggefährte für Schüler, Lehrer und Anhänger des klassischen Kobudō. Zudem enthält es eine vollständige Darstellung der grundlegenden Kata Ni Chō Sai in Wort und Bild.

Der Autor, Sensei J. Measara, ist eine führende Autorität auf dem Gebiet der okinawanischen Kampfkünste. Der gebürtige Malaysier lebt seit 1980 in Deutschland. In seinen Lehrgängen, die ihn in zahlreiche Länder führen, verbreitet und lehrt er die klassischen Kampfkünste Okinawas.

With over 250 photographs, this book is an illustrated presentation of the art of the Okinawan Sai-jutsu. With its comprehensive commentary on stances, basic techniques, and bunkai, it is an essential companion for students, teachers and friends of classical Kobudō. Additionally, the basic kata Ni Chō Sai is completely represented in this book with written explanations and photographs.

The author, Sensei J. Measara, is a foremost authority in the field of Okinawan Martial Arts. Malaysian by birth, he has made Germany his base since 1980. He travels the globe teaching and spreading the classical martial arts of Okinawa.

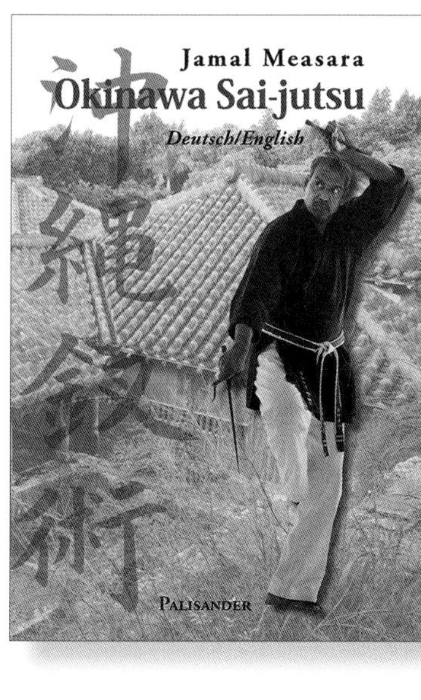

Mabuni Kenei: Leere Hand

Das Vermächtnis eines Großmeisters des Karatedō

Budō ist der Weg der traditionellen japanischen Kampfkünste. Mabuni Kenei ist diesem Weg acht Jahrzehnte lang gefolgt, bis ans Ende seines Lebens. Er gehörte zu den letzten Meistern, die bei den Gründervätern des modernen Karatedō in die Lehre gegangen sind. Der Sohn und Erbe Mabuni Kenwas, des Gründers des Shitō ryū, ist im Lauf seines Lebens zu einem tiefen Verständnis vom Wesen des Karate als Budō-Kampfkunst gelangt. Auf lebendige, fesselnde Weise versteht er es, dem Leser dieses außerordentlich komplexe und vielschichtige Wissen nahezubringen. Dies geschieht in Form von Lebenserinnerungen, technischen Erläuterungen, historischen und philosophischen Ausführungen, Legenden und anekdotischen Begebenheiten aus dem Leben berühmter Samurai und Budōka (u. a. Meister des Schwertkampfes, des Aikidō, des Okinawa-te und des Karate).

Mabuni Kenei (1918-2015) wurde auf Okinawa, dem Ursprungsort des Karate, geboren. Als Sohn eines der bedeutendsten Karateexperten in der Geschichte der Kampfkünste lernte er in seiner Jugend viele der großen Meister des Budō kennen, so z. B. Miyagi Chōjun, Motobu Chōki, Konishi Yasuhiro, Fujita Seiko und Funakoshi Gichin. Im Alter von 34 Jahren übernahm er den Vorsitz des Shitō ryū. Er war Inhaber des 10. Dan. Noch mit über 90 Jahren hielt er regelmäßig Lehrgänge in verschiedenen Teilen der Welt ab, in denen er authentisches Karatedō vermittelte.

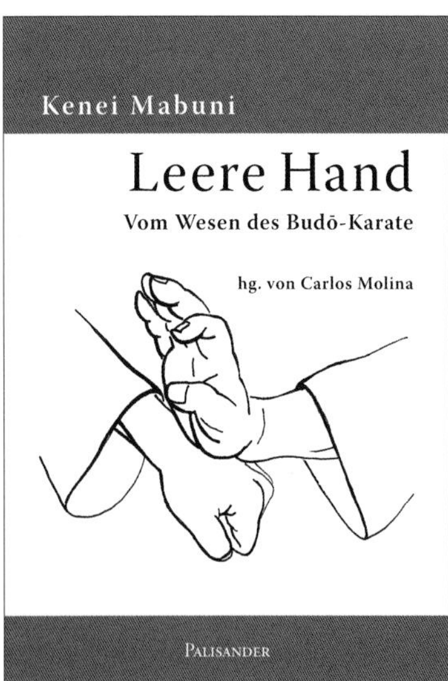

Dieses Werk, aus dem eine ebenso vergessene wie wertvolle Vergangenheit zu uns spricht, ist eine Einladung, dem Weg des »vollendeten Menschen« zu folgen, welcher der wahre Weg des Karatedō ist. Sōke Mabuni geht sogar über diesen Weg hinaus, indem er Verbindungen zu buddhistischer, daoistischer und konfuzianischer Spiritualität knüpft. Möge seine Botschaft gelesen und verstanden werden.

Roland Habersetzer

Kenei Mabuni
Leere Hand – *Vom Wesen des Budō-Karate*
Aus dem Japanischen von Bernd Winter
Herausgegeben von Carlos Molina
256 Seiten mit 100 Abbildungen
4. Auflage 2024
ISBN 978-3-938305-05-8
21,90 €

Die 30 Kata des Shotokan Karate

Von der Heian-nidan bis zur Unsu

Es handelt sich um das umfassendste Kata-Kompendium des Shotokan-Karate – verfasst von Hanshi Roland Habersetzer, 9. Dan (Japan) und international anerkannter Karatemeister.

Dieses einzigartige Handbuch präsentiert alle Shotokan-Kata – von den Heian und Taikyoku über Tekki, Bassai und Kanku, bis Unsu, Wankan und der selten gelehrten Ten-no-Kata.

Ob Anfänger oder Dan-Träger, Trainer oder Prüfer – dieses Werk bietet jedem Karateka einen unverzichtbaren Leitfaden:

- Embusen, kompletter Ablauf, verschiedene Perspektiven & Zwischenstellungen auf einen Blick
- jede Kata Schritt für Schritt erklärt in Wort und Bild
- 583 Seiten mit rund 3 500 hochpräzisen kolorierten Zeichnungen auf 250 Bildtafeln; 150 Farbfotos
- didaktisch durchdacht und visuell meisterhaft umgesetzt
- zahlreiche Bunkai zur Anwendung der Techniken in der Praxis
- sämtliche Techniken mit japanischen Begriffen
- mit geschichtlichem und philosophischem Kontext

Ein Meisterwerk der Kampfkunst – für Ihr Dojo, für Ihr Karate, für Sie.

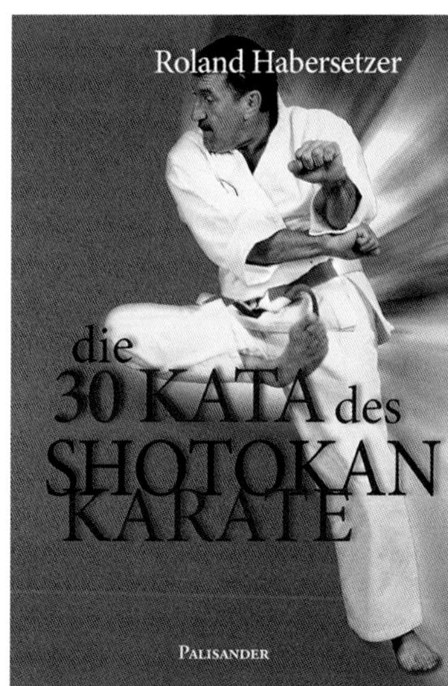

Roland Habersetzer
Die 30 Kata des Shotokan Karate
Aus dem Französischen von Frank Elstner
583 Seiten mit zahlreichen Abbildungen
1. Auflage 2025
ISBN 978-3-957840-41-7
42,00 €

Enzyklopädie der Kampfkünste des Fernen Ostens

Das Lebenswerk eines Großmeisters des Budo

Diese Enzyklopädie ist das Ergebnis von fünf Jahrzehnten des Sammelns und der methodischen Aufarbeitung des Wissens über die traditionellen Kampfkünste, welche seit vielen Jahrhunderten in allen Ländern des Fernen Ostens praktiziert werden. Diese Arbeit hatte im Lauf der Zeit zur Entstehung von insgesamt 80 Werken über die Kampfkünste geführt.

Mit Unterstützung seiner Frau Gabrielle hat Roland Habersetzer es vollbracht, die Quintessenz seiner Forschungen auf dem Gebiet der Kampfkünste in Form von ca. 9 400 Haupteinträgen in einem Werk von etwa 1 200 Seiten zusammenzufassen. Die Einträge beleuchten technische, historische, philosophische, religiöse, kulturelle und biografische Aspekte der Kampfkünste aus Japan, China, Korea, Indien, Malaysia, Vietnam, Kambodscha, Birma, Thailand, Indonesien und den Philippinen. Insbesondere grundlegende Konzepte und herausragende Persönlichkeiten werden mit großer Ausführlichkeit und beispielhafter Tiefgründigkeit dargestellt.

Damit stellt dieses Werk die weltweit umfangreichste und umfassendste Darstellung dieser Thematik war. Die französische Originalausgabe erschien erstmals im Jahr 2000 und wird seither von den Autoren kontinuierlich erweitert und aktualisiert.

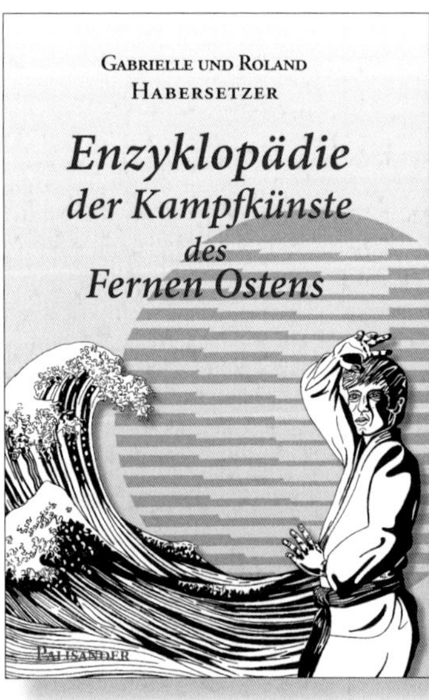

Gabrielle und Roland Habersetzer
Enzyklopädie der Kampfkünste
des Fernen Ostens
Aus dem Französischen von Frank Elstner
1 214 Seiten mit über 1 000 Abbildungen
1. Auflage 2019
ISBN 978-3-957840-29-5
69,90 €

www.palisander-verlag.de